中央民族大学本科教学研究（第十八辑）

中央民族大学
本科教学研究
MINZU UNIVERSITY OF CHINA
UNDERGRADUATE TEACHING RESEARCH
第十八辑

加强教学建设 提高人才培养质量

主编 鄂义太 陈理

中央民族大学出版社
China Minzu University Press

图书在版编目（CIP）数据

加强教学建设　提高人才培养质量：中央民族大学本科教学研究·第十八辑/鄂义太，陈理主编. —北京：中央民族大学出版社，2015.5

ISBN 978-7-5660-0975-3

Ⅰ. ①加…　Ⅱ. ①鄂…　②陈…　Ⅲ. ①中央民族大学—教学研究—文集　Ⅳ. ①G759.2-53

中国版本图书馆 CIP 数据核字（2015）第091192号

加强教学建设　提高人才培养质量

——中央民族大学本科教学研究/第十八辑

主　　编　鄂义太　陈　理
责任编辑　满福玺
封面设计　徐姗姗
出 版 者　中央民族大学出版社
　　　　　北京市海淀区中关村南大街27号　邮编:100081
　　　　　电话:68472815(发行部)　传真:68932751(发行部)
　　　　　　　68932218(总编室)　　　68932447(办公室)
发 行 者　全国各地新华书店
印 刷 厂　北京宏伟双华印刷有限公司
开　　本　787×1092（毫米）　1/16　印张：15
字　　数　258千字
版　　次　2015年6月第1版　2015年6月第1次印刷
书　　号　ISBN 978-7-5660-0975-3
定　　价　47.00元

目　　录

教学改革与研究

教学方法改革在教学成果中的体现
　　——毕业晚会《时光》给予的启示/谭　伟/3
预科教育学院现当代文学教学方法的改进/刘　洋/7
高校艺体类学生大学英语学习需求调查分析/刘　立/13
舞蹈专业音乐基础理论课程教学的思考/刘　莹/19
从不同年代的本科教学大纲看我国不同类型高校宗教学本科教育的异同
　　——以北京地区三所“985”高校为例/张　咏　葛诗嫣/26
信息时代“抽样调查”课程的教学改革与实践/魏传华　贾旭杰/50
培养问题意识与文学课程考核改革
　　——中国现当代文学史课程考核改革初探/毕　海/54
我校大学英语教学质量机制建设探究/吴泽庆/62
开设大学化学选修课之探索与实践/张爱芹　刘春兰　刘　颖
　　周宜君　李　华/67
工学类藏班高等数学课程的教学改革与实践/苏傲雪　何　伟/71
生理学与生理学实验教学改革研究与实践/覃筱燕　周宜君/78
本科生实践教学模式的探索性改革研究/焦开山/86
历史学本科专业选修课层次化考核体系探研/丁慧倩/94
基于对比教学法的数字信号处理课程中时频域对称性
　　问题探析/宋　伟　刘向春　闫晓东　朱丽平/100

实践教学

青海藏族地区写生实习与民族题材中国画创作教学的再认识/钟　捷/109
关于提高我校成人教育本科毕业论文质量的思考/阿不都艾尼/115
浅析社会实践在民族院校思想政治教育工作中的意义与

作用/李振旭　梁利华/122
大学生校园生活幸福度考察
——对首都五所高校学生的抽样调查分析/马新生　王健飞
刘俊成/129
多渠道实习，提高实践能力/任广旭/140

专业与课程建设

依托我校新版网络教学综合平台，推动声乐教学精品课程
建设的构想/黑　力/149
少数民族传统体育学特色课程建设研究/方　征/156
关于中央民族大学音乐学院合唱课建设的思考与探讨/陈昌宁/162
整合校内优秀资源，培养合格国际人才
——国际教育学院对外汉语专业商务方向本科生的培养/江傲霜/166
试论比较文学学科的建设与发展
——以本科蒙古语言文学专业蒙古语授课为例/吴哈斯塔娜
拉斯格玛/174
从招生视角看中央民族大学专业及课程的建设
与改革/孙洋　京生　张焰/180
"通才"与"专才"：社会学专业本科生课程体系评估研究/柴　玲
杨　翠　蔡　杰　彭　涵　贾博雄/188

教育教学管理

关于我校国家普通话水平测试考前培训工作的思考/田　静　李帮琼/199
关于完善经济学院"双导师"制度的若干思考/史锦华/207
规范学校房产资源管理，更好地为教学服务/谭家健　李秋然/214
基于柔性管理的高校学生管理工作运行机制研究/何晓磊/220
关于高校网络教学平台使用的建议与思考
——以中央民族大学为例/邹龙妹　王　楠/227

教学改革与研究

教学方法改革在教学成果中的体现

——毕业晚会《时光》给予的启示

谭 伟

2013年的冬天，中央民族大学大礼堂火热上演了一台充满青春活力而又感人至深的毕业晚会——《时光》。这台晚会是由中央民族大学舞蹈学院的全体教师和2010级教育专业的学生共同打造的，在经过3个半月的奋战后奉献出来的一台以教学展示为主的毕业晚会。晚会以学生为主体，以帮助学生完成自己的梦想为表现目的，在尝试艺术创作与专业展示相融合的同时，让学生们对本科期间所学到的专业知识和专业技能进行最后的回顾与梳理，让他们在这个过程中全面理清思路、整合知识和技能，为即将踏入社会做好最后的准备，也为大学的学习生活画上一个圆满的句号。

这次教育专业的毕业晚会《时光》在很大程度上颠覆了以往的毕业晚会形式，打破了教学汇报中“技术展示—民间舞组合展示—舞蹈作品展示”的常规套路，直接将课堂教学搬上舞台，去掉了舞蹈作品展示部分，并在服饰、灯光、舞美上去掉华丽的装饰，回归到简单的练功服和几乎无变化的灯光中，让舞蹈返璞归真，让舞者用肢体说话，让舞蹈回归本我，让舞台上只留下纯粹的舞蹈。

这是颠覆，更是回归。看似颠覆以往的编排规律，其实是回归到了舞蹈的本我之中。舞蹈是多彩多姿的，而舞蹈教育是需要沉淀的。既然我们在起舞，我们就必须让自己的舞蹈多姿多彩。因为我们是教育专业，我们又必须要沉淀自己，静下心来，深入到舞蹈的内涵中，用我们的身体语言去诠释舞蹈。

晚会在结构上采用倒叙的手法，表现时光荏苒、岁月如梭、大学时光的短暂和充满奋斗的青春年华。整个晚会始终紧扣“我们没有办法去挽回过去所留下的遗憾，但我们可以珍惜当下，去憧憬美好的未来”的主题，通过对纯课堂教学组合的精彩展示，把教育专业的教学成果直接从教室推向舞台，将浓缩的精品内容展现在观众面前。

这台为教育专业学生量身打造的毕业晚会大获成功，它得到了业界人士和广大观众一致好评。晚会的成功得益于创作团队的清晰的思路和他们基于教学定位之上的合理的设计理念——既能站在总体教学的高度从宏观的角度总览全局，又能从具体的课堂教学中选取最精华、最具代表性的展示内容。

一、《时光》的设计理念

中央民族大学舞蹈学院教育专业的课程设置强调了教学法的部分，除了与民族民间舞单元课同步进行的教学法之外，还有以芭蕾舞、中国古典舞为代表的基本功教学法课程。教学法课程的内容涵盖面广、形式多样化，用以“道”论“理”的法则，教会学生如何去采风、编排、把握和授课。在不同的课程推进中培养学生的综合能力，这是为培养民族舞蹈教育人才而做的特殊设计，也是为社会打造全能型、复合型的人才而做的努力。

如何让舞蹈教育专业的晚会区别于舞蹈表演专业的晚会，怎样在晚会中扬长避短发挥其专业特点？选择什么样的内容进行汇报呢？与表演专业晚会最本质的区别又在何处？针对以上问题，晚会主创团队从教育专业的培养方案、课程设置入手，对教育专业的人才定位和培养目标进行了全方位的分析和研究，最终得出以下认识。

首先，教育专业的学生比起表演专业的学生，在专业理论知识和文化理论知识方面掌握得更扎实，他们以理解见长，善于思考，不仅能潜心学习，刻苦钻研，而且能够对所学知识和技能有更深层的把握和认识。其次，由于专业的差异，相比表演专业的学生，教育专业学生的剧目排练课程设置较少，舞台实践机会也相对欠缺。所以在毕业晚会中安排教学剧目展示，既不符合学生的专业主攻方向，也不能发挥他们的专业特长，而选择课堂教学组合作为展示的全部内容，不但可以将教育专业学生的优势充分发挥出来，而且还可以将一台去掉华丽的灯光与服饰之后的、纯粹的舞蹈盛宴呈现给观众。

经过认真思考与反复讨论，晚会主创团队决定以课堂教学组合作为毕业晚会的基调。课堂教学组合展示是最能突出教育专业学生自身优势的一种表现方式。课堂教学组合是舞蹈教育专业的教学中最重要的组成部分，它在学生们的舞蹈训练中一直占据着主导地位。把课堂上所练习的内容重新加以编排和整合，在保留其训练价值和风格韵味的基础上，提升其表演性和艺术性，使其产生视觉冲击力，达到超越舞蹈作品的舞台效果。让学生只穿上简单的课堂服装，去掉华丽的服饰和繁杂的灯光特效，只留下单纯的舞蹈，这才是教育专业真正追求的目标。正所谓尺有所短，寸有所长。将课堂组合直接呈现于舞台的表演形式，正是教育专业的优势所在。

二、《时光》的内容组成

毕业晚会《时光》中，所有的课堂教学组合都是由老、中、青三个不同年龄段的老师共同编排的，从多角度展示了中央民族大学舞蹈学院各民族舞蹈教学的风格特点。其中，年轻老师的新编组合在整台晚会内容的比例上要居多一些。学生对新编组合掌握的熟练度不够，在表演的时候，不能完全把老师所要求的风格体现到位，演出效果上会受到一定的影响。因此，我们应当多把经典的、具有训练价值和代表民族大学特点的组合放到晚会中。经典组合之所以成为经典，那是老一辈舞蹈教育家们智慧的结晶，是几十年的课堂教学经验积累的成果，它是舞蹈前辈留下的宝贵财富。少数民族民间舞是我院办学以来最为重要的主干课程，经典的教学组合一直被全国各艺术院校和文艺团体所认可，它包含文化、习俗、审美等各个方面，是民族情感、信仰、文化交织的综合艺术体现。从主观上讲，教育专业的学生是从课堂升华到舞台；但从客观上讲，这也是一种对本专业与课堂教学的回归，这一点恰好和民族民间舞的教学理念不谋而合。民族民间舞来自民间，根植于民间，是我们舞蹈教育工作者用独特的专业视角把它重新加工并提炼成为如今我们所看到的“民族民间舞”。总的来说，用经典组合作为晚会的主要表现内容，既在教与学上体现了文化传承这一主要思想，又能全面地展现出中央民族大学舞蹈学院多年来在民族舞蹈领域上的建树与成就。

三、《时光》的成功所留下的思考

《时光》的成功就在于它的主创者们始终遵循着教学成果展示必须紧密围绕该专业的人才培养目标的原则，因为它不是单纯的创作晚会，它所呈现出来的内容是对课程设置、教学目的和教学成果的高度总结和更高追求，它是对教学的总结，更是向未来目标的延伸。正是因为《时光》扎根于舞蹈教育专业的教学土壤中，所以它有坚实的根基和深厚的底蕴。它没有“人云亦云”去追赶时尚的编排和炫目的光效，它之所以没有落俗，是因为主创者始终保持着清醒的头脑，没有浮躁。也正是因为主创者能围绕专业定位和人才培养目标，真正去为学生着想，为学生打造，所以节目才精彩。在当今人们只顾标新立异的时代，《时光》的主创团队能够停下脚步，沉淀下来，将久违了的、纯粹而又丰富多彩的舞蹈呈现在舞台上。《时光》没有奢华、没有繁杂，只留下纯净的舞蹈，娓娓道来，沁人心脾……

在全国，有数以千计的舞蹈专业学校，每年都有毕业生，每年都有毕业晚会。那么，毕业晚会的内涵和意义是什么？应该怎样去打造一台令人难忘的毕业晚会？《时光》也许能给大家一点启示。

（作者单位：舞蹈学院）

预科教育学院现当代文学教学方法的改进[①]

刘　洋

中央民族大学预科教育学院大学语文的教学内容分为三个方面：西方文学十五讲、中国现当代文学和古典文学。其中，现当代文学教学是预科语文教学中的重要组成部分。中国现当代文学，由于直面现实，关注当下，包含许多敏感而又现代的话题，尤其为学生们所青睐。在预科大学语文授课的过程中，现当代文学的教学，过去一直以篇章分析为主，以教师讲授为主，过分注重知识的传授，而忽视了学生学习兴趣和能力的培养。这样的教学方法，把学生当成了知识的存储器和仓库，导致课堂气氛单调，教学效果不佳。笔者觉得：今天的现代语文教育，教学方法应当有所改进，有所变化，以适应新时代的发展。下面几点内容，是笔者从事现代、当代文学教学以来，对教学方法进行改革的一些思考和经验，供大家参考。

一、回归文学原著，探寻文学的价值，注重学生人格精神的塑造和培养

因为是预科学生，学生们的知识储备基本上是大学一年级的水平，阅读量严重不足。从《大学语文》（陈洪主编，高等教育出版社）中所选的篇章入手，鼓励学生们去阅读这些入选作家的最具代表性的文学原著，回归文本。通过引导学生阅读原著，让他们进入作家的思想世界，灵魂世界；通过和作家们进行心灵对话，让学生们的人格精神得到净化和提升。例如，讲到傅雷先生的《家书二则》，就鼓励同学们去阅读《傅雷家书》全本。教师本人要对学生进行阅读指导，让同学们体会到傅雷先生高洁的人格——“直如竹筒，纯如水晶，君子名节，恪守到终”。傅雷先生能始

① 本文是预科教育学院大学语文校级精品课程的阶段性研究成果。

终恪守人的尊严，严谨治学，不随波逐流，不曲学阿世，时刻教导自己的儿子要忠于祖国，热爱家乡，忠于自己的良心，这是多么的难得，《傅雷家书》正是傅雷先生人格精神的结晶。又如，讲到鲁迅先生的《复仇》，教师分析完篇章后，可鼓励学生们阅读鲁迅先生的小说集《呐喊》、《彷徨》，还有鲁迅先生的杂文集。只有切实地去阅读鲁迅先生的原著，才会和这位文化巨匠心灵相通，才会懂得鲁迅先生的呐喊和歌哭。

当前的高等教育存在着一些问题。在诸多问题中，过分关注知识的传授，而忽略学生人格的培养、灵魂的塑造、精神的构建，这是一个大问题。许多高校，把主要的投入都放到了可以带来经济效益的理科和工科，对人文学科的投入很少。许多高校，在知识传授过程中，急功近利，缺少人文精神的传承，从而导致教育价值的丧失。这就是人们常说的“教育异化”。许多老教师常说，过去的教育主要是教我们“如何做人”，今天的教育主要是教我们“如何做事”。近年来，不少学者对这种教育弊端提出批评，认为我们这些年所贯彻的教育，是片面的、残缺的、丧失了终极目标的教育，从而呼吁重新确立教育的终极目标——人格塑造。蔡元培先生曾经说过：“教育者，养成人格之事业也。使仅为灌输知识、练习技能之作用，而不贯之以理想，则是机械之教育，非所以施于人类也。”① 教育的终极目标，是培养健全的人格。人格塑造的重要课程之一，就是文学课。塑造高尚的人格，正是文学课的价值所在。

我非常喜欢巴金先生的一句话。这句话大致是：“我们有一个丰富的文学宝库，那就是多少代作家留下的杰作。它们教育我们，鼓励我们，要我们变得更好、更纯洁、更善良、对别人更有用。文学的目的就是要人变得更好。”巴金先生的这句话看似朴素平常，实则非常深刻。实际上，文学教育连同整个教育的目的，就是使人变得更美好。“文学即人学，文学即美学。”因此，文学课不仅仅是，甚至主要不是向学生灌输文学史知识（文学史知识学生自可以从书本中学到，完全不需要老师的灌输），而是引导学生遨游于丰富、瑰丽的文学殿堂，通过欣赏、分析、研究文学作品，实现与创造了这些作品的人类的精英、高尚的灵魂进行思想的交流、心灵的对话、情感的共鸣，在深刻体味文学内涵的同时，促进人格的重塑、思想的丰富、精神的净化。一句话，文学就是使阅读者“变得更好、更纯洁、更善良”。我想如果大学文学课的教学，能够围绕这个总的目的展开，那么

① 高平叔编：《蔡元培教育论著选》，人民教育出版社 2011 年版，第 45 页。

多少年后学生可能已记不清具体的文学史知识，却能够持久获得一种文学精神、文学审美、文学素养，努力去做一个灵魂高尚的人。我希望预科教育学院现当代文学的教学，可以让学生们变得更纯洁，变得更高尚。

二、开展课堂讨论或举办语文课件比赛，调动学生的学习积极性

现在的学生基本上都是“90后”，个性鲜明，追求自我，喜欢表现自我。教师可调动同学们的积极性，发挥他们的创造力，让学生们参与到课堂的教学实践活动中来，课堂讨论是一个行之有效的方法。从所学的文章中引出当下的热点问题，组织学生分组讨论，由每个小组选代表进行发言，阐明观点，教师最后进行总结发言。这种教学活动，既可以调动学生的积极性，又可以提高他们的口头表达水平，一举两得。例如，《大学语文》中有一篇当代作家韩少功的文章《个狗主义》。该文是作者为报刊所写的短评，讨论的是重大的社会问题。在中国当代社会中，个人主义是一个被严重误解、曲解的概念。作者严厉抨击把个人主义庸俗化、动物化的时代病症，指出真正的个人主义是自尊与自利、利己与利人的统一，而不是为了一己之利可以极端自私。那种极端自私的行为，已经把人降低到了“非人”的程度，降低到了动物的程度。作者给这种极端自私的行为，起了一个新的名称——“个狗主义”。在某次课堂上，通过对这篇文章的解读，教师引出一个当下的热点问题：你认为中国当代人的精神生活缺乏什么？围绕这一话题，组织学生进行讨论。学生先以小组为单位进行热烈的讨论，然后由各小组选代表发言，发言中有不少精彩的阐述。有的同学说：“当下的中国人，缺乏信仰。有的拜金，有的看重权势，有的追星，有的追大师，社会就是个名利场。”有的同学说：“当下中国人道德沦丧。例如，2008年的三鹿奶粉事件，奶粉中检测出三聚氰胺，婴儿吃了奶粉，患肾结石，尿不出尿来，活活憋死。2011年广东佛山两岁的小悦悦，在一个五金城内，相继被两车碾压，7分钟内，18人路过，但都视而不见，漠然离去。最后还是一位拾荒的阿姨将孩子送往医院，但小悦悦终因伤势过重而死亡。”有的同学说：“我们现在到处是食品安全问题，化学添加剂、地沟油，严重损害着我们的身体，太可怕了。”有的同学说：“中国人现在缺乏法制观念。一个铁道部部长，能贪污7000多万，劣迹斑斑，太不可思议了。”有的同学说：“中国人现在的确是缺乏道德观念和法制观念。坐地铁一哄而上，不排队，无秩序。说脏话、随地吐痰、乱停车等不良现象，

随处可见。”还有许多精彩的发言，就不一一列举了。最后，由教师进行总结发言。通过对学生发言的记录，我大致归纳了一下，接着是我的发言内容：“从同学们的发言中，我们可以得出许多观点来。总结一下，当代中国人的精神生活，缺乏什么呢？主要缺乏法制观念和公德意识等。当然，我们的社会中每天也有许多好人好事，也有许多正能量的东西。只是我们今天探讨的这个话题是个负面的问题，这一点大家首先要明确。时至今日，当代中国人的精神生活为什么会出现这么多问题，是有深刻的历史和社会原因的。十年浩劫，导致中国人的传统价值观断裂，导致以‘四书五经’为研究核心的学术传统被破坏。儒家追求道德人格、君子人格的伦理价值观念被破坏。‘五四’以来，西方的许多价值观念，虽然传入了中国，但并没有在中国人的心中真正站住脚。改革开放的30多年来，我们的物质生活水平有了极大的提高，但是，我们的精神生活水平、道德水平却没有相应地提高。这样，导致物质水平和精神水平之间，存在着很大的距离，导致人们找不到精神寄托。在这里，抛开西方的价值观不谈，我只想给大家谈谈儒家传统的价值观和人生观。儒家传统的价值观，要求每个读书人，从小确立一种‘君子人格’。作为一名大学生，未来的文化精英。我希望大家明白，我们读书的目的是为了修身，提高自身的学术水平，做一个谦谦君子，而不是为了争名逐利，升官发财。‘自强不息，厚德载物’，是儒家君子人格的精义所在。外在的刚健进取，积极有为，内在的时刻自省，提升自己的道德水平，用道德、正义、公理去约束自己的外在行为，使自己行得正，坐得端。这样内省外能，内外兼修，久而久之，最终就会成为一个君子。如果我们每一个人都能将君子人格作为自己的人生观，都能将道德的自我完善作为我们的信仰，那么我们就会完成精神家园的重建，由凡而入圣，这也是儒家学者的最高理想。如果我们的社会中每个人都这样做，我们自然会进入一个太平盛世。精神信仰的重建，这个伟大的任务，可就落在诸位同学的身上了。大家要好好努力，任重而道远。我们的政府正在加大力度惩治腐败，力倡节约，推崇道德建设，就是在朝这个方向努力。希望我们的国家早日解决现存的诸多问题，变得更加繁荣富强。”以上是一个课堂讨论的实例。可以看出，同学们的积极性很高，他们的创造力和潜能是无限的。

举办语文课件比赛，也是一个变被动学习为主动学习，调动学生积极性的有效方法。语文课件比赛，在预科教育学院已经连续举办五年了。这一活动，收到了意想不到的效果。《大学语文》中有一篇贾平凹的文章《秦腔》。文章探讨了秦地气候、风土和陕西人性格以及秦腔之间的紧密关系。教师讲授完这篇文章后，以这篇文章为出发点，引申出一个题目，举办语文课件比赛。比赛题目为：以你家乡的戏曲、曲艺或民歌为例，谈谈你对“地理环境和地域性族群的性格、方言、民歌乃至音乐之间具有血脉相通的关系”这一见解的看法。预科教育学院有 10 个班，同步开设了大学语文课。任课教师先在各个班级举办课件比赛，然后由各班同学和教师推选一个代表队，代表本班参加全院的课件大赛。学生可以以民族为单位来组队参加，也可以以家乡为单位组队参加。以课件展示的方式，介绍自己家乡的戏曲、曲艺或民歌与家乡的地理环境和民族性格之间有着怎样的密切联系。这个课件展示大赛受到了学生们的普遍欢迎。他们自由组合，认真备课，积极参加，热情高涨。预科教育学院的学生来自祖国的大江南北，几乎囊括了全国55 个少数民族。每个民族都有自己的民族特色和民间艺术。“骏马秋风塞北，杏花春雨江南”，地理环境和民族性格、民间艺术之间确实有着千丝万缕的关系，有说不尽的话题。学生有以家乡为题目准备课件的，如“七彩云南”、“四川九寨”、“贵州民歌”等；也有以民族为题目来参加比赛的，如“蒙古族民间歌舞展示”、“藏族风采”、“苗寨风情”、“广西壮乡”等。内容丰富，异彩纷呈。采取比赛竞争的方法，在竞争中激发学生互帮互学的团结协作精神，使他们的家乡观念、民族观念得到了进一步加强。让学生来当教师，走到讲台上来，让他们体会备课和上课的辛苦，很有意义。台上十分钟，台下得准备几个甚至十几个小时。站在讲台上授课，和在讲台下发言，是两种截然不同的感觉。学生们知道了为人师表的不易，可以拉近教师和学生的距离，教学相长，相得益彰。比赛之后，教师对学生的课件制作和授课表现要做出点评。这个点评环节也同样重要。教师要从课件主题是否突出、课件内容是否丰富、备课是否充分、课堂的表现是否生动、上课的方法是否多样等几个方面对参赛的学生代表和小组进行点评。当然，学生不是专职教师，教学能力、教学经验和学术素养有限，教师没必要对他们要求那么高，要以鼓励和表扬为主，激发他们的学习主动性和探索意识。事实证明，语文课件比赛极大地促进和推动了学生对大学语文这门课的学习热情和兴趣，受到了全院师生广泛的好评。

作为教师，我们应当最大限度地激发学生的潜能，激发他们的学习主动性，培养他们的学习兴趣，培养他们发现问题和解决问题的能力，让他们在学术的道路上不断前进。

三、使用网络教学平台和电子邮件，帮助学生答疑解惑

中央民族大学已经有了网络教学平台。在网络平台上，教师可以开辟网络讨论专区，对一些课堂上没有深入探讨的话题，引导学生继续展开讨论。教师也可以将课堂上总结的热点话题及一些观点和想法，放到平台上，供同学们咀嚼和消化。

另外，电子邮箱也是一个很好的工具。有些学生私下里有些疑问，又不好意思在课堂上说出来，就可以给老师发邮件。例如，预科 8 班的一名学生，给我发来一封邮件。邮件是这样写的：“老师，我实在不喜欢鲁迅的作品，很不好懂，不知道是什么原因?”我给他的回信是：“鲁迅是现代文学史上著名的作家之一，他的有些作品确实是晦涩难懂，原因有很多。鲁迅开始写小说的时候就已经 36 岁了，他的许多作品是写给中年人看的，年轻人限于阅历和学识，可能难于理解，等你年纪再大一些，再看鲁迅作品，或许会有不同的想法。另外，鲁迅先生生活的年代、社会环境复杂，许多话不好明说，要采取隐晦的方法来表达，如果不了解时代背景，很多文章也不好理解。还有，鲁迅先生的文章思想深刻，内蕴丰富，情感深邃，也是他的作品不好解读的一个原因。但无论如何，鲁迅先生是中华民族现代文学史上最卓越的作家。他的一生都在着力批判我们民族的劣根性，他的一生都在致力于中国人精神的觉醒和中华民族的振兴。鲁迅先生的作品耐人寻味，是很经得起推敲的。作为年轻人，可以先选择《鲁迅全集》中自己能读得懂的作品来看，对于不明白的作品，可以等以后年龄稍长些再读。”学生对这样的回答比较满意，通过这种师生互动，教师可以答疑解惑，帮助同学们进步。

（作者单位：预科教育学院）

高校艺体类学生大学英语学习需求调查分析[①]

刘　立

2014年初，国家教育部在广泛调查研究基础上启动第四轮全国大学英语教学改革。教育部高等学校大学外语指导委员会明确了这一轮教改的方向，科学定位大学英语课程性质和教学目标，以教学质量为核心，引导高校建构具有校本特色的大学英语课程体系。与前数次教改相比，本轮教改更加突出校本特色和多元化课程体系。

在这一片如火如荼的课程体系构建浪潮中，艺体类大学英语课程设置未能引起广泛的关注。长久以来，艺体类学生都被视作低起点学生，因其人数相较普通类学生要少得多，所以大多数综合院校都采取降低课程难度和考试难度的解决方案，其优点在于照顾到了特殊群体的语言水平和学习能力，缺点在于忽视了这部分学生的个性化学习兴趣和学习需求。Widdowson认为，需求指“外语学习者为真正习得一门语言所必须要做的事情”。[②] 因此，对艺体类学习者英语学习需求的调查分析，是合理设置艺体类英语课程的必要前提。

一、相关研究回顾

需求分析于20世纪70年代进入外语教育领域。Richards认为：“在教育领域，需求分析是指了解、分析学习者学习需求的过程。”[③] West认为：

---

① 本文是2013—2014年广西壮族自治区外语教育科学发展规划项目“民族院校艺体类大学英语教学策略研究”的阶段性成果之一。

② Widdowson H. G. English for specific purposes: Criteria for course design [A]. In Selinker L, Tarone E & Hanzedi V (eds.). *English for Academic and Technical Purposes: Studies in Honor of Louis Trimble* [C]. New York: Newbury House, 1981.

③ Richards, J. C. et al. *Longman Dictionary of Language Teaching and Applied Linguistics* [Z]. London: Longman Group UK Limited, 1992: 304.

"需求分析是了解目标情景中学习者对目标语言的需求情况和学习者如何以最佳方式掌握目标语言。"[①] Brindley 把需求分为客观需求和主观需求，客观需求指学习者的年龄、性别、教育背景、目前的外语水平、将来要从事的职业等，主观需求指学习者的学习态度、学习期望等。[②] Hutchinson 和 Waters 指出，不论是普通英语还是专门用途英语，任何课程都建立在学生的某种需求之上。[③] Hutchinson 和 Waters 的需求分析模型提供了需求分析的步骤和方法，包括目标情景分析和学习需求分析，"成为二语习得中记载最多的模式"。目标需求包括必学知识、欠缺知识和想学知识，学习需求包括学习条件、学习者已有知识和技能、学习策略、学习动机等。

虽然不同学者对需求分析的定义和分类持不同的见解，但它们的内涵没有本质的区别。需求分析是课程设计的重要前提，是教师组织教学、使用教材、决定教学方法、评估教学结果的依据，也是使教学适应社会及时代发展，从而提高教学质量的首要环节。

在国内，束定芳把需求分为社会需求和个人需求。其中社会需求指的是社会、用人单位等对学习者外语能力的需求，个人需求则是指学习者目前实际语言水平与其所希望达到的水平之间的差距。[④] 夏纪梅、孔宪辉提出了外语课程设计的需求分析模型。[⑤] 王海啸提出了大学英语教学大纲设计的需求分析框架。[⑥] 陈冰冰对国内外的需求分析研究进行了述评。[⑦] 陆秀英、王雅丽通过对大学英语后续课程需求的分析，提出了模块化后续课程设置的实施方案。[⑧] 崔景珍以不同的学生为对象，调查研究了他们的英语学习需求情况。[⑨] 王斌华、刘辉的研究表明，学生的英语需求呈明显的集

---

① West, R. Needs Analysis in Language Teaching [J]. *Language Teaching*, 1994 (1): 1.

② Brindley, G. The Role of Needs Analysis in Adult ESL Program Design [A]. R. K. Johnson (ed.) The Second Language Curriculum [C]. Cambridge: Cambridge University Press, 1989: 63 – 78.

③ Hutchinson, T. & A. Waters. *English for Specific Purposes – A Learning – centered Approach* [M]. Cambridge: Cambridge University Press, 1987: 1 – 183.

④ 束定芳：《外语教学改革：问题与对策》，上海外语教育出版社 2004 年版。

⑤ 夏纪梅、孔宪辉：《外语课程设计的科学性初探》，载《外语界》1999 年第 1 期。

⑥ 王海啸：《个性化大学英语教学大纲设计中的需求和条件分析》，载《中国外语》2004 年第 1 期。

⑦ 陈冰冰：《大学英语需求分析模型的理论构建》，载《外语学刊》2010 年第 2 期。

⑧ 陆秀英、王雅丽：《基于需求分析的模块化大学英语后续课程设置研究》，载《湖南社会科学》2010 年第 6 期。

⑨ 崔景珍：《关于非英语专业本科生英语学习需求的调查研究》，载《广东外语外贸大学学报》2009 年第 2 期。

中态势；大学英语教学还远远不能满足学生英语学习的需求。[①]

本研究沿用 Hutchinson 和 Waters 的需求分析模型，将需求分析集中在目标需求和学习需求两个方面：一是学生希望和要求达到的英语水平；二是学生在英语学习过程中对课堂教学包括教学内容、教学方法等的要求。本研究通过描述艺体类本科生一、二年级学生的英语学习需求，寻求行之有效的英语教学方法，以全面改进艺体类学生英语教学效果。

二、调查设计和数据分析

研究者按照 Hutchinson 和 Waters 的需求分析模型自行设计了调查问卷。问卷由两部分组成：第一部分调查学习者的个人情况，包括专业、英语班级、性别、民族、英语学习经历等；第二部分调查学习者的学习目标和动机、学习策略、对现有课程的评价和学习需求等。问卷共43 道题，既有开放题也有选择题。本调查于 2014 年上半年进行，问卷由授课老师在2012 级和 2013 级艺体类学生课堂上分发，然后统一收回，共收回有效问卷 569 份（98.1%）。研究者利用 Excel 对有效问卷的数据进行频次统计，计算出每个选项的频数和所占的百分比，对于开放式题目，研究者根据不同的主题对不同的回答进行归类分析。结果显示：

第一，在学习目标和动机方面，艺体类学习者能较一致地认可大学英语的重要性（占 82.3%）。虽然不少学生害怕英语学习，有畏难情绪，但都知道对自身发展而言英语很有用，英语课很重要。大多数学生学习英语是为了通过四六级考试（占 43.1%）和继续深造（占 32.6%），部分学生是为了将来工作的需要（占 15.4%），仅有 2.7% 的学生选择了提高语言能力，对于语言在文化传播方面的工具性也鲜有认同（详见表 1）。从选项的排序来看，首选比例前三名的仍是通过四六级考试、继续深造和将来工作。

---

① 王斌华、刘辉：《大学英语学习者学习需求调查及其启示》，载《国外外语教学》2003 年第 3 期。

表1 艺体类学习者英语学习目的调查结果

选项	将来工作需要	通过四六级考试	继续国内外学业深造	提高语言水平和能力	了解外国文化,传播本国文化	用英语获取各种信息	帮助学习自己的专业
频次比例(%)	15.4	43.1	32.6	2.7	2.7	22.5	5.4
首选比例(%)	18.4	32.6	21.3	1.7	1.9	7.3	3.0

这一结果说明，四六级考试和考研、出国考试等成为大学生学习英语的重要驱动因素，英语学习的动机具有明显的功利性，且持续时间不可能长，达到目的后也就丧失了学习的动力和兴趣。英语学习总体来说比较被动。

第二，学生英语学习策略调查分析。总体而言，被调查对象英语学习策略的使用情况不太令人满意，平均值为2.21，即总的策略使用水平介于“有时是”和“通常不”之间，倾向于“通常不”。说明大多数学生并不太懂得有意识地使用学习策略来帮助自己学习英语。被调查者在元认知策略方面得分较低，自我管理能力较差。相比之下社交/情感策略则较高，与这些学习者平时乐于交际有关。数据显示艺体类学习者总的说来学习缺乏自觉自律，不善于总结，找不到问题所在。

第三，对现有教学内容、教学方式、评估方式的评价和需求。总体上看，77.4%的学生对现行英语教学持满意态度，72.6%的学生对目前考查形式满意，68.5%的艺体类学生对分级分班标准满意。但是，约42%的学生迫切希望提高自己的英语水平，尤其是听力和口语能力。半数以上的学习者对传统教学内容和教学方式如词汇及语法讲解、语篇结构分析明确表示有一定必要，但是不重要，不应作为主要内容和主导方式。绝大多数学习者期望活泼生动的教学方式，对课堂的趣味性比较重视，期望教师能组织多种多样的教学活动，寓教于乐。在考试形式方面，学生也倾向于增加口语的比重，适当降低阅读和写作的比重。70%以上的学生认为有必要培养自己的听说能力和应试能力。这一数据充分表明学习者重视语言交际能力，当然，也从一个侧面反映出现行的教学内容无法满足学生的需求，学生在这两个方面还很欠缺。

第四，对课程设置的需求。就目前的单一课程设置而言，62%的学生觉得很有必要学习后续课程。研究者在制定调查问卷时把后续课程分为四类，分别是语言基础类、语言应用类、语言文化类和应试英语类。其中语言基础类列举了13门课程：高级口语、高级听力、英语语音教程、英汉/汉英笔译、英汉/汉英口译、英语演讲技巧、英语辩论技巧、同声传译、实用英语写作、学术英语写作、英语报刊选读、修辞与写作、学术交流英语。语言应用类列举了9门课程：商务英语、旅游英语、金融英语、法律英语、科技英语、体育英语、外贸英语、医学英语和会展英语。语言文化类也列举了9门课程：英美国家概况、中西文化对比、电影与文化、英美文学选读、英语小说赏析、英语诗歌赏析、英美传统文化选读、中国传统文化英语、民族文化英语。应试英语类列举了6门课程：大学英语六级辅导、考研英语辅导、托福考试辅导、雅思考试辅导、托业考试辅导、GRE考试辅导。在给出的多门后续课程选项中，语言基础类和应试英语类课程受到了学生的青睐。比如，都对高级口语和高级听力等实用性技能感兴趣，也有较高的应试英语辅导课程雅思、托福的需求，还有就是对艺体类专业英语的需求，这可能源于这部分学生参加国际交流活动或者去国外进修的实际需要。数据显示，排前10名的课程有高级口语、艺体类专业英语、四级辅导、高级听力、出国类考试辅导、西方文化与习俗、高级阅读、六级/考研辅导、西方文学和高级写作。高级口语的选择人数是排名最后的高级写作选择人数的近3.6倍。一方面，因为艺体类学生的语法功底很薄弱，写作能力很差，而培养写作能力又需要花费很长的时间，不像口语有立竿见影的功效；另一方面，因为这些学生在实际工作和生活中发现口语、听力的使用频率远远大于写作，所以他们更愿意学习实用性强的知识和技能。

三、对英语教学的启示

以上的调查分析给我们的艺体类大学英语教学带来了启示：（1）优化课堂教学内容和教学方式，培养学生的学习兴趣，积极引导学生的学习动机。英语学习不能仅为了通过考试或工作需要，也要适当培养学生的综合文化素质。当然，学生有否学习兴趣和教师的授课方式也有很大关系，因此教师应丰富课内外活动，坚持“学生为主体、教师为主导”的教学理念，增加语言实践机会，提高学生的课堂参与度。教师应充分意识到与其他专业学生相比，艺体类学生的共性和特性所在，并结合教育部大学英语课程要求，为艺体类学生量体裁衣制订出个性化的教学方案。（2）在教学过程中注重培养学习者的英语学习策略和自主学习能力。教师不但要传授语言知识，而且还要随时通过各种学习任务和教学活动训练学生的学习策略，并根据教学内容的难度适时调整训练的侧重点，给学生提供有针对性的辅导，强化其策略意识，尤其是元认知策略意识。(3) 设置多元化课程体系，注重培养学习者的英语交际能力和英语应用能力。多元化课程体系打破了以往单一课程的局限，可以满足不同层次、不同专业学习者的需求，而且高级口语等应用型课程可以有针对性地培养学生某项或多项语言技能，满足学生今后学习、工作的需要。

Sterick 认为，外语教学只有充分体现与学习者学习需求的相关性，同时具备完整性（指教学能较完整地包含学习者的学习需求）、有用性（能让学习者学以致用）和满意性（让学习者感觉到他们的需求得到满足），才有优势来施加对学习者的影响。[①] 学习者的学习需求调查分析，毫无疑问是大学英语教学改革的前提和依据。

（作者单位：外国语学院）

① 王斌华、刘辉：《大学英语学习者学习需求调查及其启示》，载《国外外语教学》2003 年第 3 期。

舞蹈专业音乐基础理论课程教学的思考

刘 莹

音乐基础理论课是舞蹈专业学生的必修科目之一，也是舞蹈专业学生在学习过程中较有难度的科目。乐理课较多的理论知识使教学内容显得枯燥，再加上入学考试的引导以及考试科目的不同，导致学生的乐理基础参差不齐，如果运用单一的教学方法，往往会使大部分学生对这门课丧失兴趣，乐理知识提高不明显，从而影响课堂教学的整体效果。针对舞蹈专业音乐基础理论这门非音乐专业的基础课程，应该采取什么样的教学方法来提高教学效果，让学生科学而系统地获得音乐理论知识的同时，还能培养其良好的乐感，为相关的专业课程奠定音乐基础，这是舞蹈专业音乐基础理论课教学中的一个重要课题。

一、舞蹈专业学生音乐基础理论课现状

（一）舞蹈专业学生在音乐理论知识层面上水平参差不齐

首先，舞蹈专业本科生在入学之前大多在艺术团体或私立的艺术学校学习专业，由于各学校课程设置的不同，大部分学生没有接触过这门课程；其次，个别学生从小有学习乐器的经历，稍微了解一些简单的音乐理论知识，但所掌握的理论知识缺乏系统性；此外，目前一些省市要求艺术类考生必须参加省内专业联考（乐理属于必考科目之一），还有一些则不需要参加专业联考。这些情况造成了进入大学的舞蹈专业学生在音乐理论知识的基础上差别很大。

（二）音乐基础理论对于非音乐专业学生来讲理论性过强

传统的教学中乐理课是音乐专业学生的必修理论课程，是系统讲述有关音乐知识的课程，涉及记谱法、节奏、音程、和弦、调式等诸多内容。同时，它又是一个科学性很强的音乐知识体系，其包含的音乐理论概念繁

多、内容庞杂。[①] 对于舞蹈专业的学生来说，如果只单纯讲授理论，学生不仅不容易掌握乐理知识，还会使其丧失学习兴趣，使教学陷入机械、呆板的境地，影响学生音乐实践能力的提高。

（三）舞蹈专业学生普遍存在缺乏对乐理知识重要性的认识

大部分舞蹈专业学生片面地认为，音乐基础理论是理论性极强、单调乏味的理论课，在艺术领域里只要掌握单一的专业技能就可以了，音乐基础理论尽管是音乐专业必修的基础课程，但与舞蹈专业关联甚少。其实不然，目前在国内高等院校中，只要和音乐舞蹈相关联的专业都开设了音乐基础理论课程，因为这些专业都要求学生必须得弄清楚音的概念、音符、音程和弦、节奏节拍、调式调性、规范记谱等一些基本概念。这些基础概念是音乐领域各个专业学习的一把入门钥匙。简而言之，这门课程更像是音乐学习者的“必备手册”。同样，掌握这些基础的音乐理论知识还可以协调舞蹈专业技能发展，是提高音乐素质的重要因素。为了让舞蹈专业学生更好地把握舞蹈与音乐之间的内在联系，音乐基础理论课程的设置显得尤为重要。

（四）教学方式单一

长期以来，在这门课的教学过程中，教师都以讲授理论知识为主，缺少互动环节和实践模式，再加上学生基础差异，很多同学在学习过程中兴致不高，缺乏主动学习的动力，从而导致这门课程越来越被学生视为难度大且无用的课程。以至于使舞蹈专业的音乐基础理论课的作用大打折扣，不能起到应有的基础理论课的作用，在舞蹈专业学生的音乐基础提高方面，也不能起到积极的作用。

二、改善音乐基础理论课教学现状的几点思考

（一）引导学生正确认识乐理课的重要性

在日常教学中，舞蹈专业的学生在本门课程的学习过程中易形成厌学和逆反心理，如何防止舞蹈专业学生在乐理课的学习过程中陷入误区，如

① 李翡翠：《浅谈如何提高乐理课教学效果》，载《科技风》2010 年第 15 期，第 1—2 页。

何让学生在实践过程中学以致用，这就要求教师在教授音乐理论知识的同时，提高其学习乐理知识的主动性和积极性。《乐记》记载："乐为舞之心，舞为乐之容。"舞蹈与音乐这两种艺术形式自古以来就是相互依附，缺一不可的。目前，大部分的舞蹈专业课程也都是与音乐密切相连的。例如，民族民间舞单元课、芭蕾舞基训、古典舞基训、现代舞等主要必修课程，必须有音乐的引导、配合才能进行教学训练，而能否理解领悟音乐的节奏、节拍和意境并准确地把音乐与动作恰当地融合在一起，就需要学生对音乐有良好的感知能力。再如，作为舞蹈教师或舞蹈编导，经常会为课堂教学训练编配舞蹈组合或创作舞蹈作品，这都必须对音乐有良好的感知能力才能进行编创，因为舞蹈结构一般是在音乐结构的框架内来构建的，舞蹈舞句、舞段的划分也与音乐乐句、乐段的划分存在着密切的联系。由此可见，学生对音乐的领悟在很大层面上直接影响着舞蹈学生的专业学习，而这种对音乐的理解和分析能力，又直接来源于对音乐基础理论知识的掌握和积累。所以对舞蹈专业的学生而言，学习音乐基础知识是非常重要的，教师在教学过程中应加强学生对该课程的理解和认识，让舞蹈专业的学生越来越重视音乐在舞蹈中的作用。

（二）对舞蹈专业音乐基础理论教学内容做适当的调整

目前，国内艺术院校所用的音乐基础理论教材多是面向音乐专业学生编写的，对舞蹈专业的学生来说，由于舞蹈专业学习的要求和局限，乐理课的要求程度要相对低一些。在教学实践中，如对学生的要求过高，反而达不到预期的教学效果。所以笔者认为，由于过于复杂的音乐理论知识在舞蹈专业学生的平时学习过程中接触不多，如果教学内容涉及太难反而会让他们产生厌学的情绪。在给舞蹈类专业学生授课时，有必要在音乐专业教材的内容上，根据学生的能力和基础对教学内容做适当的调整，使舞蹈专业学生更好地学习基础理论知识。

综观基础乐理教材，在内容上大致包括音的概念、音符、记谱法、音乐中常用记号与术语、节奏节拍、音程和弦、调式调性的概念、移调译谱、旋律调式辨别与结构的识别等。虽然从分类上来看，似乎觉得内容不是很多，但是把每一大类的内容细化后，整个理论就会变得很繁杂。① 对于舞蹈专业的学生，有些内容可以在教学中适当删减。比如，在音的概念

---

① 陈婷：《关于乐理教学的几点思考》，载《北京宣武红旗业余大学学报》2009 年第 2 期，第 40—42 页。

方面，像音律、音的关系、泛音列这些知识在平常的实践中很少用到，那么在教学中就可以一带而过，不用过多地进行讲述。还有在旋律调式、调性方面的教学中，像中古调式及过于复杂的民族调式这些内容，在教学中都可以把它们简化甚至可以不予讲述。类似这样的小知识点还有很多，在对舞蹈专业学生的教学中有必要对这些内容进行删减，以提高学生的学习效率和质量。

在教学内容的知识点上，有些内容也是我们需要注意的。比如说，同一概念在不同的教材的论述上是有差别的，学生在对比不同的阐述之后常常会出现混淆。例如，调的关系中，像关系大小调、平行大小调的概念学生不陌生，但是突然出现的同音列大小调、同调号大小调的概念会让很多学生不能理解，其实它们表达的都是同一概念。还有类似的节拍和节奏的概念的解释，在很多教材上似乎也有些差别，这都需要我们在教学过程中特别注意。

还有些内容笔者认为有必要阐述清楚。例如，七和弦及其转位的名称由来，它主要是由和弦低音、根音、七音的关系而决定的，这些问题看似很简单，但是大部分教材叙述中并未提及，以至于学生对此概念模糊。

谱例 1：

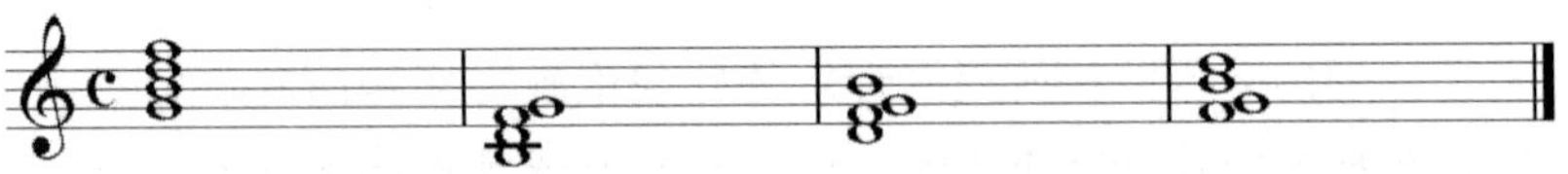

从谱例 1 第一小节可以看到和弦低音就是根音和七音的关系，这是原位；第二小节低音和七音、根音构成五、六度，所以叫五六和弦；以此类推，不难发现第三、四小节三四和弦和二和弦名称的由来。

在教学任务的规划中，受学生接受能力和学习能力差异的影响，我们应该根据学生的特点对教学内容进行适当的调整，制订一套适合舞蹈专业学生学习的、由浅入深、易理解、易学易用的教学方案。

（三）音乐基础理论教学方式的改进

音乐是听觉的艺术，对于舞蹈专业的乐理课不能过多讲授理论知识，如何让舞蹈专业学生理性地去听、去唱、去分析音乐，那就需要适当添加一些视唱练耳课程的教学内容。视唱练耳是一门综合性的音乐训练课程。内容包括听辨音程和弦、节奏节拍、旋律和视唱等，同时还包括对音乐的感知、理解和表达等综合性练习。由于课程设置的限制，舞蹈专业不单独开设此门课程。乐理课侧重于音乐理性知识，培养学生理解和掌握分析音乐作品中各个要素的能力；视唱练耳课则更多的是音乐感性知识的训练，培养学生的音乐感知能力，听辨和记忆音乐的能力，能帮助舞蹈专业学生积累音乐语汇并建立良好的乐感，增加他们对音乐感觉的理性支持。① 如果舞蹈专业学生只是用理论知识分析出一段旋律的调式、调性、节拍、节奏，那么就很难把握音乐的风格和特征，更无法将音乐融入舞蹈，也会阻碍编创舞蹈的能力。在教学实践中，通过多年的尝试和改革，总结了将乐理与读谱视唱和节奏练习以及音乐欣赏相结合的教学方式。

1. 与读谱视唱相结合

读谱视唱是按乐谱所示要求准确唱出曲调的音高、节奏等。它既是建立和积累音乐语言的最基本方式，又是整体音乐表现能力的最直接体现。学习视唱可以加强学生对节拍、节奏、音程和调式等理论概念的感性认识。教学过程中，视唱并不用侧重训练学生的音准，应该要求学生注意节奏节拍的准确及乐曲中力度、速度和表情的变化。对舞蹈专业更应该丰富课堂中的视唱曲目，由于目前缺乏适合舞蹈专业的视唱教材，我们除了采用一些音乐专业使用的五线谱视唱教材外，也可以选用一些民歌的简谱视唱让学生练习，还可以选取一些经典的民族舞蹈音乐及芭蕾舞音乐视唱，让学生加以练习。

谱例 2：

选自舞剧《天鹅湖》

柴可夫斯基 曲

此曲目选自芭蕾舞剧《天鹅湖》（柴可夫斯基作曲），学生在芭蕾舞基训的课堂中经常能听到一些根据著名芭蕾舞剧所改编的伴奏音乐。学生看到这些谱例后，对音高、旋律结构有了直观的认识，在视唱中除了得到音准和节奏的训练外，还能获得音乐思维能力的启发。通过与读谱视唱的结合教学，能够让舞蹈专业学生接触到各类型的舞蹈音乐，还能帮助他们在专业训练的课堂中听懂音乐，理解音乐，提高对音乐的表达能力。

---

① 黄春燕：《论视唱练耳与基本乐理的渗透教学》，载《艺海》2009 年第 6 期，第 113—114 页。

2. 与节奏练习相结合

节奏是音乐的骨架，也是组成音乐的重要因素之一。开设音乐基础理论课不仅要让舞蹈专业学生掌握理论知识，还应该培养学生良好的节奏感。节奏练习初期对基本节奏型的训练都要有所涉及，并不断把基本单一的节奏型编配到2/4、3/4、4/4、6/8 等这些舞蹈训练常用的节拍中，以此来启发学生全面地把握各类节拍所产生的节奏感。后期可以根据舞蹈专业课的内容，加入一些极具少数民族风格特点的节拍、节奏让学生练习。

谱例 3：朝鲜族古格里节奏

谱例 4：维吾尔族赛乃姆节奏

以上两种节奏是朝鲜族和维吾尔族比较常用和极具民族风格特点的节拍、节奏型，在民族民间舞蹈单元课的音乐旋律中屡屡出现。除此之外，还可以选择傣族、佤族、苗族等一些风格特点突出的节奏型，让学生加以练习。学生看到这些谱例后，才会对节奏型、节拍强弱有直观的感受，通过节奏的训练，学生可以掌握更多民族民间舞蹈的节奏律动特点，并帮助他们更好地完成专业课的学习。

3. 与音乐欣赏相结合

在乐理课教学中，对舞蹈专业学生应结合各种不同风格的乐曲来授课，在快乐和谐的氛围中激发学生的学习兴趣，掌握所学知识，逐步培养他们的审美情感。[①] 例如，讲到调式调性这一概念时，可以运用对比的手法让学生欣赏一首大调和小调的乐曲，帮助他们体会大调明亮庄严、小调暗淡柔和的色彩。再让学生根据两种不同色彩的音乐旋律去构思舞蹈意境，如大调的音乐旋律适合表现积极向上、愉快活泼的舞蹈形象；而小调的音乐旋律就更适合表现忧郁或悲伤一类的舞蹈形象。乐理课和音乐欣赏的结合能让学生在欣赏中感受音乐的意境美，在激发他们音乐想象力的同时，还能为舞蹈创作积累音乐素材。

---

① 熊然：《浅谈舞蹈专业的乐理与视唱练耳教学》，载《黄河之声》2011 年第 14 期，第 70—71 页。

在教学中通过以上三种方式使乐理课的学习更加丰富多彩，能让学生用最短的时间、最简单的方法获得更多的音乐信息和知识点，还能为专业课的学习打下坚实的基础。

三、总　结

音乐基础理论是舞蹈专业学生的必修基础课程，其重要性毋庸置疑。通过上述课程教学中的调整措施，可以有效地解决课程理论性强、学习枯燥、提高缓慢等问题，使课堂教学的内容适合舞蹈专业学生，教学内容丰富多彩，便于理论与实践的结合，改变学生一直以来对该课程的偏见，从而有效地提高音乐基础理论课的教学效果，为舞蹈专业的学生在音乐素养方面打下良好的基础。

（作者单位：舞蹈学院）

从不同年代的本科教学大纲看我国不同类型高校宗教学本科教育的异同

——以北京地区三所“985”高校为例[①]

张 咏 葛诗嫣

一、研究背景

通常的看法认为，我国宗教学的本科教育始于1982年，在我国高等教育的专业设置中属于相对比较年轻的专业，但随着当代人们对宗教价值的再发现，宗教学的教学与研究显得愈发重要。但就目前有关宗教学教育本身的研究成果来看，仍然是屈指可数，公开发表的更是少之又少。在我们检索到的文献中，只有翟媛媛的《宗教学专业在中国国民教育中地位与作用的思考》（中央民族大学哲学与宗教学系硕士学位论文，2005年）、林伟、包兆昌的《当代大学生宗教学教育实践探讨》（《当代青年研究》2005年第12期）、梁小平的《论高校开展宗教学教育的意义》（《黑河学刊》2011年第9期）、张华的《博雅教育与宗教研究》（《中国文化研究》2007年第4期）等区区几篇，而且内容上基本围绕宗教学专业的地位与作用来讨论的，未涉及宗教学教育本身。这种状况对于宗教学专业教育的反思与回顾显然是非常不够的。因此，为了推动高校宗教学专业教育的科学化和规范化进程，开展高校宗教学专业教育本身的研究就显得尤为重要。

在我国，开设宗教学专业的高校并不算多，而作为我国文化中心的北京市，其高等教育一直处于国内的领先地位。在北京市，设有宗教学的教育或研究机构的高校在国内的高等教育中比较有代表性。其中，中央民族大学（1988年，简称民大）是北京市第一个成立宗教研究所的高校，北京大学（1982年，简称北大）是全国第一个建立宗教学专业的高校，而中国

---

① 本文为校级优秀课程项目“宗教社会学（2011—2013）”成果之一，作者分别为哲学与宗教学学院教师与2009级宗教学本科生。

人民大学（简称人大）的佛教与宗教学理论研究所，在2000年被正式批准为国家级的教育部人文社会科学重点研究基地后，也日益受到关注。可以说，这三所北京的高校均为人文社会科学特色突出的高校，又均属于国家“985”高校，选择这三所高校进行专题研究无疑是有代表性的。本次调研我们拟定了两个选题，其中一个便是从不同学校、不同年代的宗教学专业本科培养方案（简称培养方案）入手进行的比较研究。本项成果就是对这三所高校的培养方案进行比较研究中获得的初步成果。

二、研究过程

本调研开始的时间为2012年10月至2013年6月，分别搜集到了目标院校的不同年代、不同版本的培养方案，走访了部分教师及本科生，获得了一些基本的数据。因此，本次研究方法是在文献资料法（分析不同高校的宗教学培养方案）为主和问卷调查法（针对各校宗教学本科生进行问卷调查）、访谈法（包括宗教学专业的师生）为辅的基础上完成的。期间，共获得各个学校不同时期的培养方案大约7份；问卷发放近200份，回收率超过90%（关于问卷，我们将做专门分析，本次只是作为辅助分析的参考）；访谈三所高校师生将近20位，对此我们将分别在引用处加以说明。本研究的目标在于通过不同时代的培养方案来比较国内不同类型高校宗教学本科教育的定位与取向的变迁，进而达到对国内宗教学专业培养现状的初步分析，为开展相关问题的进一步研究提供参考。

三、不同时期三所高校各自培养方案的比较

本调研以上述三所“985”高校的宗教学本科培养方案作为研究的主要文本基础。其中，北大的培养方案包括2001版、2003版和2009版三个版本的教学计划；民大的培养方案包括2002版、2006版和2010版三套培养方案；人大的培养方案由于历年变动较少，我们只选择了2010年版。

1. 北京大学

对于北大的宗教学专业本科生培养方案，我们主要比较2001年、2003年和2009年三个版本的教学计划。在教学计划中，篇幅最多也是最详细的是宗教学专业的课程安排，也是支撑整个专业培养的主体部分。随着专业自身的调整以及学校在教学上对各系提出的总体要求，每个版本的培养方案的细节有所变化，课程结构略有改动。但总体的知识传授大同小异，课

程性质主要由必修课、选修课和其他教学环节三部分构成，并在具体的选择上对学生做出一些门类和学分的限制。因此，在这一部分本调研主要分析北京大学三个版本培养方案的课程设置和学分安排情况。①

从三个版本的培养方案中，我们可以看出北大在宗教学专业的教学方面比较详细，提供了多种多样的专业课程，并根据不同的课程性质对学生提出了不同要求。一方面，在宗教学专业上详细分出更多的三级学科供选择；另一方面，又对专业之外的领域提出了一定要求，拓展了本科生的知识面。教学计划对本科生的规定体现在学分的约束上，既保证了广泛涉猎，又在一定程度上尊重了学生的兴趣，具有了全方位、个性化培养的特征。

2. 中国人民大学

人大的宗教学专业最远可以追溯到 20 世纪 50 年代，现隶属于哲学研究院。在培养方案的制订上，中国人民大学每年都会对其进行调整，但基本上改动很小。本调研以 2010 版培养方案为例，概括人大培养方案体现出的基本信息，包括该校专业概况以及课程设置分析，把握其在宗教学本科教学上的特色，因而暂不做纵向比较分析。

由于中国人民大学的宗教学专业自大二下学期起分班的特殊性，其专业课集中安排在第三学年，之前的学习主要集中全校共同课和专业基础课。总体来看，人大在培养方案的课程设置方面与北大相似，具有层次分明、课程多样的特点。

人大的宗教学培养方案在课程设置之外，还注重培养学生的文字能力。不仅对论文的写作要求较高，而且将论文写作和实践教学的要求写入培养方案，通过不同学分约束，体现了其培养学术性科研人才的目的。此外，将实践要求作为培养任务的一部分，也提高了宗教学本科生的学术实践性，与科研水平形成互补。对社会调查和专业实习的重视与人大课余实践丰富的特点一致，体现了人大宗教学专业对外交流机会多、实践基地类型广的优势，在本科教学形式上别具特色。

3. 中央民族大学

民大哲学与宗教学学院是全国民族院校中唯一从事哲学与宗教学教学与科研的机构，1989 年开始招收宗教学专业的专科学生，1994 年开始培养宗教学专业的本科生，成为拥有哲学和宗教学两个本科专业的教学单位。

---

① 学分数量有出入处以各版本《宗教学专业排课简表》培养方案为准，计算学分总数。

作为中央民族大学的特色专业和重点专业，我们共获得了民大宗教学专业2002版、2006版、2010版三个版本的培养方案，在这三个版本中，培养方案的基本格式并未变动，只是在内容上有所调整。由于获取民大的资料较其他两所学校更为充分，并且三个版本的培养方案内容都比较详尽，而且基本格式变动较少，因此在这一部分，本调研对民大各版培养方案本的分析将比另外两所学校更加详尽。这一部分将以2002版培养方案的格式为主线，逐项比较三个版本的异同，包括基本信息、培养目标、人才基本规格、知识结构与能力结构和课程设置等，按时间顺序概括其发展变化[①]。总体来看，培养方案的学分总数变化不大（学校整体的学分要求变化以及学院自身的教学情况尚未算在内）。

从课程性质来看，2010版之前的公共必修课一直是比例最高的部分，2006版更加突出。2010版培养方案中，公必、专必、专选的比重十分接近，削弱了专业必修课的学分要求，更注重综合能力和全面素质的培养。公共必修课的比重分别居于其次，专选次之，公选再次，其他教学环节的比重占10%左右。

纵向比较来看，公共必修课和公共选修课的比重不断降低，公选降低的幅度更明显。专业必修课的比重在2006版中最大，而专业选修课在2010版中骤然提升了比重。其他教学环节也在2010版中的比重最明显。

课程数量方面，见下表：

版本	公共必修课	专业必修课
2002	18	17
2006	17	20
2010	18	18

由上表可知，宗教学专业开设的课程基本稳定，公共必修课和专业必修课的课程都在20门左右。因此在培养方案的变动中，主要是学分的比重有所浮动以及课时的安排情况不尽相同，但课程本身还是比较稳定的。

以下是三个版本的培养方案中所有出现过的专业必修课学分明细及相互之间的比较。

---

① 本文所有数据及分析均以培养方案的文本为准。

专业必修课	2002 版	2006 版	2010 版
哲学原理	3	无	4
形式逻辑	3	同 2002	2
宗教学导论（上）	2	3	合为一门，共 4 学分
宗教学导论（下）	2	2	
马克思主义论宗教	2	更名为马克思主义宗教观	同 2006 版
西方哲学概论	4	更名为西方哲学史	分为上下，共 6 学分
中国哲学概论	4	更名为中国哲学史	分为上下，共 6 学分
普通心理学	3	不变	不变
基督教	4	不变	不变
道教	4	不变	不变
伊斯兰教	4	不变	不变
佛教	4	不变	不变
中国少数民族宗教（上）	3	2	合为一门，共 2 学分
中国少数民族宗教（下）	3	1	
田野调查与方法	2	无（专选社会调查与方法，2 学分）	同 2006 版
宗教社会学	3	无（专选，2 学分）	3
宗教政策与法规	2	1	同 2006 版
伦理学	无	3	同 2006 版
美学	无	3	2
马克思主义哲学原理	无	4	无（公必，3 学分）
宗教经典选读	无	3	无（专选，2 学分）
儒释道三教关系	无	3	无（专选中国宗教史，3 学分）
科学技术哲学	无（专选科学技术史，3 学分）	无（专选，2 学分）	2
学分共计	52	60	53

据此我们可以看出，民大三个版本的培养方案的专业必修课中都安排并且学分无变化的为基督教、佛教、伊斯兰教、道教四门宗教课程。其他课程都或多或少有所变动，如学分数量（课时）的增减，课程性质的改变，课程名称的变动以及课程本身的保留和删改等，反映了民大宗教学培养方案一直处于不断调整和适应的状态。

纵向比较三个版本，可以看出：2002 版培养方案的课程较少，专业性较强，主要课程为宗教学的相关课程，而且尤为关注少数民族宗教（设置了 6 学分）；2006 版相对之前的版本而言增加了哲学类的其他课程，因而课程较多且内容丰富，宗教和哲学并重；2010 版在之前的基础上有所调整，主要增加了哲学类（西哲和中哲）的课时量，压缩了部分宗教学的课时，总体上删改不大。

对于专业选修课，由于是根据学生的自由申报情况而决定课程的开设与否，在此不详细列出各个课程，仅从数量上概括分析。从培养方案中提供的专业选修课来看，三个版本的专选课程安排呈增加态势，由 2002 版的 20 学分 20 门可选课增至 2006 版的 20 学分 36 门可选课再增至 2010 版的 37 学分 45 门可选课，专业选修课的范围更加广阔，使学习的选择更加多样化，更能满足学生的学习兴趣。

其他教学环节方面，由于培养方案中仅给出了其他教学环节的条目，并没有明确的操作过程，因此仅从其他教学环节的数量以及学分要求来看，2002 版培养方案（9 项共 14 学分）、2006 版培养方案（6 项共 13 学分）和 2010 版培养方案（10 项共 17 学分）三个版本总体的变化不大。学院对宗教学本科生的其他教学环节要求正不断加强。

中央民族大学宗教学专业的开设单位为哲学与宗教学学院，在培养方案中哲学与宗教学并重，既有专业性较强的宗教方面的课程，也有注重哲学基本课程的学习。在本科阶段，民大的宗教学学生接触了各种哲学类和宗教类的课程，主要以专业必修课和专业选修课为主，辅之以其他的实践教学环节。

在 2002 版、2006 版、2010 版三个版本的培养方案中，2002 版更注重宗教学的专业课学习；2006 版增加了部分哲学课程，对哲学类和宗教学类的课程安排并重；2010 版更重视哲学的基本课程，并扩大了专业学习的范围，在诸方面的要求更加均衡。

四、对不同高校专业培养方案的横向比较

由于各校不同版本的培养方案之间的比较已在上一部分逐校分析过（北京大学和中央民族大学各自的三个版本），因此在横向比较的这一部分，我们从已有的培养方案资料中分别选择各校的最新版本培养方案进行比较，即对北京大学哲学系宗教学系宗教学专业2009版教学计划、中国人民大学哲学院2010版宗教学专业教学方案和中央民族大学2010版宗教学本科专业培养方案进行比较。对于这三版培养方案，这一部分将从培养目标、招生情况和课程设置三方面来分析。

1. 培养目标

（1）北京大学

北大对宗教学本科生的专业培养要求和目标是：注重培养兼具宗教学知识与哲学知识背景的综合型理论人才和宗教事务管理人才，经过四年学习，使学生初步具备原典阅读与独立研究能力，具有较高的理论思维能力与语言表达能力。

（2）中国人民大学

人大的宗教学本科生培养目标是：培养品学兼优、德才兼备，适应我国现代化建设需要，具有广博的科学文化知识基础和文史哲素质，具有较强的哲学、宗教学专业知识和理论思维能力，较系统的宗教调查研究基本技能，能够胜任各项宗教事务管理部门实际工作的高水平专业人才或宗教学专业高级人才。

另外，通过对人大宗教学教研室老师的访谈，我们得知人大对本科生的培养比较传统，希望通过本科阶段的教学使同学们步入学术研究的道路，成为研究型人才，而不偏重就业等职能的培养。因此，人大宗教学教研室注重培养学生的学术能力、文字能力以及阅读原文的能力，以期同学们能有更专业的学术水平，成为学术人才。近年来，人大更重视提高同学们的古文水平和外语水平，并提高写文字和调研的能力。

（3）中央民族大学

民大的宗教学本科生专业培养目标是：培养具有马克思主义理论素养和较强逻辑思维能力，比较系统掌握哲学理论基础知识，掌握一定的相关学科专业知识，在德、智、体、美等方面全面发展，有进一步培养潜质的哲学专门人才以及适合于从事党政、教育、新闻出版及企事业管理等工作的复合型专门人才。

在对民大宗教学老师的访谈中，对于“宗教学培养方案的目标”这一问题的回答，老师认为主要有两个方向：管理人才和科研人才。一方面，要通过教学培养服务于社会的复合型人才，并熟悉宗教政策法规，又对少数民族宗教有一定了解；另一方面，受到的田野调查培训有利于进一步的科研深造。从考研比例以及推荐面试研究生的情况来看，宗教学本科生继续深造的质量还是比较好的。

宗教学对口的工作岗位多是行政部门，招聘的要求多为政治性，对专业的要求并不高。一般的宗教方面岗位重视政治正确性，相关知识可以通过培养来达到。毕业生的考研比率较高，为30%左右。另外进入地方宗教局工作的毕业生也较多。

另外，民大的老师认为，其宗教学本科生对培养目标的完成情况很令人满意，大多数同学都很认真，学习很努力，让老师感动。老师认为，宗教学专业对个人培养的积极作用在于，宗教学首先能让同学们正确认识自己，并有一定的观察世界的方法，能够去考虑人的信仰问题，了解自己和他人的精神世界。宗教学是哲学的二级学科，哲学的训练使同学们有一定的逻辑准备，条理性强的同时又有人文关怀。宗教学属于人文类学科，是基础学科，本身不为工作服务，只是一种基本的训练。老师也希望看到更多有理想，有人文关怀，关心周围的人以及社会，对社会有责任感的宗教学专业本科生。

根据民大哲学与宗教学学院的一些资料，宗教学本科生的培养结果也可以反映出培养目标的完成情况。在民大的宗教学毕业生中，除了从事一般的教学和科研工作外，很多都在从事民族宗教管理工作，并成为各地民族宗教工作的重要力量。他们在各自的岗位上为社会主义现代化建设事业的发展，特别是为少数民族和民族地区的发展，做出了重要贡献。他们当中有很多人成为知名的专家学者、高级领导干部、企业界的精英。因此，民大的宗教学培养目标相对其他两所高校更倾向于民族宗教事务的管理工作。

总体看来，三所高校的培养目标大同小异，都要求宗教学本科生在掌握一定的哲学知识和宗教学专业知识的基础上，形成较高的理论思维能力，从而成为从事学术科研或政府管理的宗教学专业人才。北大和人大更倾向于科研培养，而民大则更重视学生的全面发展和就业方向。

2. 招生情况

在北大，高考后志愿或调剂到哲学系的本科新生统一学习哲学专业知识，在第三学期末选择具体的专业，包括哲学专业 I、哲学专业 II（科技哲学和逻辑学方向）和宗教专业三个方向。北大本科生的正式宗教学教学始于大二下学期，每个年级的宗教学本科生约三四人，所有在校的宗教学本科生不足 20 人。

人大同样是在低年级统一进行哲学通识教育，在本科第四学期时由哲学院本科生志愿选择具体的专业方向，包括伦理学和宗教学。这两个专业一般交替开设，即宗教学专业隔年设置。人大的每个宗教学班 10 人左右，在本项目调研阶段人大只有 2009 级宗教学一个本科宗教学班。

民大的宗教学本科生是高考后直接分入宗教学班进行专业学习，与另一个哲学班共同接受专业培养。民大本科的四个年级都有一个宗教学本科生班级，每班 35 人左右。因为民大在我国是宗教学本科生最多的高校，因此为国家培养了最多的宗教学专业人才。

比较这三所高校的招生状况，北大和人大宗教学本科生的方式类似，都是对哲学院系的新生统一进行基础专业知识的教授，经过低年级的积累之后，由本科生在固定期间志愿选择专业方向，成立宗教学班级。而且，北大和人大的宗教学本科教育从属于哲学院系，因此专业为宗教学的本科生人数较少。相对而言，民大开设宗教学的教学单位是哲学与宗教学学院，哲学和宗教学并重，本科教育自新生入学起进行四年的宗教学专业培养。从人数上看，独立成班级的民大宗教学本科生也比另外两所高校多，而且在该校的四个年级均有分布。

3. 课程设置

在课程设置上，各校开设的课程性质各有特色，层次比较烦琐，而且有各自具体的选课要求和学分满足条件。例如，在专业选修课的学分要求中，北大有专业类别的要求，设置了各类的限选分数，而人大和民大则没有。为了同意课程设置的标准，更好地进行横向比较，本调研将三校的培养方案作以整理，抽出各校的课程设置部分并从同样的角度列表分析。因此，这一部分首先详细分析每所高校课程设置的详细信息，用表格分析其异同，再将三校联系起来进行统一的具体分析。

由于各校的学分数量与周学时基本对应，因此在比较课程设置的分配情况时仅以各校课程的学分作为主要的衡量标准。

从各校培养方案中课程设置的整理我们可以看出，各高校安排的专业课程有相似之处，但是在课程性质和层次方面差异较大，体现了不同学校教学方式的差异以及宗教学的特色。具体而言，北大宗教学本科的课程类型有：全校公共必修课、全系必修课、专业必修课、文科大类平台课、全校通选课、专业选修课和本科素质教育通选课；人大有：全校共同课、全校指导选修课、全校任意选修课、学科基础课、专业必修课和专业选修课；民大有：公共必修课、专业必修课、专业选修课和跨专业选修课。各校的课程设置层次不尽相同。为了便于横向比较，现将各校不同性质的课程分类并计算各项的学分总数及百分比，从而发现不同学校在课程安排上的特别之处。其中，在各校的正式课程外，还有“其他非课堂教学环节”，是比较特殊的一部分，既属于必须贯彻的教学环节，又在形式上不同于一般的课堂教学课程。因此，在分析时要特别注意这个环节，将其分情况讨论。

以下将从选择课程的自主性（必修课、选修课）和开设课程的范围（院系课程、非院系课程）两方面具体分析三所学校课程设置的异同，选择学分数量占该校总学分的百分比作为量化参考。

（1）三校选择课程自主性的横向比较（见下表）

学校	总学分（含其他非课堂教学环节）	必修课总学分（不含其他非课堂教学环节）	必修课学分比例（不含其他非课堂教学环节）	必修课学分（含其他非课堂教学环节）	必修课学分比例（含其他非课堂教学环节）	选修课（学分）	选修课学分比例
北京大学	136	82	60.3%	88	64.7%	48	35.3%
中国人民大学	161	93	57.8%	109	67.7%	52	32.3%
中央民族大学	153	91	59.5%	108	70.6%	45	29.4%

在这一部分，由于“其他非课堂教育环节”属于必修学分，因此分别计算了包含和不包含该环节的两种必修课总学分及其比例，选修课学分及比例不受影响。可见，三校的选修课学分比例维持在30%左右，其中北大的比例高于人大，人大又高于民大。在不将“其他非课堂教育环节”计入必修课的情况下，北大和民大的必修课比例都接近60%，而人大较低。如果将“其他非课堂教育环节”算作必修课，那么民大的必修课比例最高，超过70%，人大其次，高于北大并且都超过了60%。总体来看，在三所高校中，北大的选修课比例最高；人大的必修课和选修课比例较适中，“其他非课堂教学环节”要求较强；民大的必修课学分比例较高，“其他非课堂教学环节”的学分要求较为突出，而选修课比例相对较少。

（2）三校课程开设范围的横向比较

不含其他非课堂教学环节的学分比例见下表。

学校	总学分	院系课程总学分			院系课程学分比例	非院系课程总学分			非院系课程学分比例
北京大学	136	74	全系必修课	20	54.4%	56	全校公共必修课	28	41.2%
			专业必修课	34			文科大类平台课中外院系平台课	8	
			文科大类平台课中本院系平台课	8			本科素质教育通选课	12	
			选修课中本系所开课程	12			选修课中其他院系课程	8	
中国人民大学	161	72	学科基础课	28	44.7%	73	全校共同课	45	45.3%
			专业必修课	20			全校指导选修课	22	
			专业选修课	24			全校任意选修课	6	
中央民族大学	153	90	专业必修课	53	58.8%	46	公共必修课	38	30.1%
			专业选修课	37			跨专业选修课	8	

包含其他非课堂教学环节学分比例见下表。

学校	总学分	院系课程总学分			院系课程学分比例	非院系课程总学分			非院系课程学分比例
北京大学	136	74	全系必修课	20	54.4%	62	全校公共必修课	28	45.6%
			专业必修课	34			文科大类平台课中外院系平台课	8	
			文科大类平台课中本院系平台课	8			本科素质教育通选课	12	
			选修课中本系所开课程	12			选修课中其他院系课程	8	
							学年论文和毕业论文	6	
中国人民大学	161	80	学科基础课	28	49.7%	81	全校共同课	45	50.3%
			专业必修课	20			全校指导选修课	22	
			专业选修课	24			全校任意选修课	6	
			科学研究	8			实践教学	8	
中央民族大学	153	95	专业必修课	53	62.1%	58	公共必修课	38	37.9%
			专业选修课	37			跨专业选修课	8	
			院系自行确定的实践环节	5			学校规定必须完成的实践环节及其他必修教学环节	12	

综合以上两表，可以看出，无论是否考虑“其他非课堂教学环节”，在院系课程学分的比例方面都是民大最高，甚至超过了60%，北大次之，而人大最低；在非院系课程的学分比例上，人大最高，刚刚超过了50%，北大次之，而民大最低，约30%多。因此，可以总结出三所调研到的高校中，院系课程的比例普遍多于非院系课程。其中，民大比较重视专业课的

教学，在课程设置上安排了较多的本院系课程，而院系外的学校要求课程比重相对较低；人大的宗教学本科生院系外的课程负担较重，本院系课程的学分比例最低；北大在课程开设范围上安排得比较适中，院系课程和非院系课程保持了适当的比例。

此外，本项目还对比了各校的具体宗教学专业课程，发现每所学校都有其他学校不具备的特色课程，体现了该校的宗教学教学特色。例如，北大开设了古希腊语和拉丁语等外语课程以及印度佛教史、日本佛教史和世界宗教现状等世界性的宗教课程；人大开设的各宗教的很多原典选读课很受同学们的欢迎；民大开设的少数民族宗教、萨满教、藏传佛教等与少数民族相关的宗教类课程是其特色之处。因此，这三所高校在宗教学专业的课程安排上，既有哲学类和宗教学基础类的相似之处，又各具特色，体现了不同类型高校的专业教学差异。

五、结论与讨论

第一，不同时代的培养方案，反映了不同类型高校的专业定位与取向逐渐清晰。

纵向来看，这三所学校对于宗教学这一正在发展的专业的教学安排在不断调整，在课程设置上不断细化，开设了更丰富的专业课程供本科生选择，同时提高了同学们对于课程的自主选择性，促进了本科阶段的个性化培养。横向来看，北大的课程设置层次较多，开课范围广，对宗教学本科教育的专业指导性较强；人大更侧重提高本科生的科研和写作能力，倾向于培养学术人才；民大的宗教学本科教育课程丰富，并在不断提高哲学水平和实践能力。除了民大之外的两所高校都是采取低年级统一学习哲学基础课程，高年级分班决定宗教学研究方向的宗教学班招生模式，因此民大的宗教学本科生受到宗教学专业教育的时间最长。在课程设置方面，北大的选修课比例较高，院系课程和非院系课程比例适中；人大的必修课和选修课比例适中，本院系课程的学分比例最低；民大宗教学专业的必修课比重很大，本院系课程的比重也是最大的，体现出课程安排的专业强制性较高。同时，三所高校都开设了一些另外两所学校所不具备的专业课，体现了本校特色，也是该校宗教学专业教学的突出之处。

第二，培养方案只有在教与学的互动过程得以逐步实现修订与完善。

通过对培养方案的整理和分析以及对问卷调查的统计和总结，本调研认为，我国高校的宗教学本科教育整体态势较好，这种发展趋势既体现为校方的教学安排较为合理，又体现为教学对象对学习现状的整体上的积极认真。

从文本资料来看，各高校都为宗教学专业安排了丰富的专业课程，并通过不同的课程性质和选课要求丰富宗教学本科生的知识层次，体现了专业培养，全面发展的教育思想。同时，不同类型高校的宗教学专业特色不同，各有所长，体现了各自学校的优势。随着培养方案的修订和完善，宗教学本科教育过程本身日益受到重视，并且更多地结合了学生的反馈情况，更有益于教学目标的实现。

从问卷结果来看，宗教学本科生普遍对专业的教育现状比较满意，对师资、培养方案、教学管理等给予了充分的肯定。作为宗教学教育的主体的一部分，学生们表现出了较强的学习积极性和乐观的学习态度。

显然，一个学科体系的建设离不开科学的教学体系，教与学保持一种良性的互动，无疑是其达到可持续状态的保证。

第三，不同教学环节的安排与设计尚需进一步科学化，特别是实践环节。

宗教学专业的历史不长，可以参照的资源较少，因此在发展过程中不免存在一些问题。比如，虽然各校的培养方案都很严谨，并为本科生的学习提供了丰富资源以及相关的学习要求，但有时教学效果并不如意，一些本科生对自己的专业了解不深，担心所学专业的就业状况不理想等。这些问题反映了专业培养的实践过程尚存改善空间。

从学校的角度来看，教学安排存在计划全面但实施困难的问题。学校安排的课程很全面，但同学们很难学得精，并没有收获到教学目标所期待的成果。一方面，总体的课程安排不够合理，有的学校专业课程太多（如民大），并且集中在某几个学期中（如人大），时间上较为紧张，使本科生在学习时感到力不从心；另一方面，教与学的互动不够，容易发生“求专不求广，求精不求全”之类的情况。

另一个突出的问题在于宗教学的实践环节不够，整体教学的现实应用性不强，导致学习到的丰富理论知识难以与实际问题相结合。“实践教学计划的修订必须要突出‘对学生创新思想与实践能力的培养目标应与行业需要保持一致’，要注重对学生可持续发展能力的全面培养，而不是某项技能的培养，同时还要制定出符合各校的专业特色。”① 虽然很多学校都强

① 张建旭：《大学本科教育实践教学体系改革探索》，载《科教文汇》2011 年 9 月（下旬刊），第 29 页。

调要培养综合型、复合型等全面发展的人才，在培养方案上更倾向于课程种类的多样化安排，而不是教学方式的多样化实现。在问卷调查中，同学们普遍反映希望增加实践的机会，与传统的课堂教育相结合，而不仅仅是学习抽象难懂的理论知识。这些普遍性问题都需要在修正培养方案时仔细斟酌，并根据专业自身的特色调整课程安排，以更丰富而灵活的教育方式来解决。

“课程体系是否科学，直接关系到人才培养目标的实现和人才培养质量的高低。建构科学的课程体系，既要考虑是否有利于完善学生的知识结构体系和提升学生的综合素质，又要考虑是否有利于学生今后的就业和个人的职业发展。根据我国高校课程的综合素质，又要考虑是否有利于学生今后的就业和个人的职业发展。”① 因此，单从培养方案角度看，我们的宗教学专业培养还需要多方面的协调配合，不断修订与完善各自的培养方案，以更好地适应时代和各自的教学目标。

此外，社会环境也在宗教学教学发展中扮演着重要角色。目前，社会上普遍对宗教学专业缺乏了解和关注。社会对宗教学专业的不解，很大程度上缘于宗教学与现实社会结合不够密切。要改善这种状况，除了应加强宗教学专业基本知识的普及和宣传外，还应更多地接触社会、广泛参与到我国和谐社会建设工程中，在这样一个过程中，才有可能改变人们对宗教和宗教学专业的看法和认识。“只有以客观科学的态度，不偏不倚地看待该专业的产生和发展，分析其特点和以资改进的路径，才能促进我国高校的宗教学专业的建设，培养出适应社会主义现代化建设的高素质的全面发展的宗教学专业人才。”②

---

① 杨琪：《本科教学质量建设的内涵确认和策略选择》，载《兰州大学学报》（社会科学版）2011 年第 6 期，第 168 页。

② 翟媛媛：《宗教学专业在中国国民教育中地位与作用的思考》，中央民族大学哲学与宗教学系硕士学位论文，2005 年，第 3 页。

附件 1　不同高校宗教学专业培养方案节选

北京大学

a. 2001 版北京大学哲学系宗教学专业教学计划

2001 版本的北京大学宗教学培养方案包括宗教学系的宗教学专业教学计划和元培计划宗教学专业教学计划。

（1）宗教学系宗教学专业教学计划

毕业总学分 156 分。分为必修课、限制性选修课和非限制性选修课。

①必修课

共 93 学分。其中全校公共必修课 35 学分，专业必修课 49 学分，其他 9 学分。包括马克思主义哲学概论、哲学导论、宗教学导论、中国哲学概论、西方哲学概论、基督教史、中国基督教、伊斯兰教、印度佛教、中国佛教史、道教史、宗教哲学、宗教社会学、伦理学导论、《圣经》导读、古代汉语、学年论文、社会调查、毕业论文。

②限制性选修课

在“哲学九大系列”中的宗教系列选满 35 学分。

可选课程包括基督教原典、《圣经》专题、神学概论、佛教原典、道教原典、儒教经典选读（周礼、仪礼、颂）、《古兰经》研究专题、宗教学原著选读、宗教心理学、宗教现象学、宗教人类学、禅宗研究、全真教研究、早期天师道研究、世界宗教现状、东正教研究。

③非限制性选修课

共 28 学分。

（2）元培计划宗教学系宗教学专业教学计划

总学分 150 学分。分为全校公共课（必修）、文科公共基础课（必修）、专业基础课（必修）、任意选修课和毕业论文。

①全校公共课（必修）

共 30 学分。包括大学英语、体育、计算机基础与应用、政治理论课。

②文科公共基础课（必修）

共 33 学分。包括高等数学 D、古代语言（古汉语、拉丁文、希腊语、梵文等任选一种）、学术规范与论文写作、社会调查方法与实践和校通选课中选修 24 学分（包括：自然科学门类、哲学门类、社会科学门类、历史学门类、文学艺术门类）。

③专业基础课（必修）

共50学分。分为必修课和限选课。

必修课程除中哲史外，每门2学时2学分，共28学分。包括西方哲学史、现代西方哲学、中国哲学史、基督教史、中国基督教史、印度佛教史、中国佛教史、伊斯兰教史、道教史、宗教社会学、宗教哲学、伦理学导论、《圣经》导读。

限选课程在哲学九大系列课程中的“宗教学系列”中限选22学分。

④任意选修课

选满35学分。

⑤毕业论文

共2学分。

b. 2003版北京大学哲学系宗教学专业教学计划

北京大学宗教学专业培养宗教学理论人才和宗教事务管理人才。宗教学专业本科生所修的总学分为140学分，分为必修课程、选修课程、实践实习和毕业论文。

①必修课程

共82学分。分为全校公共必修课程、全系必修课程和专业必修课程。

全校公共必修课程共30学分。包括大学英语、思想品德修养、毛泽东思想概论、马克思主义哲学原理、马克思主义政治经济学原理、邓小平理论、计算概论、数据结构、军事理论、体育系列课程。

全系必修课程共22学分。包括哲学导论、高等数学/古代汉语（任选一门）、数理逻辑、马克思主义哲学导论（上）、马克思主义哲学导论（下）、中国哲学史（上）、中国哲学史（下）、西方哲学史、现代西方哲学。

专业必修课程共30学分，以学分控制，不再指定具体课程。包括宗教学原理类、基督教类、伊斯兰教类、佛教类、道教类、宗教现状类等类别的专业课程。

②选修课程

共52学分。分为本科素质教育通选课和专业选修课。

本科素质教育通选课共16学分，有学科类别的具体学分要求。包括数学与自然科学类、社会科学类、哲学与心理学类、历史学类、语言文学与艺术类。

专业选修课共36学分。

③实践实习

必修，无学分。要求在导师指导下，主要在寒暑假从事社会调查活动，写出调查报告。

④毕业论文

共6学分。

c. 2009版北京大学哲学系、宗教学系宗教学专业教学计划

宗教学本科生所修的总学分为136学分，分为必修课程、选修课程、学年论文、毕业论文和实践实习。

①必修课程

共82学分。分为全校公共必修课、全系必修课和专业必修课。

全校公共必修课共28学分。包括大学英语、中国近现代史纲要、马克思主义基本原理概论、毛泽东思想和中国特色社会主义理论体系概论、文科计算机、军事理论、体育系列课程。

全系必修课共20学分。包括哲学导论、高等数学/古代汉语（任选一门）、马克思主义哲学导论（上）马克思主义哲学导论（下）、中国哲学史（上）、中国哲学史（下）、西方哲学史（上）、西方哲学史（下）、宗教学导论。

专业必修课共34学分，实行“类型必修”，以学分控制，不指定具体的课程。包括哲学基础类、马克思主义哲学类、中国哲学类、外国哲学类、逻辑学类、伦理学类、美学类、宗教学类、科技哲学类。

②选修课程

共48学分。分为文科大类平台课、本科素质教育通选课和选修课。

文科大类平台课共16学分，要求至少选择8学分外院系课程，即中文系、历史系、考古学院、外语学院与艺术学院开设的文科大类平台课。其余学分是选修本院系提供的平台课。

本科素质教育通选课共12学分。包括数学与自然科学类、社会科学类、哲学与心理学类、历史学类、语言文学与艺术类等类别，有各自的最低学分要求。

选修课共20学分，分为专业选修课和其他院系课程。其中学生选修本系（包括哲学系、宗教学系）所开课程的学分总量不得低于12学分。其余8学分可选修其他院系课程。不限课程类型，在导师指导下选修。

③学年论文

共1学分。

④毕业论文

共 5 学分。

⑤实践实习

必修，无学分。要求在导师指导下，主要在寒暑假从事社会调查活动，写出调查报告。

中国人民大学

a. **培养目标**

培养品学兼优、德才兼备，适应我国现代化建设需要，具有广博的科学文化知识基础和文史哲素质，具有较强的哲学、宗教学专业知识和理论思维能力，较系统的宗教调查研究基本技能，能够胜任各项宗教事务管理部门实际工作的高水平专业人才或宗教学专业高级人才。

培养目标兼具道德、学术、理论和实践多方面素质要求，是复合型人才的标准，既有宗教管理人才的培养目的，也包括高级学术人才的倾向。

b. **培养要求**

本专业学生在政治上应坚持四项基本原则，有志于中国社会主义建设；在业务上应具有较为广博的社会科学和自然科学知识，较为深厚的文史哲素质，对世界和中国各大宗教的理论、历史和现状有全面的了解，并且具备较强的理论思维和分析问题、解决问题及语言文字表达的能力以及宗教调查与研究技能；熟练掌握一门外国语及计算机操作技能；在体育方面，必须达到“学生体质健康标准”。

培养要求包括政治要求、知识要求、素质要求、思维要求、技能要求、调研要求、健康要求等，综合了大学生的合格标准与宗教学专业背景，是对本科生的多方面要求体现。

c. **课程安排**

总学分 161 学分，包括课程设置（必修课和选修课）和其他学习。课程设置共 145 学分，其中必修课 93 学分，选修课 52 学分。另外 16 学分为其他学习环节。

①必修课

共 93 学分。分为全校公共课、学科基础课和专业必修课。

全校共同课共 45 学分。包括思想政治理论课（6 学分）、体育（4 学分）、心理健康（1 学分）、大学汉语（2 学分）、大学英语（14 学分）、公共数学（8 学分）、计算机教学（6 学分）、国防教育（2 学分）、职业发展

与就业指导（2 学分）

学科基础课共 28 学分。包括辩证唯物主义原理（3 学分）、历史唯物主义原理（3 学分）、马克思主义哲学发展史（6 学分）、西方哲学史（上）（4 学分）、西方哲学史（下）（4 学分）、中国哲学史（上）（4 学分）、中国哲学史（下）（4 学分）。

专业必修课共 20 学分。包括宗教哲学（3 学分）、伊斯兰教历史与思想（3 学分）、道教历史与思想（3 学分）、宗教社会学（3 学分）、佛教历史与思想（3 学分）、基督宗教历史与思想（3 学分）、宗教人类学（2 学分）。

②选修课

共 52 学分。分为专业选修课和全校选修课。

专业选修课共 24 学分。在开设的哲学前沿、宗教文化专题、佛教名著选读、基督宗教名著选读、道教名著选读、伊斯兰教名著选读、佛教哲学、宗教与科学、宗教伦理学、德国哲学选读、分析哲学选读、中国伦理思想史、西方伦理思想史、佛教经典选读、道教经典选读、道教哲学、基督教哲学、政教关系研究、民间宗教概论、宗教心理学、宗教艺术、当代宗教、新兴宗教概论、神话学、比较宗教学、西方管理哲学、政治哲学、社会调查方法等课程中选满。

全校选修课共 28 学分。包括通识教育大讲堂课程（2 学分）、原典选读类课程（4 学分）、人文艺术类课程（2 学分）、法政类课程（2—4 学分）、管理类课程（2—4 学分）、经济类课程（2—4 学分）、理工类课程（2—4 学分）、暑期学校课程（2—4 学分）、全校任意选修课（6 学分）等类别的课程。

③其他学习

共 16 学分。分为科学研究和实践教学。

科学研究共计 8 学分。为了培养学生的科研能力，人大除经常组织与本专业有关的学术活动外，还在教师的指导下，有计划地对学生进行科研训练。通过论文写作，培养学生发现问题、解决问题的能力。科学研究包括：学生第三学年撰写一篇 5000 字左右的学年论文（2 学分）、第一学年利用寒假根据院系制定的必读书目撰写一篇 5000 字左右的原典读书笔记、第四学年撰写一篇 8000—10000 字毕业论文（4 学分）。

实践教学共计 8 学分。包括第二学年利用暑假开展各种社会实践及社会服务活动（2 学分）、第四学年组织学生开展社会调查并撰写一篇 5000 字左右的调查报告（2 学分）、第四学年组织学生开展专业实习（4 学分）。

中央民族大学

a. 基本信息

中央民族大学哲学与宗教学学院的宗教学本科生学制为四年，授予哲学学士学位。这两项基本信息在三个版本的培养方案中都完全相同，是培养人才的时间和性质的前提。

b. 专业培养目标

2002 版的培养方案对培养专业人才的要求是：以具有马克思主义理论素养为基础，倾向于培养服务于我国宗教工作，尤其是各民族宗教的党政管理人才。

2006 版增加了注重培养系统扎实的哲学基础知识，强调调查和研究技能，更加适合社会需要。

2010 版较前一版本基本无变化，提出了培养“复合型专门人才”的要求。

c. 人才基本规格

三个版本的培养方案在这一部分都要求“具有良好的心理素质和健康体魄，达到教育部规定的学生体质健康标准，身心健康”。

对基本道德的要求以 2002 版为基准，2006 版并未出现对基本道德的要求，但 2010 版重新提出，并强调了为少数民族地区服务，体现了该校的民族特色。

在专业要求方面，2002 版的要求较简略，以了解相关知识为主，主要服务于我国的宗教工作；而 2006 年的专业规格细化为三部分，分别是对基本理论知识以及其他相关学科知识的要求、宗教专业实践需要的各方面实用性能力以及对外语的特别技能要求。2010 年基本维持在前一版本的基础之上，重新提出了对党的宗教政策和法规的了解，并提出了对计算机能力的要求。

d. 知识结构与能力结构

2002 版培养方案以马克思主义的基本原理和宗教学的基本理论为指导思想，要求比较实用，关注世界宗教问题、我国各民族宗教的基本知识、我国的宗教法规和政策等方面，同时需要有思考和分析问题的能力，掌握初步的教学、科研和实际工作的能力。

2006 版在前一版本的基础之上，更明确地从四个方面的知识提出要求：专业素质、研究方法、政策法规和应用能力，侧重了专业文献的处理能力。

2010版的培养方案较前一版本变动不大，但更强调了佛教、道教、伊斯兰教、基督教等各大宗教专门知识，更强调人文素质与实践能力的结合。

e. **课程设置**

三个版本培养方案的主干学科均为哲学，未曾变动。主干课程（主要课程）基本没有变化，包括马克思主义哲学原理、中国哲学概论、西方哲学概论、宗教学导论、佛教、道教、伊斯兰教、基督教、宗教社会学、宗教伦理学、中国少数民族宗教概况、宗教学经典选读、宗教政策与法规等。2006版在2002版的基础上增加了儒释道三教关系，2010则又增加了马克思主义宗教观。主干课程的安排是学院延续的传统，也是学院老师们多年教学经验累积的体现，因此在基本内容上变化不大。

由于培养方案的大部分文本都与课程安排有关，并且后续附件较多，因此在这里统一说明并从多个校对进行三个角度的对比分析。包括学分数量、课程数量、专业必修课、专业选修课和其他教学环节等，研究对象以专业课为主。

在课程类别划分上，宗教学专业的课程一直分为三类：必修课、选修课和其他教学环节（2010版将其他教学环节纳入必修课之中，但其他教学环节在之前的培养方案中也是作必修要求的）。其中，必修课分为公共必修课和专业必修课。公共必修课全校基本相同，主要包括思想政治理论、体育、英语、计算机等。唯一明显的区别在于宗教学专业不开设公共必修课中“马克思主义基本原理概论”，而代之以“马克思主义哲学原理”，并将公共必修课学分转移到专业必修课学分。

三个版本各自情况，见下图：

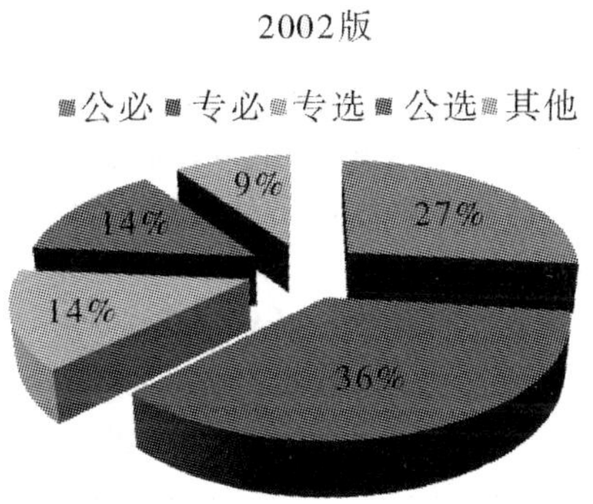

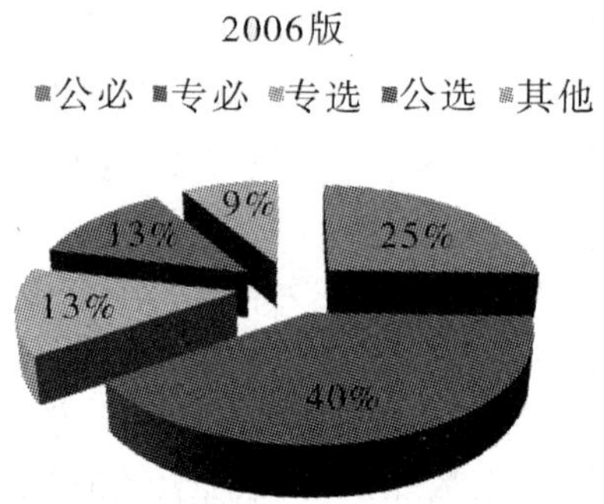

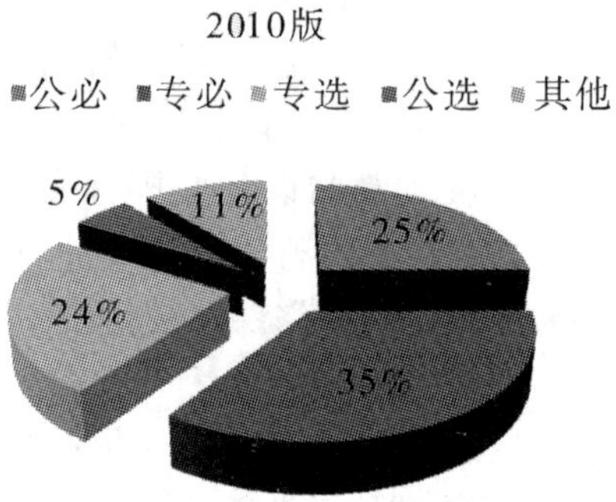

参考文献

[1] 龚学增:《社会主义与宗教》，宗教文化出版社 2003 年版。

[2] 翟媛媛:《宗教学专业在中国国民教育中地位与作用的思考》，中央民族大学哲学与宗教学系硕士学位论文，2005 年。

[3] 林伟、包兆昌:《当代大学生宗教学教育实践探讨》，载《当代青年研究》2005 年第 12 期。

[4] 梁小平:《论高校开展宗教学教育的意义》，载《黑河学刊》2011 年第 9 期。

[5] 张华:《博雅教育与宗教研究》，载《中国文化研究》2007 年第 4 期。

[6] 杨琪:《本科教学质量建设的内涵确认和策略选择》，载《兰州大学学报》（社会科学版）第 6 期。

[7] 张建旭:《大学本科教育实践教学体系改革探索》，载《科教文汇》2011 年 9 月(下旬刊)。

[8] 方芳:《论〈高等教育哲学〉中“以人为本”的理论基础》，载《文教资料》2011 年第 11 期。

[9] 文晓红:《浅析知识经济时代的高等教育哲学观》，载《教育与教学研究》2010 年第 3 期。

[10] 伍一：《普通高校应用型本科实践教学体系的思考》，载《黑龙江教育：高教研究与评估》2011 年第 12 期。

[11] 高等教育司：《提高本科人才培养质量的新思路新举措》，载《国内高等教育教学研究动态》2011 年第 23 期。

[12] 赵涛、刘青青：《高校大学生选修公共选修课的策略研究》，载《中国科技纵横》2011 年第 19 期。

[13] 晏子康、承浩：《从素质教育到博雅教育——看中国高校教育方式的转变》，载《黑河学刊》2011 年第 12 期。

（作者单位：哲学与宗教学学院）

信息时代“抽样调查”课程的教学改革与实践①

魏传华　贾旭杰

21 世纪是信息时代，绝大多数的信息都是以数据的形式表达出来的，数据是信息的主要载体，所以信息时代就是充满数据的时代。如何处理和分析有关的数据是很多行业面临的重要问题。作为处理数据的一门科学，统计学日益受到重视。虽然关于统计学的定义非常多，然而大都强调了统计学是收集、处理、分析、解释数据并从数据中得出结论的科学。统计分析过程中，数据的获取是至关重要的一步。统计数据从初始来源分的话，一般有调查数据和试验数据两类，这也涉及统计学下属的抽样调查和实验设计两个分支。相比于实验设计来说，抽样调查是我们研究社会经济问题所常用的。

抽样调查（survery sampling）是非全面调查中的一种重要方法，它是按一定程序从所研究对象的全体中抽取一部分进行调查或观察，获取数据，并以此对总体的一定目标量做出推断。作为一种统计调查，抽样调查已经有一百多年的历史。1895 年，挪威统计学家凯尔（A. N. Kiaer）在国际统计学会（ISI）第五届大会上提出“用代表性样本方法来代替全面调查”的建议，这一年被认为是抽样调查历史的开端。一百多年以来，抽样调查已形成一门成熟的统计学分支学科。目前，抽样调查技术已经被广泛应用于政府部门、企业单位、研究机构等收集各类市场信息的活动，最终形成了人口调查、经济调查、社会调查、医学调查、环境调查等各具特色的抽样应用领域。在我国现行的《统计法》中明确规定：“统计调查应当以周期性普查为基础，以经常性抽样调查为主体，以必要的统计报表、重点调查、综合分析等为补充，搜集、整理基本统计资料。”由此可见，抽样调查在实际统计调查工作中的重要地位，政府统计部门以及大量企事业

① 本文是 2009—2010 年中央民族大学校级教学改革项目“新办统计学专业教学改革与实践研究——以全面提高学生实践与创新能力为导向”的阶段性成果。

单位都需要大批熟悉与精通抽样技术的专门人才。因此，“抽样调查”课程在统计学专业人才的培养环节上，具有重要且不可替代的作用。

目前，“抽样调查”课程在统计学专业课程体系中占有重要地位。统计学专业教学指导委员会制定的《统计学专业教学规范》，确定了统计学专业主干课程共10门，应用抽样技术位列其中，可见该课程的重要性受到专家与学者的高度认同。抽样调查作为统计学专业的专业基础课，一般设置为3个学分，54学时。“抽样调查”课程的教学目的是使学生能系统正确地掌握抽样调查的理论基础，掌握几种基本的抽样方法，培养学生初步具备结合实际情况，对具体项目进行抽样设计和对所获取的数据进行处理和分析的能力。

随着计算机技术的飞速发展和数据获取方式的日益复杂化，传统的“抽样调查”教学已经不能满足信息时代的需要。为了更好地培养和提高学生的实践创新能力，针对该课程的教学进行改革是必要和有意义的。

一、更新完善教学内容，满足信息时代的需求，突出实践性

第一，《抽样调查》教材主要是从理论上介绍几类概率抽样方法，缺乏对抽样设计的策划、调查项目的设计、调查员的培训、数据处理分析及调查报告撰写等一整套过程的介绍与讲解。这些环节是实际抽样调查过程中最为核心的环节，是学生欠缺的部分。为了强化抽样调查的系统性和操作性，从而培养学生的实践能力，我们利用三个课时左右讲解“市场调查”或“社会调查”这类实践性课程的部分内容。通过这一部分内容的讲解，不但让学生从整体上了解抽样调查的整个过程，同时掌握了问卷设计等基本技能，为下一步的实际调查打下了基础。

第二，在传授理论知识的同时增加软件操作的介绍，加入各种抽样方法基于统计软件的实现，提高学生的动手能力。传统教学中只是从理论上介绍具体的抽样方法，在实践中如何实现这些方法基本不涉及。随着计算机技术的发展，利用统计软件可以很便捷地实现各种抽样方法，比如，Excel软件中加载“数据分析”以后，使用其中的“抽样”命令可以实现简单随机抽样，因此将理论方法与软件操作结合起来是必要的，提高了学生的学习兴趣和实践能力，并加深了学生对知识点的理解。

第三，加强实际案例的引入与讲解。为了让学生掌握抽样调查的实际应用方法，我们在教学中引入了大量的案例，包括国外抽样调查的经典案例以及我国近年来进行的一些大型实际调查项目。实际案例的讲解让学生

将实际问题和书本知识相结合，从而抓住课程的实质，培养学生的专业能力。

最后，从实际问题出发适当引入学科前沿知识。作为一个实践性很强的统计学分支，抽样调查随着数据获取形式的多样化发展很快，一些新的调查手段和方法被提出，比如近年来得到关注的网络调查。此外，缺失数据的处理以及小域估计等都是目前理论研究和实际应用领域的热点问题，因此结合实际问题介绍这些前沿知识，不但可以提高学生的兴趣，开阔学生的视野，也可以加深学生对抽样调查的理解和认识。

二、改变教学方式，转变教学理念，提高学生学习兴趣

“抽样调查”课程的传统教学中，将概率抽样的几种方法作为教学的主要内容，在各种抽样方法的介绍中，估计量的构造及其期望和方差的求解占了绝对的篇幅，这部分教学内容包含了大量烦琐的数学公式和证明。传统教学中以数学课的方式对学生进行灌输，忽略了统计思想的培养，造成一些学生失去学习兴趣。

针对“抽样调查”课程的特点，我们充分利用信息技术，在授课过程中，改变传统的“满堂灌”方式，突出统计学专业思想的讲解。授课过程中，可以着重讲解各种抽样组织方式中估计量的构建，培养学生统计学专业思想。对于内容烦琐的抽样误差的计算可以采用部分重点讲解、布置作业让学生自己完成等多种灵活的方式。这样不但可以提高学生学习的效率，还可以节省教学时间。

三、改革考核方式，重视对学生综合能力的考察

由于传统教学中将理论部分作为重点进行讲授，对应的期末考试也大都采用传统的笔试形式，试题的内容主要是针对几种具体的抽样方法，因此学生的学习重心放在了求取估计量方差这些复杂数学公式的记忆上，从而将“抽样调查”课程当成了一门纯粹的数学类型课。传统的考试内容和考试方式不利于调动学生的学习积极性，而且也不利于考查学生对知识的实际掌握情况。为了更好地促进学生学习，提高学生学习兴趣，加强学生实践创新能力的培养，改变考核方式势在必行。目前我们大都采用课外实际调查项目的完成与课堂考试相结合的方式。我们在学期开始会要求学生以调查小组为单位具体实施一项自行命题的抽样调查，并相应撰写抽样方

案及调查报告，最后结合课题选定的合理性、抽样方法的科学性、方案设计的严谨性、调查实施的严格性、推断结果的准确性及团队合作的协调性等几个方面来进行评估。通过近几年的实践，我们发现灵活的考核方式可有效提高学生的学习兴趣，并能很好地考核学生实际掌握情况。

四、将课程学习与其他实践类项目相联系，加强实践创新能力的培养

目前大学生实践创新能力的培养得到了普遍的重视，国家以及学校层面都设置了很多实践创新类项目。除了在常规教学中加强学生的实践能力以外，我们还建议学生将“抽样调查”课程的学习与实践同学校以及北京市和国家的大学生实践类项目相结合，积极引导学生选择有较强社会意义和实践意义的调查选题申报各类项目，如“北京市幸福指数调查”、“中央民族大学本科生消费情况调查与研究”、“中央民族大学本科生上网状况调查分析及对策研究”、“当今少数民族大学生的就业方向的调查研究”等，这些项目大都是调查类项目。通过完成这些项目，学生完成了选题、调查问卷的设计和抽样过程的具体实施，以及后期的数据整理和分析，通过这一过程，学生的实践创新能力得到了进一步提高。

参考文献

[1] 马岚：《对“抽样调查”课程教学改革的思考》，载《统计教育》2007 年第 8 期。
[2] 冯士雍、倪加勋、邹国华：《抽样调查理论与方法》，中国统计出版社 1997 年版。
[3] 韦博成：《漫话信息时代的统计学》，中国统计出版社 2011 年版。
[4] Govindarajulu Z. *Elements of Sampling Theory and Methods*, Pearson Education Asia Ltd. 1999.

（作者单位：理学院）

培养问题意识与文学课程考核改革

——中国现当代文学史课程考核改革初探[①]

毕 海

大学文学教育的目标是什么？能否达到教学预期？如何考核文学教学和教育的效果？已日益成为大学文学教育工作者关心的议题。

从“分数至上”到重视实践创新能力，素质教育观念已经成为人们的共识。现代课程教学改革，改变了以往教学只强调书本理论知识的缺陷，关注培养学生实际能力，提升学生综合素质。与此相对应，改革不符合现代教育观念的评价和考核方式，促进教育体系的整体发展，成为亟待解决的问题。“从世界各国课程改革的趋势看，评价的功能和新的评价技术，都有了本质性的变革。评价不再仅仅是甄别和选拔学生，而是促进学生潜能、个性、创造性的发挥，使每一个学生具有自信心和持续发展的能力。”[②] 大学专业课程尤其是人文类教学考核改革的呼声引起了巨大反响。

笔者从事汉语言文学专业中国现当代文学史课程的教学工作，在具体的课程考核过程中曾遭遇诸多的“疑惑”和“困境”，并有意识地开展考核改革实验。本文以自己对中国现当代文学史课程考核的思考为基础，探寻汉语言文学专业文学类课程的考核改革问题，期望引起教学者对相关问题的关注。

一、文学课程教学考核现状及存在的问题

从整体上看，目前的中国现当代文学史课程教学考核体系，注重学生对于文学史知识的把握和接受，对培养学生鉴赏和阐释文学作品的实际专业能力关注不足。

---

① 本文是2014—2015年中央民族大学校级教学改革立项项目“问题意识培养与文学专业课程考试考核改革”的阶段性成果。

② 蔡克勇：《21世纪中国教育的走向》，广东高等教育出版社2004年版，第192页。

（一）现行的汉语言文学专业课程考核

在汉语言文学专业培养方案中，“中国现当代文学史”为专业必修课，分为中国现代文学史和中国当代文学史，每周三学时，总计 108 学时。考核方式为考试考核，总评成绩为最终成绩，由平时成绩、期中考试成绩和期末考试成绩三部分构成。平时成绩主要为上课考评，占总成绩 10%；期中考试采用小论文或课堂考试的方式，占总成绩的 30%；期末考试为闭卷考试，占总成绩的 60%。期末考试的题型相对固定，一般由选择题、填空题、名词解释、简答题、论述题等组成，主要考核学生对文学史知识的掌握程度。从中国现当代文学史课程考核设置可以看出，期末闭卷考试占据该考核体系最重要的位置。

（二）存在的问题

以期末考试打分评价为主要内容的中国现当代文学史考核方式，随着教育观念的变化和当下教学实际的发展，显现出一些问题和“弊端”：

1. 考核目标不明确

首先，课程考核存在着考核目标不够明晰而难以落实的缺陷。现有的考核目标提出：20% 考核学生是否按照要求阅读现当代文学必读经典文本；30% 考核文学史和作家作品知识，注意兼顾教学重点与覆盖面；50% 考核学生理解、归纳和辨析相关文学资料的能力。

在实际的考核中，文学史是考核的核心内容，识记成为考核的主要形式。而作为文学教育基础的文学作品的分析、鉴赏，虽然也被强调重视，但由于和文学史讲授没有直接的对应关系，在考试考核中往往是被忽略的。知识接受和知识运用之间的模糊性，使得课程考核目标缺乏明晰性。因此，无论是考查还是考试，往往难以达到锻炼学生思维能力的初衷，也难以全面考查学生的文学专业综合能力。

2. 评价单一

以传统考试为主要评价标准的考核方式，存在单一化的弊端，不利于学生的全面发展。有研究者指出，考试考核制度存在着“五多、五少”现象。“闭卷考试多，开卷考试少；笔试多，口试、答辩及其他考核方式少；一次终结性考试为主确定成绩多，教学全过程多元、多次考核综合评价成绩少；强调考题标准答案唯一性的试题多，不定答案的分析试题少；理论考试多，实践能力考查少。”① 这就导致学生平时不读文学作品和专业研究著作，只重视最后的复习和应试。考前追着任课教师划重点，临时突击，以求考试顺利通过或拿高分。由于不是自觉、主动地学习，考试结束之后，课程知识便被弃之如草芥，难以达到提升真实专业能力的目标。标准化的考试设计，重整体而轻个体，摒弃了学生个人化的文学体悟和表达。可以说，现有考试考核制度的施行是以牺牲学生的个性化创造为代价的，与文学学科重视独立思考的学科专业特征存在着矛盾。

3. 重知识而轻能力

文学是以审美为基础的，而现有的文学史考核是以知识的接受为中心的。在应试教学的背景下，学生为了分数而考试，为了考试而考试，忽视了真实文学素质的培养和提高。实际上，如何在文学史和文学审美教学之间取得平衡，一直是文学教学论争的焦点问题。现有的考核制度，缺乏对学生运用专业能力从事文学和文化现象分析能力的考查。许多汉语言文学专业的学生，在面对一个“文学文本”时，感觉无从下手，不能做出专业性的分析和阐释，无疑是令人痛心的。知识本身是重要的，但任何知识都需要转化为能力。在传统的考核中，对知识的简单化强调和考查，使得实际能力的培养被忽视了。

4. 不符合时代的发展要求

当下是技术发展日新月异的时代，新媒体技术彻底改变了我们的生活。新的技术方式如网络媒介，一方面给课程教学的讲授和互动带来了便利，同时也给传统的课程考核带来了巨大的挑战。中国现当代文学本身与中国当代的思想文化关系密切，学生获得中国现当代文学诠释资料的途径也比较便捷。于是，在考核的时候，我们发现一个颇为痛心的现象：学生借助电脑“复制”来完成期中作业，拿着手机来参加考试。审阅学生交上来的课程论文作业，或者期末（开卷）试卷答案，很大一部分是“介绍作家生平、创作特点的‘百度体’，甚至还有大量直接从网络‘拷贝’的陈旧不堪的研究论述”。② 在技术飞跃发展的新媒体时代，我们不能仅靠学生的自觉或者某种“道德伦理”来应对传统考核面临的困境，而应该构建一种新的“制度”来保证考核的有效展开和运行。所以，从这个层面看，在

① 梅迎军：《高校专业课程考核现状及改革》，载《宁波大学学报》（教育科学版）2009 年第 6 期，第 25 页。

② 毕海：《新媒体与中国现当代文学史课程教学》，载《海南师范大学学报》（社会科学版）2014 年第 5 期，第 138—139 页。

新媒体文化语境下，有必要改革传统的汉语言文学专业尤其是中国现当代文学史的课程考核体系。

二、培养专业“问题意识”：文学课程考核改革的目标

2014 年，中央民族大学修改和完善原有培养方案，确立新的本科专业人才培养方案，汉语言文学本科专业人才培养方案的人才培养目标为：“本专业为全国、特别是少数民族地区培养具有健全的人格、扎实的汉语言文学基本理论和基础知识、较强的专业能力与创新意识、宽广的人文视野，能够胜任党政机关、教育机构、文化宣传部门、新闻出版单位及其他企事业单位的管理、教育、宣传、编辑出版、文秘等相关工作的人才，以及具有初步研究能力和自我拓展能力的人才。”培养专业人才要求达到的“7 项知识结构与能力结构”中，第 2、3、4、5 项能力和要求分别为：“2. 具备运用本专业的专业知识、方法的能力。3. 具备良好的文学修养和审美鉴赏能力以及相应的写作与研究能力。4. 了解本学科前沿与发展态势，具有应用本学科研究成果的能力。5. 了解与本专业相关的较广泛的人文与社会科学知识，并具备适当运用的能力。”从新版培养方案的培养目标和要求来看，突出了对本科学生专业能力和学科知识的要求，而专业能力和学科知识的培养，有赖于对学生专业“问题意识”的重视。在文学教学改革已成共识、课程教学改革取得突破性成果的背景下，相关的课程考试考核改革已经成为亟待探索的问题。“教学考核与课堂教学一样，也应该探索机动灵活的考核形式。并不是说要摒弃一切传统的考试方式，而是在传统的基础上大胆创新，继承与发展。”① 因此，以“文学考核改革”为主要内容的探寻和研究，正是对已有教学改革研究的推进和深入，进一步完善汉语言文学专业人才培养体系。

从文学课程尤其是中国现当代文学史课程教学的现状来看，已有的课程考试考核，虽然有其针对性，部分达到了考核的目的，但由于其考核目标不明确，考核方式的单一化，重知识而轻能力，不适应新媒体时代的现实形势，考核效果不能得到充分保障。文学教学考核改革的探索及其相关研究，就具有重要的理论意义和现实价值。培养学生专业“问题意识”，提升学生的专业能力，也逐渐成为文学专业课程教学及考核改革的指向性

① 蔡德龙、饶玉群：《高校“中国古代文学”课程考核改革思考》，载《现代语文》2013 年第 12 期，第 97 页。

目标。

实际上，专业“问题意识”是当前人文社会科学领域引发热烈讨论的一个话题，缺乏问题意识成为许多学者对当前学术困境的共同认知与普遍焦虑。有学者指出：“从事任何学术研究，都要有问题意识，有问题才有研究的动因，才能形成研究的课题。”正因为问题是知识学术创新的起点和突破口，所以许多学者强烈呼吁强化问题意识。而“所谓问题意识，并非凭空产生，而是源自对研究对象的深入思考，包括对既有研究成果的充分把握”。① 问题意识是需要培养和训练的，“作为一种以质疑索解的态度去发现问题、提出问题的心理倾向”，“问题意识原本有一定的人类自身的好奇心理做基础，但因为这种好奇具有一定的散漫与随意性，因此，需要有计划、有步骤的专业训练去加以强化，最终使之成为深植于学生内心的一种思维方式，乃至文化观念”。②

汉语言文学专业教学和考核方式的改革应该重视对学生专业“问题意识”的培养和考核，注意引导学生接触专业最新的研究成果，理解专业研究发展的历史。专业“问题意识”的培养，既增强了学生对于学科研究的兴趣，也能够真正提升学生的语言能力和文学研究能力。培养学生的专业“问题意识”，要求我们改进传统考试考核的内容和方式，教学者“应彻底摒弃课程考核等同于考试的观念，将教学的全过程纳入考核范畴，使课程考核过程化、经常化，不仅有助于学生掌握理论知识，而且能起到引导学生勤于思考、善于发现并提出问题，启迪学生创新思维的作用”。③

三、文学课程考核改革的方向及内容

在中国现当代文学史课程教学的过程中，笔者一直关注和实践对文学教学考核改革的探索性研究，在笔者看来，中国现当代文学史课程以及其他汉语言文学专业文学类课程的考核改革应该从以下两个方面来开展：

（一）考核观念改革

正如上文所提到的，以素质教育为基础，以提升综合专业实际能力为

---

① 温儒敏等：《中国现当代文学学科概要》，北京大学出版社 2005 年版，第 1 页。

② 杨红音：《培养问题意识　促进专业课程教学改革——以中国现当代文学史教学为例》，载《江苏技术师范学院学报》2010 年第 11 期，第 102 页。

③ 梅迎军：《高校专业课程考核现状及改革》，载《宁波大学学报》（教育科学版）2009 年第 6 期，第 26 页。

目标的大学教学改革，已经成为教学工作者们的共识，相关的课程考核改革也受到了人们的重视。然而，固有的不符合现代教育发展方向的考核方式和形式之所以难以撼动，首先源于教学者和管理者僵化的考核观念。以往的汉语言文学专业对考核的改革往往集中在考核方式上，忽略了对根本性的考核观念的探讨。实际上，只有从以传授文学史知识为主的考核观念，转移到对文学教育的根本目标——培养人文（文学）素质和文学专业能力上，才有可能完成课程考核的改革，进而转变教学内容和方式，促进教育范式的转型。

以往的课程教学改革及考核方式改革，同样指出了既有考核方式存在的问题。然而，由于每个专业的学科特点并不一样，强求一致地构建某种考核改革体系并不能够得到根本性的实施。导致的结果是，理论上的考核方式改革呼吁已久，却“雷声大、雨点小”，依然沿着传统的考核形态故步自封。所以，考核改革的立足点不在考核方式的革命性变化（这方面的创新也很重要），而在于考核观念的根本变革。文学教学（教育）考核的根本内容在于全面考查学生在专业学习过程中所体现出的主体性、全面性和创新性，从这个意义上，培养学生独立思考的能力，开拓他们的“问题意识”，才是文学课程考核改革的首要任务。

（二）考核方式改革

考核方式的创新是课程考核改革实施的基础。如何考核汉语言文学专业教育教学目标，除采用“知识考试”和“论文写作”方式之外，可采用如下几种方式：

1. 主题发言

同写作学术论文一样，主题（专题）发言同样需要很强的逻辑性，只有以明晰准确的语言将自己的观点和论据讲述出来，才构成一次完整合格的主题发言。与论文写作相比，主题发言更锻炼学生的思维能力和表达能力。在文学课堂上，可以采用主题发言的方式对学生进行考核。在发言活动中，学生（发言者）如同参与了一场小型的研讨会，既提高了自己的学习和研究能力，同时也能深入理解和掌握相关的文学史问题和文学研究方法。

2. 戏剧表演

这一考核方式在文学与新闻传播学院已经具备了比较成熟的实践基础。在中国古代文学史和中国现当代文学史课程教学中，任课教师都采用了戏剧表演的方式进行专业考核。曹立波教授在中国古代文学史教学中曾经连续九年通过戏剧表演的方式来进行期中考核，并申报教改项目“古典戏剧文学体验式教学与实践”，获得学校教改创新成果奖。实践证明，这样的考核方式能够极大地促进学生专业学习的积极性和创造性。

3. 小组讨论

在课时有限的条件下，可以组织小组讨论的方式来进行考核，将问题分组，具体分配下去，由一个组的全体成员共同完成，对其进行整体考核评价。要求学生根据题目查阅相关文献资料，撰写文献综述，同时提供查阅日志（对查阅过程和文献馆藏情况的记录），既提升专业能力，又培养现代合作精神。

4. 现场写作

当下学生过于依赖电脑、手机等工具写作，缺乏现场写作能力，提笔忘字，写错字和病句现象严重。“现场写作大赛”是文学与新闻传播学院每年举办的一项传统赛事，也产生了较好的反响。作为培养人文素质、专业知识和“问题意识”的重要途径，引入现场写作考核无疑能培养和提升学生的思考、表达能力，也促使学生更加重视对平时写作能力的训练。

5. 新媒体交流

利用新媒体以及资讯，如微博、微信等，构建共同的交流平台和文化空间。今天，学生们接受的信息更多元也更快捷，新媒体改变了人们的生活方式，也改变了课程的教和学，“学习的互动性和自主性要大于以往的任何一个时期”①。利用新媒体，构建班级或学院的文化空间，进而使之成为文学课程考核尤其是中国现代文学史考核的一部分，无疑是一个大胆而极具启发意义的创新之举。中国现当代文学史本身就与当下思想、文化有着密切关联，在新媒体空间，学生可以发表诗歌、小说、散文、戏剧等作品，也可以对大家关心的文学新著和文化热点问题进行专业性的分析，开始学术“操练”，应该说这是当下课程教学和课程考核改革值得探索的一个方向。

总之，采用多种考核方式，实际考查和检验这些考核方式对培养学生专业“问题意识”的意义，提升学生真实的专业研究能力，才能真正实现专业课程的教学目标。

---

① 毕海：《新媒体与中国现当代文学史课程教学》，载《海南师范大学学报》（社会科学版）2014 年第 5 期，第 138 页。

四、小　结

课程考核和课程教学是密不可分的，教学方式和内容的改变必然带来课程考核的变化；反之，课程考核改革也会促进教学改革的推进。课程考核改革的探讨并不意味着对现有考核制度的全盘否定。实际上，正在实行的考试考核制度作为一种“制度性”规范和“成规”，对专业课程教学和考核的顺利开展起着极为重要的作用，也是我们思考的基础。正如研究者所指出的，“制度和成规以及限制正是创新和‘反抗’得以产生的条件”。[①] 我们所探寻的考核制度改革，是研究现有课程考核形态，在面临新的社会形势和知识语境下凸显出的问题，对教学和考核整体行为进行反思和“创新”，最终达到进一步完善课程教学和专业教育合理化的目标。

（作者单位：文学与新闻传播学院）

---

① 旷新年：《写在当代文学边上》，上海教育出版社2005年版，第204页。

我校大学英语教学质量机制建设探究

吴泽庆

我校大学英语教学改革，推动了大学英语教学在教学理念、教学内容、教学评估、教学手段等方面的尝试。教育信息化进程，借助网络技术开展英语教学新模式，重视培养学生的听说能力和自主学习能力，提倡过程性评估与终结性评估相结合，成为我校新一轮大学英语教学改革的重点。面对大学英语教学各种挑战，《国家中长期教育改革和发展规划纲要(2010—2020 年)》为我校大学英语教学质量机制建设指明了方向，改革大学英语教学评价导向、评价主体、评价内容，指导我校进行分类别、高质量的大学英语教学。“2011 计划”明确提到人才培养要“建立寓教于研的拔尖创新人才培养模式、形成以创新质量和贡献为导向的评价机制、创新国际交流与合作模式、营造有利于协同创新的文化氛围”，因此，我们应该充分考虑教学改革的各种可能的发展趋势，结合我校实际，思考与探索以下问题：大学英语专业化教学的可行性，即采取英语专业的教学模式，改变传统的大学英语课程体系；大学英语模块教学，即根据相近专业组成不同的模块教学；增加实践实训中学习英语，尝试外籍教师加入，保证两年大学英语教学课程中始终有外教授课，突出国际化教学；加大网络平台建设力度，使学生通过网络平台自主学习；建设更为合理的过程性评估与终结性评估的评价体系；强化分级分类的多层次教学的广度与深度。要推进我校大学英语教学改革有所突破，其核心内容旨在建构科学、合理的大学英语教学质量机制建设。目前，我校的大学英语分级教学在不断拓展和深入，进入后续课程学习的学生的比例也在逐年增加，后续课程的建设也取得一定的进展，努力做好大学英语教学质量机制建设，将成为我校大学英语教改的一项重要任务。

一、明确教学目标，科学规划课程体系

新形势下，我们应该更加明确大学英语的教学性质与目标，这是我校

大学英语教学质量机制的基础。教育部高教司所制定的《大学英语课程教学要求》明确规定:“大学英语是以外语教学理论为指导,以英语语言知识与应用技能、跨文化交际和学习策略为主要内容,并集多种教学模式和教学手段为一体的教学体系。”因此,我校的大学英语教学目标包含了三方面的内容:“培养学生的英语综合应用能力,特别是听说能力”,“增强其自主学习能力”,“提高综合文化素养”。我校大学英语教学强化了听、说、读、写、译之间相互关联,关注听、说、读、写、译能力的协调发展,培养学生的英语综合应用能力。培养学生创新能力和提高学生综合素质是大学英语教学的重要任务,我校的大学英语教学质量机制建设重点实现以下目标:全面提高学生的英语语言能力;加强学生英语专项(商务、法律)应用能力的培养;使学生初步具备用英语传播中国文化和民族文化的能力;使学生谙熟西方文化和文学,提高学生的文化素质、人文素质。这样的目标恰恰和提高教学质量和提高人才培养质量的理念相契合。正如王守仁教授所认为的那样,大学英语教学改革要有“一个中心,两个基本点,三个服务”。一个中心是以教学质量为中心,两个基本点是坚持英语的工具性和人文性,英语教学应该服务于学校的办学目标,服务于各学院专业人才培养的需要,服务于学生个性发展的需求。

课程体系科学合理是大学英语教学质量机制建设的关键环节,我校大学英语教学改革紧扣《大学英语课程教学要求》这一纲领性文件,即“大学英语课程不仅是一门语言基础课程,也是拓宽知识、了解世界文化的素质教育课程,兼有工具性和人文性”,因此,教学质量机制建设中,我们坚持认为,大学英语不是一门课,而是一个课程群,一个课程体系。人文性涵括人文情感、人文素养和人文理想的培育,推动人的素质教育,工具性则强调语言技能,让学生用英语有效地进行交际,同时,也指专业性能力,如职场英语、行业英语、学术英语等。我校大学英语课程体系采用模块化课程体系:课程体系分为综合英语类、语言技能类、语言应用类、语言文化类和专业英语类,采取必修课程和选修课程相结合的方式设置。

具体模块化课程体系做如下尝试:

公共通用类英语课程(EGP):(1)大学英语1—6级(音体美类);(2)大学英语1—6级(民考民类);(3)大学英语3—6级、翻译与写作、英语报刊选读等。

通识类英语课程(EGE):影视英语、英语高级口语、跨文化交际、中国文化等。

学术英语课程(EAP):学术英语(理工科)、学术英语(文科)、学术英语（音体美）。

课程体系的建设中，我们充分考虑如何完善各个体系之间的关系，课程建设如何更好地实现符合当今社会人才培养的需要，符合民族院校学生的实际英语水平，符合民族院校人才培养总体目标。对各项课程的教学目标、教学进度、教学方法进行论证，注重英语教学的科学性以及我校学生水平的实际情况。通过分析各个课程体系的特点和规律，找出建设中的不足，通过专家论证，提出改进方案。对于课程的建设，必须处理好通识英语和学术英语之间的关系，清楚语言教育的本质，大学英语课程在高等教育体系中的地位，同时，要充分考虑到民族院校的特殊性。课程体系是大学英语课程的研究性教学体系的重要组成部分，它的建设应该以学生听力和写作能力提升为抓手，重视人文学科知识与英语教学的高度融合，积极推动研究性学习和探索式学习。每一门课程建设要考虑课程目标：高阶思维能力、综合文化素养、媒介应用技能；教学内容：实用性、知识性和趣味性融合；课程资源：课程博客、师生 QQ 群、团队 QQ 群、课件库；教学手段：多模态、实践式、研究型；评估方式：多元、动态。

二、改革教学模式，强化教学评估体系

以推进教育信息化进程为特征，建立以计算机网络技术为支撑的英语教学模式是我校大学英语教学质量机制建设的重要环节。现代信息技术在外语教学中的作用日益增强，基于计算机和网络课程的构建有利于教学方法和教学手段的改革，消除教师讲授为主的单一教学模式，扩展了英语教与学的空间和时间，为个性化和自主学习提供良好条件。教学模式的转变，可以激发学生的学习动力和兴趣，提高语言输出效率与课堂教学效果，也有助于密切结合交际目标，培养学生在说、写、译等方面的有效沟通能力，满足社会对高层次、国际化人才的需求。我校的大学英语教学首先要努力实现校本主义，即“量身定做”，要课堂讲授指导和网络自主学习相结合，注意追求分层次教学和个性化教学，在教学模式上，坚持对立与统一、引进与借鉴、本与道、扬与弃、有所为与有所不为的原则。尤其重要的是要建立反馈机制。反馈机制是大学英语质量标准体系的信息表，反馈的目的是挖掘好的做法，继续发扬推广，同时也是发现问题的最有效的途径之一。反馈机制为分析问题和最终解决问题提供了依据。只有建立合理的反馈机制，才能真正实现预定的教学效果。通过学生、同一课程体系的教师和教学管理部门等多渠道的反馈机制，确保课程建设的质量。具

体建设内容为：（1）授课主体反馈机制；（2）授课客体反馈机制；（3）职能机构反馈机制；（4）反馈信息的整理和可信度研究。反馈机制中强调信息的真实、准确、可信度。反馈机制也重视操作的可行性和便捷性，要及时、常态，保证教学质量和教学效果。推进计算机网络在外语教学中的应用，并重视课堂教学。课堂教学有着计算机不可替代的优势和特点，现代信息技术有利于激发学生学习兴趣与提高教学效果，但师生面对面交流的课堂中，教师可以随时答疑解惑，实时监控学生学习过程。同时，培养学生的自主学习，也是大学英语教学改革的一项重要任务，学生自主学习要注意学习的成效，激发学习兴趣。教师需要做大量的工作，加强对学生自主学习的指导，要根据学生个性需求确立目标、制订计划。

大学英语教学质量机制建设，就是要建立“全面、客观、科学、准确的评估体系”。形成性评价和终结性评价相结合，就是为了消除大学英语教学中出现的应试教学倾向。《大学英语课程教学要求》指出：“形成性评估是教学过程中进行的过程性和发展性评估，即根据教学目标，采用多种评估手段和形式，跟踪教学过程，反馈教学信息，促进学生全面发展。”“终结性评估是在一个教学阶段结束时进行的总结性评估。”教学评估是教学中的重要环节，它保障教学改革有序进行，达到良好的教学效果。有序顺畅的教学评估体系是实现教学质量提高的关键环节。评估体系建设重在机制上的有效性，做到相互协调，互为补充，既有分工，又有合作。教学评估还包括对教师的教学过程和教学效果的评估，教师的教学态度、教学手段、教学方法、教学内容、教学组织和教学效果应该是教学评估的重要内容，学生的考试成绩不应该作为对教师评估的唯一手段。结合我校的实际，教学评估坚持教学与教育、课内与课外、技能与知识、创新与传承、工具与人文、衔接与区分、分级与分类、线性与往复、长期与短期、统一与多元的原则。

三、结　语

我校大学英语教学质量机制建设包括夯实基础的通用英语、强化某领域知识的专门用途英语和提高某项技能的专项英语，以及培养人文素质的通识教育类英语。教学改革应朝着评估主体多元化、评估内容多样化、评估手段多元化的方向发展。教学改革将围绕提高教学质量这个中心，涉及教学主体中的学生、教师、教学内容，以及保障开展教学的管理者、教学设施、教学资源等各种软硬件条件。大学英语教学质量机制建设是一个庞大的系统工程，课程的建设和管理面临挑战，同时也是发展的机遇。我校目前英语课程体系主要分为三个类别：零起点英语类（针对民族地区生源）、预备级英语类（针对艺体类生源）和普通大学英语类（所有其他生源）。我们坚持分级分类教学的基本模式，逐步加大高级别教学班比例，最终实现专业化的大学英语教学。

大学英语教学质量机制建设旨在完善2+3+4的大学英语教学改革模式。在教学理念上，以培养学生英语综合运用能力为主旨，以增强学生自主学习能力为主线，以推动基于网络和多媒体的大学英语教学为主导。在网络教学管理体系上，以教学评估为检测点，以课程建设为切入点，以师资队伍建设为新生长点。拓展2+3+4模式，由基础阶段与拓展阶段构成的“2”个不同的教学阶段；由“六四开”、“五五开”、“四六开”构成的“3”种不同的评估体系；由A、B、C、D级构成的“4”种不同级别的分级教学体系。构建科学合理的大学英语教学质量机制建设是深化大学英语教学改革的关键环节。一方面要明晰课程体系所传授的核心概念和核心技能，另一方面要根据民族院校不同层次学生的实际需求、认知特点和教学资源，确定相应的教学模式，以实现“以人为本”、“分层次、个性化、自主式”的教学理念，切实提高大学英语教学的效能，提高大学生的英语运用能力和自主学习能力。大学英语教学质量机制建设任重而道远，科学合理的大学英语教学质量机制建设，能够提高课程设置的科学性、教学内容的真实性、教学策略的适切性、英语应用的互动性、教学评估的合理性、教学环境的支持度和教师发展的支持度等诸多目标。

参考文献

[1] 教育部高等教育司:《大学英语课程教学要求》，高等教育出版社2007版。

[2] 王守仁:《解读〈大学英语课程教学要求（试行）〉》，载《中国大学教学》2004年第2期。

[3] 王守仁:《以提高我国高等学校教学质量为出发点，推进大学英语教学改革》，载《外语界》2006年第5期。

[4] 贾国栋:《现代网络技术与大学英语教学模式改革》，载《外语界》2003年第6期。

（作者单位：外国语学院）

开设大学化学选修课之探索与实践①

张爱芹　刘春兰　刘　颖　周宜君　李　华

根据我校的教学课程规划与设计，生命与环境科学学院化学教研组承担了2013—2014学年第二学期理学院2012级应用物理专业大学化学的教学任务。这是我院（生命与环境科学学院）建院以来首次开设的跨院系专业必选课。如何让非化学类专业学生学好这门课，是我们接手该课程一直在思考和探索的问题。

在教研组全体老师的共同努力下，经过前期的探索、实践，结合大学化学及其实验的具体教学实践活动，我们较圆满地完成了这一学期该课程的教学，并取得了一定的教学成果。现结合教学过程中的一些具体事例，谈一下自己的教学心得和经验，并为该课程的进一步教改提供启示与借鉴。

一、立足教学目的，制订教学方案，精选教学内容，做到有的放矢

大学化学是一门以元素周期规律、原子与分子结构理论和四大化学平衡（酸碱平衡、沉淀溶液平衡、氧化还原平衡和络合解离平衡）原理为基础，讨论典型元素及其化合物的结构、组成、性质、变化规律和含量测定的一门科学。大学化学课程本质是自然科学领域中的通识课。学好这门课，既能为深入认识物质世界提供理论知识，又能为其他专业课程的学习打好基础。这一点对于理工科的应用物理专业学生来说尤为重要。

在开设本课程之前，我们首先对理学院所开设该课程的专业进行详细而深入的了解。从近年来理学院学生参与到国家、北京、校级创新项目以及毕业设计等内容来看，选题的方向很多是涉及无机功能纳米材料的制备

① 本文是中央民族大学2011年校级教学立项项目“无机化学”精品课程的阶段性成果。

及特性等方面的研究。比如 2013 年度本科生申请的大学生创新项目共 39 个，其中 18 个项目是与化学相关的功能材料方面内容的研究。这些研究内容所涉及的领域仅仅靠大学之前的中学化学知识将难以实现。中学化学知识是对化学的初步了解，无论从深度还是广度都无法满足学生对于化学知识的专业需要。[①] 由此可以看出，大学化学对于理学院的学生开展科研创新活动中有很大的需求性和紧迫性。

针对上述实际情况，立足“化学教学服务于物理专业”这一教学理念，在我校现有无机化学精品课程建设基础上调整教学目标，制订了针对性的教学方案。以常规的大学化学教学内容（元素、化学平衡）为教学核心和基础，在实际学习中注重物质的结构、功能性质和相关应用，做到有的放矢。特别是结合学生们已有的物理知识，拓宽其专业知识口径，为理学院部分学生能够从事材料科学等交叉学科提供必要的知识保障。

二、以学生为主导，从兴趣入手，优化教学模式，寓教于乐

科学家爱因斯坦说过：“兴趣是最好的老师。”一个人一旦对某件事有了浓厚的兴趣，就会积极主动地求知、探索、实践，并在这个过程中充分体会到学习的快乐和心灵的充实，从古至今，优秀的教育家无不重视兴趣在教书育人中的作用。激发学生对大学化学的学习兴趣，我们着重从两方面着手：

（1）让学生意识到所学的大学化学理论知识在自己本专业学习中的重要性。比如在讲解氧化还原章节时，结合物理上电学方面的内容，与学生能接触到的蓄电池、锂电池、纽扣电池、干电池等了解化学能如何转化成电能，根据电化学的能斯特方程来解释干电池等为什么会随着使用时间的延长电量越来越少，而蓄电池却可以重复充放电，里面的化学反应是怎样的；通过原子结构和分子结构理论理解为什么某些金属能够掺杂到其他材料中，使材料具有更好的光电性能，并由结构特点影响金属的物理性能呈现周期性变化等。

（2）为更好地理解化学课程内容，将日常生活中的知识用化学理论来解释。比如在讲解沉淀溶解平衡原理的时候，让学生思考为什么牙膏加氟能够保护牙齿？对此解释为牙釉质由羟基磷灰石［$Ca_{10}(OH)_2(PO_4)_6$］

---

① 徐凌燕：《浅谈高校化学教育与中学化学教育的联系与区别》，载《赤峰学院学报》（自然科学版）2011 年第 3 期，第 212—213 页。

转化为［$Ca_{10}F_2(PO_4)_6$］氟磷灰石后的化学稳定性；通过图片展示龙岩溶洞中美丽的钟乳石奇观，感叹自然界神奇力量的同时，用沉淀溶解平衡解释其成因。

这些知识点引发了学生对枯燥理论知识的学习兴趣，从课堂上学生的活跃程度能看出起到了很好的效果。

三、理论联系实际，课堂教学结合实验操作，实现理论与实践的统一

化学实验课教学是大学化学教学的一个不可或缺的重要组成部分。实验教学不仅对学生后续课程的学习有重要的影响，而且对学生科研能力和素质的早期培养至关重要。① 通过实验，学生能深入认识物质化学性质，揭示化学变化规律和检验理论课内容，因此，大学化学实验在大学化学课程教育中具有重要的地位，是培养学生动手操作能力，观察能力的重要途径。

实验课程的设置，既要与理论课内容相辅相成，也要充分结合实际应用整体训练学生实验操作能力。比如，从粗盐中提取试剂级氯化钠这个实验，既锻炼了学生溶解、沉淀、过滤、抽滤、蒸发浓缩、结晶和烘干等化学基本操作，了解 Ca^{2+}、Mg^{2+}、SO_4^{2-} 等离子的定性鉴定，同时，也让学生亲自体验从粗糙的海盐，制备纯净的氯化钠晶体的实验。另外，在理工楼内自来水和直饮水钙镁离子含量的测定实验中，即让学生练习了络合反应、络合滴定分析，同时也得出每天与我们生活密切相关的水质检测结果，引起了学生很大的关注。

当然，如何更好地发挥出实验课的效果，依然是从事实验教学者不断思考、努力探索的目标。

四、及时交流反馈，了解学生动态，适度调整教学

通过各种渠道加深对学生的了解，不仅使教师能够在教学过程中及时端正学生的学习动机，激发学生学习的兴趣，提高学生学习的积极性，教学效果将会事半功倍。通过与学生的沟通，能及时了解学生对该课程的学

① 刘国柱：《研究型化学实验课教学的理论构想与实验研究》，吉林大学硕士学位论文，2008 年，第 51—52 页。

习动态和对课程的认知程度。这点对于一门新开设的课程，显得尤为重要，其必将非常有利于更好地开展教学活动，调整教学进度，完善教学计划。在具体的教学实践活动中，我们充分利用开课前、上课过程中，不断与学生交流，了解学生的想法，对学生的学习做合理的引导。值得庆幸的是在本学期上课开始前几周内，了解到学生感觉讲课太快，内容过多后，在接下来的教学开展中，适度放慢了授课内容的进度，并针对学生的专业需求对部分内容适当降低了难度。从期末考试结果可以看出，这一学期的教学活动达到了预期的效果。

五、总　结

通过这次针对理学院的大学化学课程的设置，再次印证了科学的交叉性与学科间的相互影响。物理专业的学生不仅仅需要物理专业知识，同样需要数学、化学等方面的知识，拥有金字塔形的综合性知识结构才能在将来成为有所造就的社会需要人才。所以，如果条件允许，开设一门针对全校理工科甚至文科生的大学化学选修课将是一件非常值得期待的事情。

（作者单位：生命与环境科学学院）

工学类藏班高等数学课程的教学改革与实践

苏傲雪　何　伟

高等数学是理工类专业最重要的公共基础课，它不仅是学生掌握数学工具和学习后续其他课程的基础，也是培养学生理性思维的重要载体。由于历史原因，我国高校高等数学课程的课程体系和教学内容受苏联的影响较大。苏联数学教育具有体系完整、逻辑性强、推理严密等优点，但同时也存在过于抽象、描述枯燥、缺乏生动实例等缺点。

工学类藏班的学生由于多方面的原因，理科基础尤其是数学基础较差，起点较低，从而导致了藏族学生数学学习兴趣不高，同时藏族学生在学习高等数学时还存在语言及思维的转化问题，从而也导致了藏族学生形象思维强于抽象思维，这也进一步增加了学习高等数学的难度。因此，对工学类藏班的高等数学教学，从教学内容和教学方法上都应与普通班不同，不仅仅局限于采取简单的单独编班等手段，而更重要的是在认清工学类藏班学生数学学习特点和规律的基础上，探索出适合工学类藏班高等数学教学的方法和模式，帮助他们培养数学学习的兴趣，掌握有效的数学学习方法，从而更好地为藏区经济文化的发展贡献力量。

一、工学类藏班学生数学学习的特点与规律

由于藏族地区历史、地理环境、文化背景、经济水平以及教育资源等因素的影响，藏族学生在成长过程中会形成独特的行为特点、思维方式等，从而对数学学习产生不可低估的影响。因此，认清藏班学生数学学习的规律与特点是有效开展工学类藏班高等数学教学的重要前提。经过作者多年的教学实践，发现藏班学生数学学习的特点与规律体现在如下四个方面：

（一）专业认知的特点

工学类藏班的多数同学入学前对于本专业的学习内容和专业特点并没

有明确的认识和了解，与心理预期存在落差，从而导致大部分学生数学学习积极性不高、兴趣低落。另外，部分学生认为数学课程的学习对于专业知识的学习没有帮助，体会不到数学学习的有用性，从而忽略高等数学的学习，缺乏学习的动力。

（二）知识结构的特点

长期以来，藏区的中小学数学教育由于师资水平低、教学理念落后、办学条件差等原因，使得藏区学生数学基础知识不够扎实，基本理论理解不够透彻，知识结构比较松散零乱。升入本科阶段后，对于高等数学的理论便更加难以接受，容易丧失数学学习的信心。

（三）思维方式的特点

相比于艰深的抽象思维和逻辑思维，藏班学生更擅长于直观的形象思维，反映在高等数学的学习过程中，他们更喜欢具体例子和计算类型的题目，学习方式主要是死记硬背、机械模仿，而对于考验逻辑思维能力的证明类型题目普遍感到困难。

（四）学习态度、学习习惯等特点

通常藏班课堂气氛比较活跃，能与老师进行较好的互动。藏班学生几乎没有形成课前预习、课后复习的习惯，在学习数学课程时，没有形成解题后进行总结、归纳、推广和引申等科学的学习方法。总体上说，藏班学生的自主学习和探究学习能力有待进一步提高，对老师的依赖性比较强。

二、高等数学教学中的改革措施

在掌握工学类藏班学生数学学习的特点与规律之后，需要有针对性地进一步研究适合藏班学生高等数学学习的教学模式。在工学类藏班高等数学课程的教学过程中，应该更加突出以应用、实用、够用为度的教学原则，注重对学生应用意识、兴趣和能力的培养。具体可采用下面的一些改革措施。

（一）适当调整教学内容

1. 注重高等数学和初等数学相关知识的衔接

目前的中学数学教材中也有函数、极限、导数与微分等内容，虽然相对于高等数学而言，中学学过的这些内容在深度和广度等方面都远远不够，但是在高等数学的教学过程中，我们可以充分利用学生对中学已学过概念的熟悉感和亲切感，采用恰当的方式将有关初等数学知识自然扩展至高等数学教学中，使高等数学与初等数学相关知识能够进行有效的衔接，从而也可以扫除藏班学生高等数学课程学习的畏难情绪。

以函数概念的衔接为例，在高等数学中，函数的概念为："设数集$D \subset R$，则称映射f：$D \to R$为定义在D上的函数，记为$y=f(x)$，$x \in D$。"对于藏班学生而言，这个概念很抽象，不好理解，因此在教学过程中我们可以先复习中学数学中函数的定义："设在某变化过程中有两个变量x、y，如果对于x在某一范围内的每一个确定的值，按照某种对应法则，y都有唯一确定的值与它对应，那么就称y是x的函数。"

函数的这两个定义本质是一致的，知识叙述概念的出发点不同，初等数学中的定义是从运动变化的观点出发，而高等数学中的定义是从集合、映射的观点出发。通过对这两个定义的分析比较，就把高等数学与初等数学定义有效衔接起来了，有助于藏班学生的学习。

2. 理论性和难度的适度削减

目前，没有专门为工学类藏班学生编写的教材，所使用的教材与工学类其他普通班使用的教材是一样的，均为同济大学的《高等数学》（第六版）。该套教材全面系统，具有一定的高度和难度。另外，藏班学生毕业后基本全部返回家乡，工作岗位主要也是国家公务员和银行职员。因此，工学类藏班的高等数学的教学，一方面是为了满足其后续课程所需的数学知识，另一方面主要是培养其应用能力，而不必过分强调其抽象性，所以在教学的过程中教师应该根据实际情况合理取舍教学内容和教学深度，使藏班学生能够掌握基本的概念和最基础的知识点。

例如，在高等数学的教学过程中，强调一元函数微积分的计算方法及其相关应用，而对于多元函数微积分，可仅限于二元函数，对曲线积分和曲面积分相关内容可降低要求，达到理解、了解的程度即可。

（二）借助 Matlab 软件辅助教学

随着计算机技术的发展，计算机辅助教学逐渐成为一种重要的教学方式。另外，工学类藏班的培养目标之一是为藏区培养计算机方面的人才，在其后续学习过程中也会学习计算机编程语言等，因此，对工学类藏班进行计算机辅助教学显得尤为重要。Matlab 软件是一套高性能的数值计算和可视化数学软件，借助 Matlab 软件进行藏班高等数学的计算机辅助教学，集理论教学、实验演示于一体，使一些抽象的公式或运算能用可视化的图形、曲线表示，达到传统教学无法实现的效果，能够加深学生对所学高等数学知识的理解，并可以把学生从烦琐的计算中解脱出来，激发学习的兴趣，培养学生自主学习的能力。下面对 Matlab 软件在高等数学教学中的部分应用进行说明。

1. 利用 Matlab 可视化功能辅助教学

（1）在极限方面的应用

在学习重要极限 $\lim_{x\to\infty}\left(1+\frac{1}{x}\right)^x=e$ 时，藏班同学往往对该公式的证明过程理解不透彻，普遍觉得比较困难。我们可以借助 Matlab 软件，让藏班同学对该结论有直观的了解。

输入如下命令：

```
> >syms x;
> >x =1000 : 0.01 : 10000;
> >y = (1 +1./x) .^x;
> >plot (x, y);
```

通过 Matlab 绘图得到图形，如图 1 所示，从图中可以看出，当 $x\to+\infty$，曲线将和 e 越来越接近。

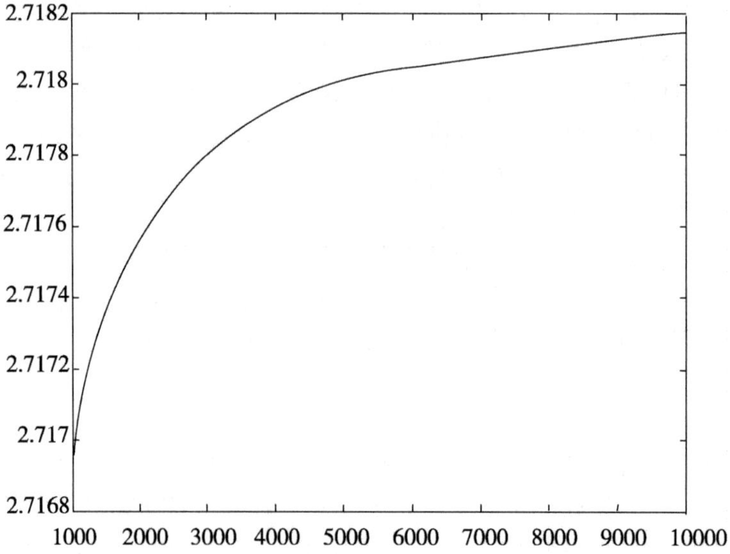

图 1 $x\in[1000, 10000]$ **时，**$y=\left(1+\frac{1}{x}\right)^x$ **的图形**

（2）在空间解析几何方面的应用

空间解析几何中的很多图形都是高维图形，利用 Matlab 软件绘制图形可以把原来只能凭想象的东西很直观地展示出来，让学生一目了然，记忆深刻。

例：求两曲面 $x^2+y^2+z^2=2^2$ 和 $(x-1)^2+y^2=1$ 相交生成的图形。

输入如下命令：

```
>>t=0:0.1:pi;
>>r=0:0.1:2*pi;
>>[r,t]=meshgrid(r,t);
>>x=2*sin(t).*cos(r);
>>y=2*sin(t).*sin(r);
>>z=2*cos(t);
>>u=-pi/2:0.1:pi/2;
>>v=-3:0.1:3;
>>[u,v]=meshgrid(u,v);
>>x1=2*cos(u).^2;
>>y1=sin(2*u);
>>z1=v;
>>mesh(x,y,z)
>>hold on
>>mesh(x1,y1,z1)
```

通过 Matlab 绘图得到图形，如图 2 所示，可以很清楚地看见两曲面相交生成的图形的形状。

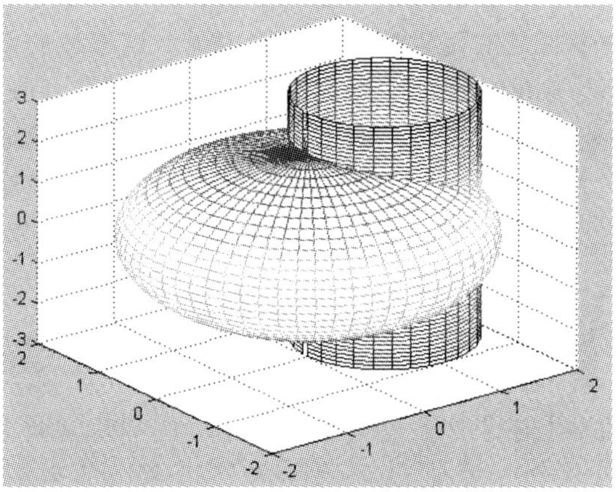

图 2　两曲面相交生成的图形

2. 利用 Matlab 符号运算功能辅助教学

利用 Matlab 符号运算功能可以求一些比较复杂的导数、积分等，在学生掌握了高等数学的基本理论和计算方法后，把学生从烦琐的计算中解脱出来，从而把重点放在分析问题和解决问题上，做到学以致用。

例如，对于藏班学生来说，幂指函数 $y=u(x)^{v(x)}$ 的导数问题一般比较难以对付，以函数 $y=x^{\sin x}$，$(x>0)$ 的导数为例进行说明。

仅须输入如下命令：

```
> >syms x;
> >diff (x̂sin (x));
```

就可以得到结果：

```
x^(sin (x) -1)*sin (x) +x^sin (x)*cos (x)*log (x)
```

(三) 以学生为中心的互动式教学模式

教育学家施瓦布曾经指出："如果要学生学习科学的方法，那么有什么学习比通过积极地投入到探究的过程中去更好呢?"以学生为中心，改变传统老师讲授为主、学生被动接受的灌输式学习模式，可以充分调动学生的积极性和主动参与意识，激发学生的自主学习能力。另外，工学类藏班的班额较小，完全具备探究式教学、讨论式学习的条件。可以采用以下几种循序渐进的方式：

1. 习题讨论课

藏班学生课堂上整体氛围活跃，但是具体到每个人，就会出现害羞等放不开的表现。为了让藏班学生克服害羞的心理，首先从习题课开始，让学生到黑板上做题，并且讲解给其他同学。在这个过程中，我们发现，经常会出现有学生不由自主转向藏语讲解的情况，这也从一个侧面反映出藏族学生在学习高等数学的过程中存在语言及思维的转化问题。通过这种方式，给每个学生创造了自我展示的机会，增强他们的自信心，并激发对高等数学的学习兴趣，而且这种方式也可以让老师发现学生学习过程中可能存在的问题，并及时进行纠正。

2. 主题探究课

通过习题讨论题的锻炼，藏班学生已经逐渐克服害羞的心理，为了更进一步调动学生学习的主动性，在教学的过程中，可以围绕某个主题设计一些问题，鼓励学生在课堂上进行小组讨论。例如在学习极限概念时，老师先引入我国古代数学家刘徽利用圆内接正多边形来推算圆面积的方法——割圆术，引导学生进行小组讨论，归纳出数列极限概念的通俗化叙述，进而给出数列极限的 $\varepsilon-N$ 定义。

3. 新内容讲授课

经过前两种方式，藏班学生已经完全具备自主参与的意识，为了更进一步挖掘学生的自主学习潜能，在学习某些新内容时，要求学生预习、提前自学，给学生几天的准备时间备课，然后自愿报名给其他同学讲授新课程。所选取的内容应该具备一定的条件：内容不能太难，防止挫伤学生的积极性和信心；内容和知识点最好是已学知识的迁移或者扩展。例如，在《高等数学》（上册）一元函数积分学中已经详细学习了定积分的概念，知道定积分是某种确定形式的和的极限，这种和的极限的概念推广到定义在区域上二元函数的情形，便得到二重积分的概念，因此在《高等数学》（下册）学习二重积分的概念时，就可以将该内容选定为学生自主学习后给其他同学讲授的新知识。

三、结束语

通过以上的一些改革措施，工学类藏班高等数学的教学取得了一定的效果，学生学习高等数学的兴趣提高了，学习的自主性增强了，学生体会到了数学的实际应用价值，增强了解决实际问题的能力。但是，由于目前国内还没有专门为藏班学生编写的高等数学教材，大部分高等数学教材，无论是内容的广度还是难度上都超出了藏班学生的接受能力，这给教师和学生都带来不便。因此在今后我们将致力于编写理论与实践相结合、抽象和具体相结合、计算机软件和高等数学相结合的新教材，也可作为其他民族院校工学类民族班的教学参考书。

（作者单位：理学院）

生理学与生理学实验教学改革研究与实践[①]

覃筱燕 周宜君

在高等学校的人才培养中，课程学习是主要的方式之一。生理学和生理学实验是生物科学类生物科学专业、生物技术专业的主要课程，学习并掌握生理学方面的知识不仅有助于学生对人体自身的认识了解，而且生理学实验中所特有的实验技术和研究方法的学习对于培养训练学生思维能力、开展科学研究具有重要作用。一些从事高校生理学教学的教师在教学实践中开展了相关教学研究，其经验可以借鉴学习。[②] 自建立生物科学专业以来，生理学及实验一直是主要的课程，并在 2002 版培养方案中，将生理学实验作为独立设置的课程在生物科学专业、生物技术专业开设。在新修订的 2014 版培养方案中，生理学和生理学实验分别为 54 学时 3 学分、36 学时 1 学分，是生物科学专业的必修专业课程，是生物技术专业的选修课程，在大学三年级开设。作为两门课程的主讲教师，自 1999 年以来，一直承担生理学和生理学实验教学任务，2007 年列为学校优秀课程进行建设。在为期 15 年的教学实践中，一直依托教学条件的改善和学科发展进程，不断尝试以培养学生思维能力和实践能力为主旨的教学改革，取得了一定的成效，也使我们深感两门课程的开设在现今生物科学类专业人才培养中十分必要。

---

① 本文是 2012—2014 年度北京市专业建设与专业综合改革项目“生物科学”和中央民族大学“985 工程”（YLDX01013）项目的研究成果。

② 王月飞、赵红晔、卢长柱、赵堃：《生理学教学模式改革的探索》，载《齐齐哈尔医学院学报》2011 年第 3 期，第 3889—3890 页；王东吉、尚改萍、张翠英、刘燕、李旭炯、李婷：《生理学教学改革与创造性思维研究》，载《基础医学教育》2013 年第 2 期，第 125—127 页。

一、生理学的地位、发展趋势及在生物医学人才培养中的作用

（一）生理学在生命科学中的地位及发展趋势

生理学作为一门经典的学科有着悠久的历史，在现代生物学与现代医学发展中有着不可磨灭的作用。1901 年设立的科学界最高成就奖——诺贝尔生理学或医学奖，可理解其在生命科学中的重要地位。虽然随着科学的发展，学科的分科越来越细，尤其是 20 世纪 90 年代以来，细胞生物学和分子生物学取得了快速发展，近 10 年来，全球掀起了各种组学热，人们逐渐把研究的重点转移到细胞生物学、分子生物学以及各种组学上，生理学的地位似乎受到了非常大的负面冲击，但生理学作为一门基础学科，从分子、细胞、器官、系统和整体不同水平来研究生命现象，最终必须在整体水平上体现，所以说分子生物学、细胞生物学以及各种组学的发展离不开生理学。如同视觉器官的功能是产生视觉，暗光觉的产生机理已经阐明：视网膜的视杆细胞中的感光物质（视紫红质）在弱光刺激下发生光化学反应分解，进而刺激自身细胞产生生物电的变化，将光能转变成电能，并通过视神经传递到大脑皮层枕叶的视觉中枢产生的暗光觉。暗光觉的产生机理的研究结果说明，视觉的产生是从分子到细胞水平来研究生物体的生命现象的，分子生物学和细胞生物学的研究手段为生理学的分子细胞水平的研究提供了技术上的支撑。生命科学在过去、现在以及将来的发展过程中，生理学都会一直占据着重要的地位。同样可以预见，生理学必将在今后取得更加迅猛的发展，在生物医学、国家科学发展等方面做出更大的贡献。

（二）生理学在生物医学人才培养中的作用

生物医学的研究离不开生理学的基础理论，生物医学人才的培养必须具备扎实的生理学基础理论。例如，必须了解胃酸产生的过程和生理条件下胃黏膜的保护机制等消化生理的基础理论，才能研究阐明胃炎、胃溃疡的发病机制和治疗策略；要研究阿尔茨海默症的发病机制，必须了解神经生理，了解学习和记忆的生理过程。生理学是一门基础性理论学科，同样是联系基础医学研究与临床应用的桥梁。多年来医学和生物学教育为社会培养了一大批生物医学人才，可以说，生理学教育是生物医学大厦的重要基石，正如前诺贝尔生理学或医学奖评审委员会主席 Gostaffen 评述的“生

理学是医学之母”。因此，在生物科学类专业的本科生教育中，应该加强生理学在生命科学教学主干课程中的地位，大力开展生理学基础理论和实验技术的培训。

二、生物科学和生物技术本科专业生理学课程的特点

（一）生理学课程内容的设置

生物科学和生物技术本科专业生理学课程包括生理学和生理学实验。生理学的授课内容一般按人体和高等动物的系统模块讲授，包括绪论、细胞的基本功能、血液循环系统、呼吸系统、消化系统、泌尿系统、感官系统、内分泌系统和神经系统以及营养和能量代谢。在每一个系统讲解之前，引导学生回顾各系统的大体解剖结构特点和组织细胞构成，然后将各细胞、组织、器官、系统的结构特征和生理功能联系起来，让学生真正了解掌握机体的基本构造与功能的联系以及发生病理变化时出现的临床疾病。理论联系实际，避免学生学习知识走进死记硬背的死胡同。

生理学实验课要求学生通过实验观察生命现象。实验动物的选择从两栖类动物的蟾蜍到哺乳类动物的大鼠、小鼠和兔子，从离体实验到在体实验，实验内容的设置大都与理论课的授课内容相对应，以便让学生通过亲自动手实验的方法获取生理学知识，加深对基础理论知识的理解，也学会了动物生理学实验的基本操作技能，如分离组织、麻醉动物、静脉注射、分离神经、肌肉和血管等。学习重要实验的研究方法，如模式动物实验痛觉的记录、学习记忆的大鼠、小鼠水迷宫实验、跳台实验和运动疲劳实验等。实验课的学习加强了学生对动物实验出现的应急事件的处理能力，如麻醉意外、出血、呼吸和心跳停止的处理过程，加强了学生对难以理解的抽象生理现象的学习。比如，在讲授神经系统这一章节时，说到神经的兴奋性具有“全或无”的特点，在理论层面上比较抽象难理解，学生到实验室亲自制作坐骨神经干标本，给神经纤维不同强度的刺激，观察和记录到神经纤维上动作电位的产生与传导，而神经纤维上记录到的生物电形式动作电位就是神经纤维的兴奋现象，动作电位在神经纤维上传导具有“全或无”性，就是观察动作电位在传递过程中不随刺激强度和传播距离的变化而变化，学生通过对实验现象的观察，看到了难以理解的生物电的存在。

（二）生理学教学存在的问题

1. 学生应试教育的“后遗症”

由于学生从小学到中学十几年的时间都是处在一个“老师讲、学生听”的学习环境中，这种被动的教学模式在一定程度上限制了学生主动学习的能力。从我们十几年的教学经验看，进入大学后的学生依然存在着应试教育的“后遗症”。大部分学生只愿意老师讲什么，他们学什么、记什么，不太喜欢提问题，他们更关心的是自己怎样通过这门考试，怎样考试取得更高的分数，所以造成的现象是许多考试得高分的学生往往思维变通性或者动手能力很差，甚至有很多学生不选实验课、讨厌实验课、害怕实验课。这样的学习方式不利于启发学生的科学思维，不利于培养创新性人才，所以本科阶段的教学非常关键，我们应该积极引导学生转变学习方式，逐渐使学生从被动接受知识变成主动获取知识，对学生的考核也应该多样化。

2. 教师教学的处境

“师者，所以传道授业解惑也。”教书育人目前是教师最基本的职责，但目前在大部分国内高校中普遍存在着重视科研、轻视教学的现象。在晋升职称时，科研经费和发表科研文章所占的分量远远比教学要重得多；在考核教师时，科研的考核是看教师申请经费的多少和发表文章的数量及质量，这些都直接与教师的年终收入挂钩；而对教学的考核是看教师完成了多少教学课时，对教师的教学质量并没有严格的考核方法，虽说有专门让学生给教师的教学评分的网站，但作用效果也不是很理想。所以在这种考核和评价体系下，教师大都会把主要精力放在科研上，从而忽视了对教学的重视程度，这对学生的专业培养很不利。本科教学质量关键取决于从事本科教学工作教师的素质和专业水平。[①] 因此，学校不仅应该提高教师的素质和专业水平，更应注重对教师教学的考核方式，加强教师教学的奖罚力度。

3. 实验教学条件不够完善

目前在大部分国内高校中普遍存在着加大科研投入却轻视本科生教学投入的现象。本科生教学条件的投入通常较少，实验教学使用的设备简陋，能使用的高级仪器更少，本科生的实验教学条件不够完善。

---

① 刘青珍：《加强本科教学改革是培养高素质生命科学类人才的根本基础——论教师的作用》，载《高校生物学教学研究》2013 年第 1 期，第 31—33 页。

三、关于生理学课程教学改革的基本措施

（一）教学内容的重新整合

一般情况下，教科书的知识都会比最新的知识落后 5—10 年，所以在教科书使用方面，应该推陈出新，使用最新版本；当然，教科书只是当作参考书来用，在使用教科书时，应该结合最新的研究文献来教学，将经典的理论知识和最新的研究进展整合在一起，把老旧的知识淘汰掉，让学生接受最新、最全面的知识。了解每一个知识点发现的历史背景和实验技术支撑。比如，在讲离子通道的功能时，要让学生了解研究离子通道的技术是通过膜片钳技术测定不同离子流的状况而获得的，了解研究离子通道的科学意义能从分子水平上阐明通道蛋白的结构和结构—功能关系，不仅有助于阐明离子本身的跨膜转运机制，也有助于揭示许多疾病的发病机制和药物作用的机制或靶点。生理学知识的学习要做到掌握基础知识，理论联系实际，综合利用，了解生理现象产生的实验背景和研究手段及前沿研究。

（二）教学方法的改革

1. 激发学习兴趣，从第一节课开始

每一年给学生授课，我们都会在第一节课给学生介绍整个生命科学领域的研究进展，包括生命科学在科学界的研究概况、就业情况、发展前景等；进而介绍我国生命科学的发展水平处在国际水平的哪个位置。例如本年度上课，我们介绍了 21 世纪中国和亚裔生命科学家的崛起，请学生们记住施一公（清华大学）、饶毅（北京大学）等生命科学研究领域的杰出科学家，以及他们获得的科研成果。介绍 21 世纪人类面临的重大疾病：心脑血管疾病、恶性肿瘤、感染（如埃博拉病毒感染等）、老年痴呆等发病机制和治疗策略的研究，要求生命科学研究者负起的历史使命。介绍近几年生物医学的一些重大事件或盛事：2013 年的欧美争相发布大脑研究计划。介绍 2013 年 4 月美国总统奥巴马揭开了“脑计划”（BRAIN Initiative）的序幕，这项计划可与当年的登月计划相媲美，奥巴马的计划反映了神经科学逐步从分子和细胞研究转向研究神经元网络产生思想、记忆和行为的机制。介绍 2013 年美国食品和药品管理局（FDA）首次批准进行人类胚胎干细胞疗法。介绍 2014 年清华大学生命学院施一公教授研究组在世界上首次

揭示了与阿尔茨海默症（Alzheimers Disease，AD）发病直接相关的人源γ分泌酶复合物（γ-secretase）的精细三维结构，为理解γ分泌酶复合物的工作机制以及阿尔茨海默症的发病机理提供了重要线索，该成果以长文的形式由英国《自然》杂志在线发表。学生的上课课堂是一个与生命科学知识和科学探索成果息息相关的课堂。

我们在第一节课还给学生介绍我们学院的基本情况，让他们了解我们老师目前都在做些什么研究工作，在学院的现有的实验条件下能做些什么。让学生对生命科学领域有一个全方位的理解，了解生命科学在国内外的研究现状，使学生看到生命科学的发展与希望，并加强他们的使命感和责任感，然后给他们自己一个明确定位。

同时介绍生理学的基本情况，包括生理学的发展历史及其在生命科学领域的地位，引导学生了解生理学的发展史，让他们知道每一个理论知识背后的故事，进而激发和培养他们对科学的兴趣。如在学习胃液分泌调节的同时，了解有关胃液分泌调节研究的历史，知道前人是采用什么样的实验方法去获得知识，求证未知，既加深对已有知识的理解，又学习了前人的科学研究方法，又对学生智能的培养和发展大有裨益。如在学习内皮细胞分泌的舒血管物质是一氧化氮时，了解一氧化氮的发现，科学家在获得诺贝尔生理学或医学奖的同时，促使了“伟哥”的发明，说明了科学研究发现的偶然性。

2. 激发学习兴趣，以临床疾病案例分析为主线

兴趣是最好的老师，如果单纯一味地给学生讲授教科书上的理论知识，必定会让学生觉得枯燥乏味，学习兴趣和激情也会渐渐地被扼杀。所以，生理学教学采取以临床疾病例案分析贯穿整个理论教学学习的主线的教学方法。如讲解心脏生理时，以窦性心动过缓的心脏电生理疾病为例；讲解血管生理，以冠心病、高血压等血管疾病为例，讲授血管生理健康的重要性。注重学习基础理论知识的同时，要加强理论联系实际，了解疾病发生发展的背景、对人体健康的危害等。如消化系统由消化管和消化腺组成，功能是消化和吸收各种营养物质，而消化管的黏膜上皮细胞和消化腺的腺细胞同属于上皮组织，正常生理情况下起分泌消化液分解和吸收营养物质的功能，但病理情况下，上皮细胞和腺细胞可以发生癌变，形成临床上各种常见的恶性肿瘤；而胃腺中壁细胞分泌胃酸过多可以出现临床上的胃炎、胃溃疡、胃出血，甚至胃出血和引起胃癌产生。通过理论和临床的联系，学生很轻松地掌握消化系统的生理功能和了解消化系统的生理功能出现问题时引起的临床疾病。介绍对幽门螺杆菌的治疗和因发现幽门螺杆

菌在胃炎、胃溃疡发病中的作用所获得的年度诺贝尔生理学或医学奖案例。案例的学习，大大提高了学生的学习兴趣和掌握理论知识的程度。

3. 以培养能力和研究兴趣为主线

生理学教学应从生理学角度去分析、解释疾病发生的原因和产生的机制，从而学习预防治疗以及培养学生研究疾病的动力。引入新的研究成果并教会学生下载和阅读相关的科学文献资料，培养学生研究和学习的兴趣。

借 2007—2009 年学校的生理学优秀课程项目建设期间，学院引进了先进的生物信号记录系统，2014 年又在北京市建设与专业综合改革项目“生物科学”的支持下，引进了多种在体模型动物实验记录仪器，几年的实验教学仪器的投入，大大改进了生理学实验教学的简陋条件，为实验教学质量的提高做了重要的保证。在实验教学条件大大提高的基础上鼓励学生积极选修实验课程，通过动物生理学实验教学，培养学生对动物实验的设计、结果分析和综合归纳的能力和研究动物的操作技术。在实验教学中既培养了学生参与研究的兴趣，提高了学生实验技能和科研思维的培养，也为继续深造学习奠定重要的动物实验基础和初步的科研实验设计能力。

4. 多种教学方式结合运用

生理学教学采用多种教学方法有机结合：教师重点讲授、提问式启发性教学、案例教学、课堂讨论、教师讲评和学生自学相结合等。重视学生学习的兴趣的培养，依托实验教学条件的改善，强化提高学生实验技能和创新思维的培养。在教学的每个环节注重对学生潜能的激发和挖掘，提高学生的专业素质。同时，在教学过程中，结合教师的人生阅历，给学生树立良好的榜样，并有意培养学生坚持探索的意志、科学的态度和严谨的作风，引导学生形成良好的合作精神和优秀的人格。生理学实验教学以从基础实验做起，变“验证性实验”为“探索性实验”的教学方式，调动了学生的创造性思维。从 2005 级至今，生物和生技班开设了探索性实验，探索性实验以小组形式进行，学生可以检索文献、独立思考以及初步实验内容设计、实验实施和实验后结果分析讨论。同时在实验教学中，介绍相关先进的实验仪器和技术，让学生了解相关领域的最先进的实验技术支撑，了解高端技术仪器的运用在生命科学研究上的重要性。探索性实验开发了学生的科学创新意识和创新能力。

（三）教学改革的成效

1. 综合素质的培养

通过生理学和生理学实验课教学，学生掌握了有关生物医学专业知识，能真正理解各种实验技术手段的理论基础，培养了学生形成良好的学术思维和坚持探索的意志，学生对生命科学研究，尤其是生物医学方面的研究具有浓厚兴趣。生理学和生理学实验课教学在培养提高学生综合素质方面发挥了重要作用，教学得到了同学们的认可。

2. 增强参与科研意识

学校每年都有本科生研究项目立项。学生积极申报与生理学相关的本科生项目并获得立项，如2009级生物科学专业学生杨逸同学申请的“人参皂苷Rg1对实验性肝损伤的保护及其机制研究”项目，获得了国家级项目立项，为期一年的研究工作取得了理想的结果，答辩获得一致好评，研究成果一篇以“细胞因子在人参皂苷Rg1抗小鼠免疫性肝损伤中的作用”为题在核心期刊《中国公共卫生》（2014）杂志上发表，另一篇以“人参皂苷Rg1药理活性的研究进展”为题在核心期刊《时珍国医国药》（2012）杂志上发表。项目的完成强化了研究技能和科研思维的训练。

3. 激发学生继续学习的兴趣

每年生物科学和生物技术本科专业继续深造的学生的比例很高，达到40%左右。进入国内外著名的大学和研究机构学习的学生中，有很多学生从事生物医学（如神经系统疾病、癌症、心血管疾病、干细胞、致病微生物等）的研究。如2000级生物科学专业学生兰峰同学从事心血管疾病和干细胞研究多年，已作为引进人才，从斯坦福大学回国；2001级赵宇从事癌症和免疫细胞治疗研究，一项发明在美国获得了FDA的专利。

四、结语及展望

本科生教学不仅是传授知识，更重要的是激发学生的学习兴趣和参与科学研究的热情，培养学生的科学思维和创新能力。教学改革任重而道远。身教重于言教，教师首先要树立榜样，用严谨的科学态度引导学生走向正确的科学道路。生理学作为生命科学领域重要的组成部分，其教学对培养创新科学人才有着不可替代的作用。

（作者单位：生命与环境科学学院）

本科生实践教学模式的探索性改革研究

焦开山

实践教学在大学的专业教育中发挥着重要的作用，从而成为本科教学计划中的重要内容。不过，当前的本科教学计划大都对毕业实习进行了相对详细的设计和规定，但是对某一门专业课程的实习或者实践并没有严格的规定，完全由任课老师自行设计和安排，缺乏规范性要求，这导致在相当一部分的专业课程教学中，并没有实施与课程有关的实习或实践活动。即使在有些专业课程教学中开展了一些相关实践活动，也并没有进行严格的设计，同时也面临着内部条件和外部环境的诸多障碍，导致实践教学的效果大打折扣。因此，如何对现有的本科生实践教学模式进行改革是大学专业教育中面临的一项重要课题。鉴于此，本研究依据相关知识理论，结合社会调查资料，分析当前实践教学中存在的问题，进而探索未来改革的方向和路径。

一、缄默知识理论与实践教学

1958 年，英国著名的物理化学家和思想家波兰尼首次明确提出“缄默知识”的概念，将人类的知识分为两部分：显性知识和缄默知识（Polanyi，1958）。我们通常所说的知识被称为显性知识，它们通常以书面文字或者地图、数学公式来表达，而所谓的缄默知识就是那些很难用语言、文字或符号表达的知识，也很难被我们明确意识到。在波兰尼看来，缄默知识是非常重要的一种知识类型，它支配着人类的整个认识活动，是人们获得所有显性知识的基础、辅助和向导，也支配着人类的大部分社会行为，众多的科学发现和社会创新背后是缄默知识的力量。但是，由于缄默知识是一种连知识的拥有者和使用者都不能清晰表达的知识，这些知识的传递并不能像显性知识那样可以通过正规的形式，比如，学校教育、大众传媒、互联网等进行传递，在很大程度上只能通过个体在实践中的摸索、顿悟以及特定社会情境中的社会互动来进行。因此，波兰尼非常强调传统手工业时代的“学徒制”形式在当代科学教育中的作用，以“师傅带徒弟”的形式传递那些不能够详细描述的态度、经验和技巧（石中英，2001）。

缄默知识理论对当代科学教育的最大启示就是要重视实践教学的价值。在以往的教学理论和实践中，实践教学被看作课堂教学的一种延伸和补充，没有被提升到主体性地位，这主要是我们过分强调了显性知识的传授，而没有认识到缄默知识的重要地位。根据缄默知识理论，教育的目标除了传授正规的显性知识之外，重要的是传授“只能意会不能言传”的缄默知识，比如学生的专业态度、专业信念、创新意识和能力等，就必须在注重改革课堂教学提高课堂教学质量的同时，重视具有“学徒制”形式的实践教学，重视丰富多彩的科学实践、社会实践、艺术实践等。因此，实践教学的目的不仅仅是为了应用或者检验所谓的显性知识，更重要的是从中获得在课堂里学习不到或无法理解的相关缄默知识。一般而言，专业教师在其特长领域中拥有更多的缄默知识，因此在实践教学中要特别强调学生主动与经验丰富的教师进行沟通和互动，从而获取某项任务或领域的缄默知识。为此，实践教学不能仅仅是学生的单方面任务，专业教师也要深入其中，和学生进行广泛互动和交流。

此外，斯滕伯格（Robert J. Sternberg）等的实验研究表明，在显性知识的获得方面，缄默知识既可以起到一种基础的、辅助的和向导的作用，也可能干扰和阻碍与之不一致或相冲突的显性知识的获得（石中英，2001）。因此，实践教学的另外一个重要目标就是使学生自身的缄默知识“显性化”，也就是一种自我反思的过程。由于在社会实践活动中，我们所基于的知识大都是无意识的缄默知识。通过一系列的社会实践活动，可以让学生自身的缄默知识和课堂上所学习到的专业显性知识进行发生交流和碰撞，在这个过程中，一个人缄默的认识立场、观点或模式才能“显现”出来。这样一来，如果缄默知识与专业认识或实践的目的一致，那么就可以得到利用和保存；如果它与专业认识或实践的目的不一致，那么也可以得到检讨和修正。

二、实践社会学理论与实践教学

如果说缄默知识理论给我们的启示是重视实践教学的价值和实践教学的基本形式，那么实践社会学理论给我们的启示就是把教学实习或者社会实践活动看作一个主观和客观互动的过程，既要看到社会实践活动主体，比如学生、教师、相关的社会成员等的性情倾向对实践教学的影响，也要看到客观的条件对实际教学的制约，以及两者之间是如何相互建构的过程。

实践社会学理论的提出者是法国社会学家皮埃尔·布迪厄（Pierre Bourdieu），他指出人类的实践活动具有以下几个方面的特征：（1）实践具有空间性和时间性，实践是在一定的时间和空间范围内完成的；（2）实践受经济条件的制约；（3）实践具有紧迫性，行动者需在有限的时间内迅速“做出决定”，采取行动；（4）实践具有模糊性，实践是前认识性的、并非是全然有意识的；（5）实践具有策略性，行动者都有着目标和兴趣。同时，布迪厄指出了一项社会实践活动所包含的三个要素：惯习、场域和资本。所谓惯习就是“由积累和沉积在行动者身上的一系列历史经验所构成的，是那些外在于行动者的客观的共同社会规则、价值在行动者身上的内化形式（外在性的内在化），形成指导自己认识世界运作、评判事物以及怎样行动的解释模式”，这与前文提到的“缄默知识”在理论内涵上有某种程度的相似。在布迪厄看来，惯习是一个人持久的稳定性的性情倾向，它塑造和组织着自己的社会实践。所谓的场域就是“由各种位置之间的客观关系所组成的网络”。在高度分化的社会里，社会世界是由具有相对自主性的社会小世界构成的，这些社会小世界就是具有自身逻辑的客观关系的空间，也就是各种不同的“场域”。无论什么样的社会实践活动，都发生在一个特定的“场域”内，其中包含了各种各样的客观关系，比如支配关系、屈从关系等。同时，每一个在场域中的行动者都想利用各种策略来保证或改善其在场域中的位置。布迪厄也指出，任何一个场域中都存在某种形式的有效资源，它们以物化或者身体化的形式存在，即所谓的资本，主要包括了经济资本、文化资本和社会资本这三种形式。总之，布迪厄的实践社会学理论给我们描绘了一幅人类社会实践活动的基本图像：人类的社会实践是个体惯习、场域和资本之间共生互动的结果（布迪厄，1998）。

实践社会学理论对于我们开展实践教学活动有以下几个方面的启示。首先，教学实习或者社会实践活动是一项基本的社会行动，它必然发生在一个特定的场域内，其中可能包括了教师、学生、社会机构以及相关社会成员等主体。在实践教学的这个“场域”中，不同主体可能存在不同的需求，并为此争夺场域中的资源。因此，实践教学的设计要照顾不同主体的需求并注意到不同主体之间可能存在的关系形式，比如教师和学生之间的关系、学生和实习机构之间的关系是一种支配性关系，还是一种平行合作关系？其次，实践教学活动的内容、形式和结果都可能受到相关行动主体“惯习”的影响。因此，实践教学活动的设计和实施要考虑到教师、学生、实践机构以及相关社会成员的“性情倾向”，做到“因地制宜”和“因材施教”，从而发挥各方面尤其是教师和学生的主动性和积极性。同时，也要考虑到教师和学生的“性情倾向”是否与实践教学的目标一致，如果不一致，则可能会干扰到实践教学活动的顺利开展和最终效果。最后，实践教学活动的成功开展还需要“资源”保障，不仅包括物质资源（比如实习经费的投入、实习基地（机构）的建设等），也包括人力资源（比如实习督导人员、社会成员等）。在实践教学的场域中，资源的多寡和存在的形式影响到相关主体之间的社会关系，也会对相关主体的“惯习”或者“性情倾向”产生制约。因此，实践教学获得设计和安排尤其要注意到相关资源的投入以及投入的形式。

三、中央民族大学本科生实践教学现状调查分析

为了进一步考察当前本科生实践教学的基本情况，本研究对中央民族大学的253名学生进行了问卷调查。在调查的样本中，来自民族学与社会学学院四个专业的学生占据了总样本的62.85%，来自其他专业（文科）的学生占37.15%。如表1所示，女性样本占据多数，达到了76.68%，并且来自2013级的学生相对较多。

表1　调查样本基本情况

项目		计数	百分比（%）
性别	男性	59	23.32
	女性	194	76.68
年级	2011级	5	1.98
	2012级	55	21.74
	2013级	193	76.28
专业	社会学（社会工作）	98	38.74
	民族学	32	12.65
	文物与博物馆	29	11.46
	其他专业	94	37.15

调查显示，有28%的学生并没有参加任何形式的与专业课程学习有关的社会实践活动。在已经参加过社会实践活动的学生中，主要的内容是开

展社会调查（64. 44%），其次是对相关机构进行参观访问（14. 44%）、参加社会活动（9. 44%）和社区参观（7. 22%）。进一步分析发现，所学专业与所选择的社会实践内容有显著的关联性。比如，社会学（社会工作）和民族学专业的学生尤其重视开展社会调查，而文物与博物馆专业的学生则选择把参观博物馆作为主要的社会实践内容，其他专业的学生虽然也倾向于选择社会调查作为主要的实践内容，但是所占比例要低于社会学和民族学专业。总之，学生在选择社会实践活动的主要内容时，与自己所学专业的理念和特征有关，不过相对还是比较单一，没有多样化。对于社会学或者民族学专业而言，进行社会调查或者田野调查固然重要，但是，这样的一种社会实践形式缺少学生与老师的互动，也缺少学生与社会成员的深入互动，所运用的知识只是一些调查技巧，获得的可能主要是调查经验。

我们的调查也显示，学生在进行社会实践时主要是和同学组成一个小组进行（84. 07%），而只有 14. 29% 的学生表示在进行社会实践时由老师带领。而且，我们也发现老师对学生社会实践活动的指导也比较少，只有 10. 44% 的学生表示老师指导得非常多，而有近三分之一的学生表示老师只是偶尔进行了指导或者根本就没有进行指导。根据缄默知识理论，专业教育的主要目标不仅仅是显性的专业知识，也包括专业教师的专业态度、经验和技巧，因此传统手工业时代的“学徒制”形式在当代科学教育领域发挥着作用。也就是说，专业教师要通过一种“传帮带”的方式把自己的态度、经验和技巧等缄默知识传递给学生。因此，在学生的社会实践过程中，教师的角色不可或缺。我们的调查结果显示，学生在进行社会实践时，由老师带领的情况非常少，这样学生就很难通过社会实践活动学习到老师身上的那些缄默知识，从而使实践教学的效果大打折扣。由此可见，当前的实践教学还处在对课堂教学的辅助地位，而且把社会实践看作课堂所学知识的运用，而没有强调通过社会实践让学生获得更多的缄默知识。

调查也发现，有 57. 14% 的学生表示，在进行社会实践活动时，老师并没有规定具体的实践内容，而让学生自主选择，而且，有 35. 71% 的学生表示，老师也没有提出具体的要求，基本上处于“放任自流”的状态。由此可见，专业教师并没有把实践教学放到一个重要的地位，没有进行相应的实践设计和周密安排，很多时候只是流于形式，这样的一个后果可能会让学生无“实事”可做，使得学生对自己实习的内容和要求不明确，最后只好被动应付一下。在某种程度上，专业教师对于社会实践活动的投入程度远低于课堂教学。

另外，从整体上看，学生参加社会实践活动的积极性还是比较高的。

有近85%的学生在参加相关的社会实践活动时非常积极或比较积极，不过非常积极的比例相对较低。如果学生的社会实践活动由老师带领进行或者受到老师非常多的指导，会显著提升学生社会实践的积极性。正如实践社会学理论所言，人类的社会实践活动是一定的时间和空间范围内展开的，并且在有限的时间内迅速“做出决定”。专业老师在社会实践现场，并进行及时指导，一方面可以使学生的社会实践活动具有明确的方向性和目的性，另一方面可以及时传授学生一些实践的策略和技巧，从而可以使他们迅速“决定”。如果老师不在场，学生在实践中遇到的问题会暂时“悬置”起来，等实践结束后再寻求老师的解答，但是此时已经脱离的社会实践的即时场景，老师的指导意义会大大下降。

如实践社会学理论所言，人类的社会实践活动受到经济条件的制约，因此，学生的社会实践活动也必然受到实践经费的影响。调查显示，有近四分之一的学生在开展社会实践活动时并没有任何的经费支持，而且所使用的经费主要是自己的（61.43%），由任课老师给予的经费不到6%。由此可见，在专业课的实践教学中，严重缺乏实践经费。虽然每年学校都有大笔资金支持学生的社会实践活动，但是其所支持的社会实践活动只是一种广义层面的实践，即在课堂之外开展的活动，而没有与某一门专业课程有直接关系。具体到某一门专业课程的实践活动，学校的教学计划和财政预算中并没有具体规定相关经费的支出。在这种情况下，学生参加社会实践活动时，就只能自掏腰包了。这一方面会大大影响学生参与社会实践的积极性，另一方面也会影响到社会实践的效果。此外，学生开展的社会实践活动本身可能需要相关经费，比如，购买一些礼品、活动材料和工具等，而目前给学生的经费支持主要限于差旅费（48.55%），在实践活动过程中产生的费用则不能报销。即使能够报销差旅费，也有学生表示并不够用。总之，学生在开展或参加与专业课程相关的社会实践活动时，所获得的经费支持很有限。

最后，本调查显示有76.37%的学生认为参加社会实践活动对于学习专业知识非常有用或比较有用，有17.03%的学生认为一般，而认为用处不大或者没有一点用的学生占到了6.59%。由此可见，当前社会实践活动的效果需要进一步提升。其实，当前我们并没有建立起一套科学有效的评价体系或指标对社会实践活动的效果进行评价，对某一项社会实践活动的“效果”或者“后果”并没有进行系统的评估。由于缺少评估，我们很难对已有的实践活动设计和安排进行反思和改进，从而处于一种“按部就班”或者照搬以往模式的状态。

四、本科生实践教学改革的思路和方向

基于本研究在中央民族大学的调查结果，结合缄默知识理论和实践社会学理论，未来本科生实践教学改革的思路和方向应该包括以下几个方面(见图1)。

第一，实践教学的内容设计上不仅包括显性知识的传授，也应该包括缄默知识的传授。要改变当前实践教学只是课堂教学辅助和补充的角色，把其作为缄默知识传授的重要手段和途径。实践教学不仅仅是专业知识的掌握和运用的过程，同时也是学习和掌握缄默知识的过程。教师通过一系列的社会实践活动，把专业的理念、价值观和自身的经验传递给学生。

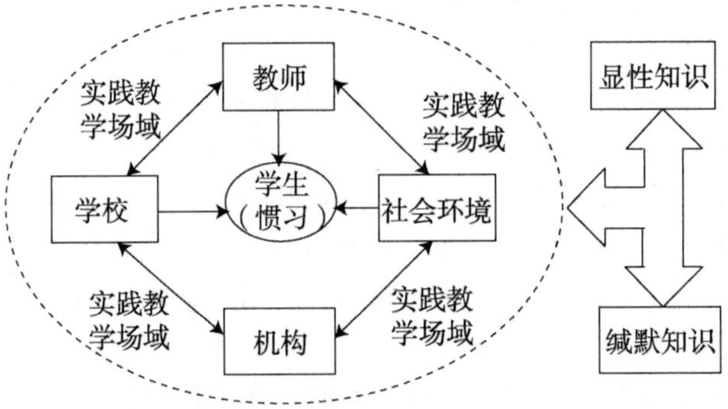

图1　本科生实践教学改革的基本思路

第二，任何一门专业课程的实践教学在内容设计和具体安排上，要考虑到学生的需求和意愿，也就是所谓的“惯习”。如果实践教学的内容、形式和实施方式与学生的需求和意愿一致，会有利于实践教学的顺利开展，也会增强实践教学的效果。相反，如果实践教学的内容、形式和实施方式与学生的需求和意愿不一致，会阻碍实践教学的顺利开展，很有可能达不到预期的效果。因此，任何一次实践教学设计和实施，需要广泛征求学生的意愿和态度。

第三，不断加大专业课教师在实践教学中的投入。如果实践教学的主要目标不仅仅是专业知识的应用，而且还包括了缄默知识的传递，专业教师就必须投入到整个的实践教学活动中。通过教师和学生的深入互动和交流，把专业的理念、思维方式、专业技巧和生活经验传递给学生。要改变过去那种教师只是“留作业”和“批改作业”的方式，而是要和学生一样

深入到社会情境中，和学生一起完成相关的实践任务。

第四，实践教学发生在一个特定的社会场域内，其中包括了学生、教师、学校、机构和社会环境等要素。在这个场域内，各个主体之间的关系形式和互动方式都可能会影响整个社会实践。因此，为了实践教学的改革，要把实践教学场域中的各个要素考虑进去，研究各自的角色及其之间的相互关系。学校应该出台一些文件，明确规定教师、学生、学校和社会机构在整个实践教学活动中的权利和义务，对于其中的关系做出明确界定。

第五，加大对实践教学的经费投入，尤其是增加对实践教学活动本身的经费支持。在学校的财政预算中，应根据每门专业课的性质和特征，给予相关的经费支持。在经费的使用上，不能仅限于差旅费和生活补助，还应该增加实践活动本身所需要的经费。

参考文献

[1] [法] 皮埃尔·布迪厄等：《实践与反思：反思社会学导引》，中央编译出版社 1998 年版。

[2] 石中英：《缄默知识与教学改革》，载《北京师范大学学报》（人文社会科学版）2001 年第 3 期，第 101—108 页。

[3] Polanyi M. . 1957. *The Study of Man*. London：Routleage & Kegan Paul.

（作者单位：民族学与社会学学院）

历史学本科专业选修课层次化考核体系探研[①]

丁慧倩

历史文化学院基地班历史学专业选修课的设置，旨在扩展学生的知识面，提升学生的学术视野，增加学生实践操作的能力。目前，专业选修课的考核方式以期末试卷考试和论文的方式进行。试卷考试偏重于知识记忆，考核内容局限于教材、课堂笔记以及老师划定的范围和指定的重点。论文则根据某一论题撰写，内容覆盖面较小。上述考核方式形式单一，无法全面考核课程的教学内容，对提高学生的学术素养，增强实践能力，其效果有限。

当下高等学校应立足各自实际，深化综合改革，努力提高人才培养质量，依据本学科、本专业的特点和培养目标，制定层次化的考核体系，这是深化高等院校考核方式改革的发展方向。

一、考核方式的现状和存在的问题

（一）考核形式各自独立，无法形成考核体系

历史学专业选修课的考核方式，在经过多年的改革探索后，已形成了以试卷考试和论文写作为主的考核形式。授课教师通过扩大考核内容覆盖面、加大学术论文写作力度等方法，提高课程考核的效果。

以试卷形式进行考核，考试内容大多局限于教材中的基本理论知识和重大历史事件，记忆性成分所占比重较大。理论考试多，灵活应用层面的测试少；标准答案试题多，不定答案的分析试题少。学生的考前复习方式以强化知识点记忆为主，答卷和阅卷的方式也同样强调知识点的体现。这

① 本文是2009年度北京市“中国民族史优秀教学团队”建设的阶段性成果。

样的考试仅仅是对学生知识点的考核，应用能力、分析与解决问题能力的培养无法在试卷考试中体现其效果。教师在授课过程中注重强调学科的严密性，思维的严谨性，但考核方式无法体现专业训练是否提高了学生的专业能力和综合素质。

学术论文的写作侧重于检验学生的学术视野、敏感度和综合表述能力。这种方式对于文科专业的考核来说是较为开放、综合的一种形式。一篇4000字以上的论文如一面镜子，既可以看出学生的学术专业能力、思维水平和写作习惯，又可以反映出学生的专业道德水平和学习态度。不过，学术论文仅能从一个主题出发进行考核。主题的选择通常为本课程中争论较为集中的议题，其考核覆盖的内容较小。

事实上，不存在一种可以面面俱到的考核方式，各种考核方式均有其长处和短板。如果考核形式过于单一、各自为政，那么建立“考核形式与教学内容、能力培养相适应的”课程考核模式就成了一句空话。考核方式不以层次化、体系化的形式呈现，各种考核手段就不能互相弥补各自的缺点，充分发挥其优势和特点。

（二）最终的成绩无法全面验证教学的质量和效果

课程考核是为了验证教学的质量和效果。考核手段的设计直接影响对教学过程优缺点评价的准确性。目前的考核方式在验证教学质量和效果方面存在不足。

历史学专业选修课的授课主题较为专业化，如某一族别的专史、民族关系史、民族文献学等课程，均为专业化程度较高的课程，其授课内容也紧紧围绕这一门学问的知识展开。如果仅以考试的形式进行课程考核，此类课程的知识点较为固定且数量有限。经过多年的考试之后，便可形成固定的考试内容。学生只要在这个范围内有针对性地复习，就可以取得一个好成绩，但学生真实的学习效果将越来越无法验证。

论文的考核方式较考试更为灵活，可以根据学术发展的趋势推出更为新颖的写作主题。然而，历史学学科的特点决定了知识点记忆的必要性。学习一门历史课程，首先要记忆一些历史时间、人物和事件，之后才能对历史现象进行综合的分析。专业选修课课程的授课内容紧跟学术发展潮流，历史知识点也不断推陈出新。因此，完全依靠论文的形式进行课程考核，也存在一定的缺陷。

二、多层次考核方式改革的必要性

（一）特色专业、学科建设的需求

历史文化学院以民族史研究见长，其本科历史学专业是“国家文科基础学科人才培养和科学研究基地”，北京市高等学校特色专业建设点。本学科的基础和特色要求学院对本科生的教育注重学术能力和实践能力的培养，并在民族史学方面有较多的课程设置。

学院为本科生设计的专业必修课程，以讲授历史学科基础性知识为主，侧重史学知识的传授和学生史学素养的形成，为学生搭建历史学基本性、系统性与完整性的知识框架，保障学生的基本学力，为其奠定坚实的学科基础。因而必修课的教学内容比较稳定，注重课堂讲授。专业选修课的设置则侧重拓展学科视野，深化学科知识与技能，满足不同学生的学习兴趣和要求，培养学生的专业兴趣点，发掘学生的个性专长。所以选修课不仅授课内容较深、较广、较新，而且随着学术自身的发展而不断翻新、变化。就教学手段和形式而言，选修课更适宜使用非线性的授课方式，融入专题讲座、学生自学、课上讨论、教学参观与实践等灵活多样的形式。

针对历史文化学院选修课民族史学类主题较多的特点，再考虑到选修课在教学目标、教学内容和教学手段方面的特点，笔者认为有必要设计一套形式多样、目的鲜明的考核体系，通过多层次的而非单一线性的考核方式，来达到提升教学质量、激发学习兴趣、全面考察学习效果的改革目的。

（二）深化高等院校考核方式改革的需要

考核是教学工作中检查教学效果、巩固学生知识、改进教学工作、保证教学质量和督促教育目标实现的重要手段。考核方式的改革是高等教育改革深化的要求，是高校教学改革的重要内容之一。

传统的考核方式以闭卷考试为主，其形式单一、命题覆盖面有限，与专业选修课授课内容较深、较广、较新的特点相距甚远，无法反映专业选修课真实的教学效果。其相应的评分方式也较为功利化，考核方式静态、考核标准简单，不利于学生学习主动性的调动、学习兴趣的发掘和个性的发展。在高等教育转型、高教教学改革的推动下，开卷考试、撰写报告和论文等方式被引入专业选修课的考核方式上来，一些课程灵活地运用开卷、闭卷、开闭卷结合、撰写专题报告、学术论文以及多种方式结合等手段，丰富了考核的形式，提高了考核的效果，推动了考核方式的改革。

在肯定已取得成绩的同时，我们也应该注意到，运用多种考核手段本身是把双刃剑。考核的次数和形式增多：一方面，可以对学生的学习过程施加压力，促进学生对课业的投入；另一方面，也有可能造成学生疲于应付各种考核，丧失学习的热情和主动性。目前，深化高等院校考核方式的改革应朝着考核方式层次化、体系化的方向发展，发掘教法、学法和考法三者之间的关系，通过考核方式层次化的设计，建立一套符合课程教学内容和教学目标的考核体系。

三、考核方式层次化的操作手段

（一）根据授课内容的特点对知识进行分类

笔者在自身的授课实践中，将课程讲授的内容按其性质进行分类，分为基础记忆型的内容、学术性较强的内容、实践性较强的内容、具有讨论探索空间的内容等类型，依据授课内容的特点，制定授课的方法和学生学习的方法。

以中国回族史专业选修课为例。一些概念的含义及其变迁属于基础性记忆的内容。授课时，笔者通过历史文献的排比、解读和相关学术研究成果的介绍，讲解这些概念的内涵、外延、历史形态及其变迁。学生需要记住这些名词的全部含义，方能理解其他的授课内容。

对于学术性教强的内容，笔者先将相关学术论文提供给学生，要求其课下阅读。在课上讲授环节中，各位学者对相同史料的不同理解以及他们各自的论证逻辑和结构是分析的重点。学生通过自己阅读和课上老师讲授，达到对这一学术争论全面理解和掌握的教学目的。

回族、清真寺与回族聚居区之间的关系问题是实践性较强的内容。这三者的关系及其变化是回族社会历史变迁的反映。这一变迁的过程不仅有历史遗迹可循，而且一直延续到当下的现实生活中。因此，对这个问题的讲授主要在教学参观和实地考察中进行。

在回族史的研究中，民族形成的时间和标志是此学科的研究基础，也是最具争议、历久弥新的探讨主题。不同时代和学术背景的学者都提出过自己的观点，学生在学习了这一学科的各种知识之后也会形成原创性的认识，因而对这一主题的讨论永不过时。

（二）以教法和学法制定考法

在对授课内容的性质进行分析和分类之后，在此基础上依据授课内容相应的教法和学法确定考核的目标，制定合理的考核方式和具体操作办法。

基础记忆型的内容适合以考试的形式考核，学术性较强的内容可以综合知识记忆、史料分析解读和综合评价等考核方式。实践性较强的内容适合通过考察报告的形式体现其教学成果。具有讨论探索空间的内容最适合主题性论文写作。总的来说，单一知识点的记忆以及多知识点记忆基础上的综合分析，均可使用卷面考试的方法；实践性较强的内容则适用于文字表述的考核方式。

在分析各类内容的适用考核手段后，探索各种考核方式的内在逻辑关系，在教学内容不断展开的同时，考核方法也应呈现出递进的关系。教师需要明确什么教学阶段和环节，可以安排相应的考核，避免考核期末扎堆。

（三）建立综合性成绩评定体系

在考核方式多层次化的基础上，探讨成绩评定的综合性方式，制定合理的评分依据，安排不同考核方式所占的总成绩比例，以便通过多层次的考核方式全面提高学生的学习能力，并反映出学生真实的学习效果。

综合评定成绩包括以下几个方面：

一是合理可行的评分依据。笔者根据课程教学内容自身的特点，制定考核内容的评分依据。基础记忆型内容以准确性为标准。多知识点记忆基础上的综合分析则既要满足基本知识点的表述准确，又要体现逻辑思维的过程及合理性。学术性较强的内容以概括能力的高低和逻辑分析的强弱为标准。实践性较强的内容强调自我的观察、体验和思考。具有讨论探索空间的内容则以论述的学术规范性、结构性和原创性为衡量标准。

二是合理分配各考核手段的权重。笔者认为以专业选修课的性质而言，卷面考试的比重需要降低，文字考核的比重相应提高。

三是有效反馈。以往的课程考核较为忽视教师就考核成绩与学生的沟通。由于缺乏考核的反馈机制，学生对为什么得到这个成绩一无所知。考核的结束就意味着本门课程学习的终结。学生无法就试卷、论文中存在的问题与教师进行沟通和交流。这样不利于学生了解自己成绩背后学业水平的高低，不知道自己的长处和不足以及未来改进的方向。因此，教法、学法和考法三者结合的多层次考核体系需要将考核结果反馈给学生，才能最终达到提高教学效果的目的。

参考文献

[1] 荀烨:《从创新教育的角度谈高校考试改革》，载《河南社会科学》2001 年第 3 期，第 79—81 页。

[2] 辛敏英、刘东峰、谭一枝:《当前高校考试改革面临的若干问题及其对策》，载《中国科技信息》2006 年第 10 期，第 262—263 页。

[3] 陈秋萍、赖惟芝:《浅谈高校考试改革的难点与对策》，载《黑龙江教育》（高教研究与评估）2007 年第 10 期，第 69—70 页。

[4] 饶子正:《高校课程考试改革实践与思考》，载《湖北经济学院学报》（人文社会科学版）2007 年第 11 期，第 166—167 页。

（作者单位：历史文化学院）

基于对比教学法的数字信号处理课程中时频域对称性问题探析[①]

宋 伟 刘向春 闫晓东 朱丽平

电子信息专业主要由三大课程群构成（如图 1 所示[②]），即电路与系统、电磁场与电磁波、信号与系统。其中，信号与系统课程群是由信号与系统、数字信号处理、数字图像处理、数字视频处理等相关课程构成。“数字信号处理”重点讲解信号的时域和频域之间的关系、滤波器的设计等相关内容[③]。由于其基本理论建立在数学基础之上，因此，理论性强、内容抽象、公式繁多、推导复杂等[④]是电子信息专业学生对该门课程长期反映的问题。实际上，该课程的内容组织具有较强的逻辑性和系统性，前后教学内容也存在一定的“对称性”；如果将“对比教学法”[⑤] 应用在该课程中，通过充分分析课程中存在的“对称性”内容，可将很多看似“支离破碎”的知识点形成一个全面、完整的知识体系，从而对相关内容的理解做到深入浅出、条理清晰。本文结合从事“数字信号处理”课程教学经验，对比研究探讨了该课程中的对称性问题。教学经验表明，这些知识的简化表达和描述，能够使学生在理解课程内容过程中化繁为简，知识掌握情况明显提高，在提高本科教学质量方面起到了重要作用。

---

① 本文是 2014 年度中央民族大学校级精品课程“数字信号处理”的阶段性成果。

② 姜乃强、张鹏：《不要为了实验而去做实验——访北京交通大学国家电工电子实验教学示范中心主任陈后金》，载《中国现代教育装备》2014 年第 15 期。

③ 杜鹃：《“数字信号处理”课程实践型教学探索》，载《中国电子教育》2013 年第 1 期。

④ 张丽、邱阳、王振翀：《比较教学法在电机与拖动课程教学中的应用》，载《中国教育技术装备》2010 年第 3 期。

⑤ 余顺园：《信号与系统中时域频域的对称性》，载《科技视界》2012 年第 25 期。

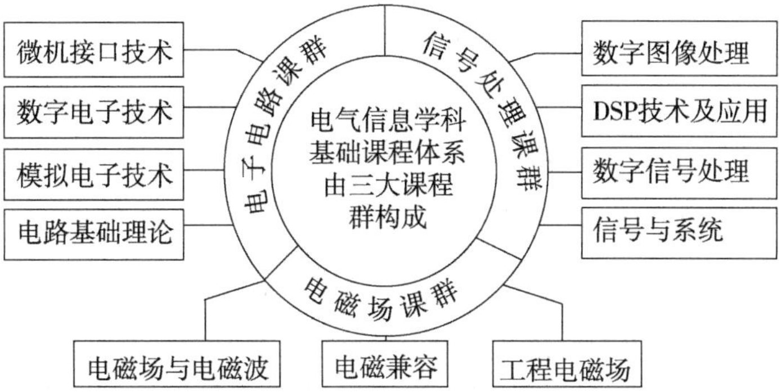

图1　电气信息学科三大课程群

一、基于对比教学法的时频域对称性问题探讨

对比教学法也称为比较教学法①，即通过教学过程中多角度、多方面对比，体现教学内容之间异同关系的思维过程和方法。该方法的采用能够有效辅助学生加深对所学知识内容的理解，培养学生科学思维、发现问题、解决问题的能力。针对“数字信号处理”课程中的一些较难理解的内容，重点对比研究探讨了如下几个对称性问题。

（一）信号时频域波形间存在的对称性

这里主要涉及两个方面，一个是波形的变化快慢，一个是波形的宽窄变化。② 前者是指一个域的波形如果变化越平缓，则对应的另一个域波形变化相对要快很多。例如，对于矩形波和三角波来讲，矩形波存在垂直上升和下降边缘，三角波相对矩形波时域波形要平缓很多。因此，矩形波的频谱函数波形变化较三角波对应的频谱函数波形变化要平缓很多，矩形波对应的频谱波形是类似 Sa 函数形式，而三角波对应的频谱波形是类似 Sa^2 函数形式。同时，由频谱波形的变化缓慢也可以理解时域波形中所含高低频分量的多少。后者描述的是：如果时域波形宽度很大，即时域持续时间很长，则频谱波形宽度相对要窄；反之，如果时域波形宽度很小，则频谱波形宽度相对要宽。这里一个极限的例子是单位抽样序列对应的频谱波形为直线，而直流信号对应的频谱波形则类似单位冲激序列。

---

① 张丽、邱阳、王振翀：《比较教学法在电机与拖动课程教学中的应用》，载《中国教育技术装备》2010 年第 3 期。

② 程佩青：《数字信号处理》（第三版），清华大学出版社 2006 年版。

（二）周期和离散间存在的对称性

“数字信号处理”中讲解的一条主线，即如何将原本连续的时频域信号，经过一系列处理，逐渐变换成时频域都是离散性信号，从而能够利用数字信号处理器进行处理的过程。这里涉及重要的基础理论部分，即怎么使信号进行离散化处理，或者说离散化处理对应着什么样的变换。通过理论分析和相关数学公式推导，可以知道一个域周期化对应另外一个域的离散化，即如果时域信号离散化，对应着频域信号的周期化；同样地，频域信号的离散化也对应着时域信号的周期化。

（三）抽样定理中涉及的对称性

抽样定理的讲解过程中，通常会提到三个问题，即信号抽样后会发生什么样的变化；用离散的值取代原来连续的值，信息是否会丢失；如果不丢失，怎样利用离散值恢复出原来连续的值。该问题看似简单，实质较为复杂。针对第一个问题，直观上判断，原来连续的信号经过一定的抽样变换之后，无穷多个值被有限的值替代，时域中信息看似丢失不少；换句话说，即时域的离散序列被包含在原来连续的信号之中，离散值与离散值之间的信息被“丢失”了。怎么回答第二个问题呢？看似“丢失”的信息是否真的丢失了？这里注意到时频域的对称性，如果时频域具有完美对称统一性，那么离散序列的频谱函数应该能够包含原来连续信号的频谱。这样第三个问题自然就可以解答，即第二个问题成立的话，则可以从离散序列的频谱中恢复出原来连续信号的频谱，亦即利用滤波器的方式把原来信号的频谱提取出来，则可以利用反傅里叶变换，把原来信号进行无失真恢复（如图 2 所示）。

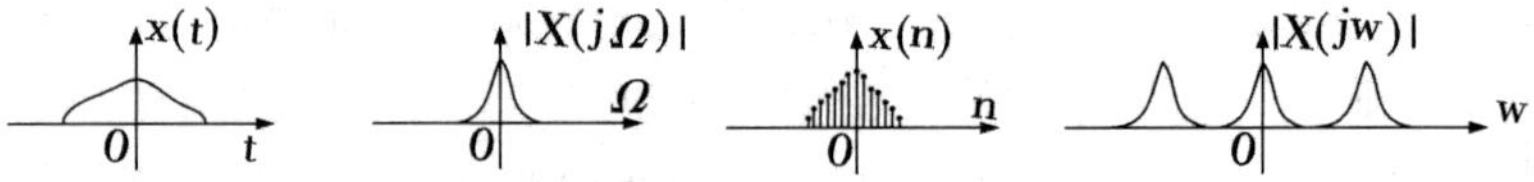

a. 连续时域　b. 连续时域对应频谱　c. 离散时域　d. 离散时域对应频谱

图 2　抽样定理中涉及的对称性

（四）调制与移位间存在的对称性

调制是通信中常用的概念，是指信号在传输的过程中，将其频谱搬移到合适位置，避免信号频谱之间的干扰，并且使频谱资源得以充分利用。

其实质为使相同频率的信号分别托载在不同频率的载波上，该过程对应于信号的指数相乘，即将一个信号乘一个指数，相当于将原来信号的频谱进行相应的移位；同样地，由于时频域的对称性，将信号频谱乘上对应的指数，则相当于将原来的时域信号进行移位。

信号的时域部分		信号的频域部分
$x(n-n_0)$	$\longrightarrow$	$e^{-j\omega n_0}X(e^{j\omega})$
$e^{j\omega_0 n}x(n)$	$\longrightarrow$	$X(e^{j(\omega-\omega_0)})$

（五）卷积和相乘间存在的对称性

对于线性移不变（LSI）系统来说，输入和输出之间的关系是，输出为输入与系统响应函数的线性卷积，而卷积的求解过程分成翻转、移位、相乘、相加求和，其计算过程较为复杂。通常的做法是将一个域的卷积转换为另外一个域的相乘，即时域的卷积对应频域的相乘，频域的卷积对应时域的相乘，为求解卷积提供了一种新的思路。

信号的时域部分		信号的频域部分
$x(n)*h(n)$	$\longrightarrow$	$H(jw)\cdot H(jw)$
$x(n)\cdot h(n)$	$\longrightarrow$	$H(jw)*H(jw)$

（六）时频域分解时的对称性

任何一个序列都可以有两种表达方式，即一个序列可以用该序列的实数部分和复数部分组合而成；同样地，一个序列也可以用该序列的共轭对称序列和共轭反对称序列的组合进行描述。同时，对于信号的频谱函数来说，同样可以分解成实数和虚数的组合，也可等效成频谱的共轭对称序列和共轭反对称序列。因此，信号在分解过程中存在如下形式的对称性。

信号的时域部分		信号的频域部分
实部	$\longrightarrow$	共轭对称分量
虚部	$\longrightarrow$	共轭反对称分量
共轭对称序列	$\longrightarrow$	实部
共轭反对称序列	$\longrightarrow$	虚部

该对称在实际信号运算中具有较多应用。如对于具有两路信号的音响设备，当需要知道两路信号的频谱函数时，如果将两路信号单独进行傅里叶变换，则需要两次运算。实际过程中可采用将左右声道的两路信号分别当成一个复数的实部和虚部，构成一个复数的形式，然后经过一次傅里叶

变换，则可以得到复数信号的频谱。通过求出频谱的共轭对称分量和共轭反对称分量，则共轭对称分量等效为左声道信号的频谱，右声道信号的频谱可以通过共轭反对称分量进行简单运算得到，这样就大大简化了运算过程，提高了系统的实时性处理要求。

（七）按时间抽取（DIT）和按频率抽取（DITF）基－2FFT 间的对称性

在研究快速傅里叶变换过程中，按时间抽取（DIT）和按频率抽取（DIF）的基本蝶形运算具有严格对称性（如图 3 所示），前者蝶形运算中基本单元是频谱序列，而后者是时域信号；前者是先乘上指数因子，然后进行加减预算，而后者是先加减再乘指数因子。这些对比性的研究有助于帮助学生深入理解基本流程，快速掌握基本方法。

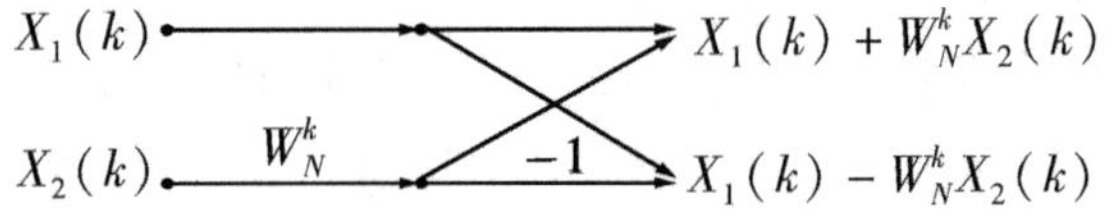

a. 按时间抽取的基–2FFT

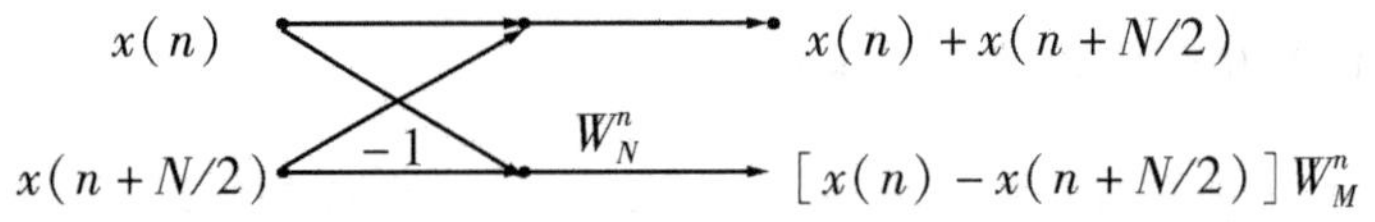

b. 按频率抽取的基2–FFT

图 3　FFT 算法中按时间抽取和按频率抽取的对称性比较

上面描述了数字信号处理课程中存在的一些对称性，这些知识的掌握，如果加以综合利用，则可用解决很多实际的问题。下面举例说明：

问题：周期性脉冲串对应的频谱是什么？

推导：由“对称性质一”可知，时域信号变化越快，频域信号变化越慢，时域信号越窄，频域信号越宽，因此脉冲函数对应的频谱为直流信号。

由“对称性之二”可知：周期性对应着离散化，周期性脉冲串是脉冲函数的周期性延拓，因此其频谱为脉冲函数频谱的离散化处理，即直流信号的离散化处理。

结论：周期性脉冲串的频谱是周期性脉冲串。

由此可见，内容之间的对比性研究能够加深学生对相关知识的理解掌握，并能够对相关知识灵活应用、准确推导，从而锻炼自己从传统的学习知识到创造知识过程的转变。

二、结 论

经过几年教学实践的摸索，对比法的引入，对称性问题的探讨，能够使学生对该课程内容的掌握程度明显提高，同时学生也学会将该方法应用于其他课程的学习，并取得了较好的学习效果。如何将其他教学方法，如项目驱动法引入该课程，并将各种不同教学方法优化组合，使其更加自然地融入理论教学中，这是有待进一步研究和解决的问题。

（作者单位：信息工程学院）

实践教学

青海藏族地区写生实习与民族题材中国画创作教学的再认识

钟　捷

以反映民族地区生活状态、文化历史发展现状和精神面貌为内容的民族题材绘画创作，自新中国成立以来，一直是中国美术创作的重要组成部分。董希文《千年土地翻了身》、叶浅予《夏河装》和《延边长鼓》以及黄胄《洪荒风雪》、周昌谷《两个羊羔》、靳尚谊《塔吉克新娘》、陈丹青《西藏组画》等作品就是其中优秀的代表。高等民族院校更是以民族题材绘画创作作为专业课教学的重点。具体到中国画专业写生实习课程，就是要求教师带领学生赴少数民族地区写生实习，以“田野”考察的方式搜集相关素材，以画笔直面客观现实环境，用中国画创作表现方式描绘民族地区原生态生活状况和人物精神面貌。这种教学传统、创作理念及其采用的教学方式带来的优势，有益于民族团结和学以致用，丰富了中国画的创作内容。这种走出去深入生活的教学方式，可以带来一种新的审美体验、一种新的观察视角和表现思路，有利于民族题材中国画创作的繁荣发展。

一、赴民族地区实习写生教学是专业教学的组成部分

赴民族地区实习写生实践是中国画专业教学大纲所规定的必修课程。其教学目的就是通过实习写生实践活动，帮助学生了解民族地区人文特色，促进学生将在校所学专业理论和绘画技法运用到现实生活环境中，包括搜集绘画素材和进行写生实践，切实达到理论联系实际、学以致用的作用。教学课程明确要求学生在相应有限的时间段内，完成一定数量和质量的写生作业和实习报告。写生作业是生活体验的形象化记录，实习报告是生活体验的感受和思考。它们共同构成日后有关民族题材中国画创作中不可或缺的重要资料。

2014 年 6 月下旬，中央民族大学美术学院中国画专业本科学生去青海省同仁县、贵德县和西宁市等地，参观、了解藏族“热贡艺术”，同时进

行绘画写生实践，为下一阶段的专业创作课程搜集绘画素材。此次实习写生实践的主要地区之一同仁县，这里聚集着藏族、回族、撒拉族和汉族等不同的民族，不同的生活习俗使得这里充满着丰富的景象。实习之前学生尽可能多地查阅相关资料，提前了解当地不同民族的生活风俗习惯、宗教信仰、建筑特色等常识，了解此前比较陌生的地域环境和人文特点，通过实习写生用中国画艺术形式表现各自对写生地区地域人文环境的审美认识。

在同仁县，这个充满生机的地方，有着充沛的生命活力。通往隆务寺的街道上人来人往，不宽的道路两侧是二三层高的简易楼房，底层的商店鳞次栉比。购物、运货、散步、静坐的人，甚至在饭馆里就餐的人，面对远道而来的外地人，少不了停下手中的活计给予些许注视。微笑着打招呼的行为化解了相互之间的生疏感，彼此报以笑容缩短了之间的距离。实习写生过程中，街景、人物、寺庙、河流、草原、山峦等景象吸引着学生。例如，街上当地藏族服饰长袖、宽腰、大襟和缝制有彩色花纹图案的围裙等衣装特点，加之人物站立、坐卧、行走和表情等不同动态的造型变化以及在隆务寺里僧侣辩经的场景、街道市场买卖、装卸货物的场面均成为大家关注的焦点，这些都是绘画写生、摄影记录的内容。在塔尔寺正好赶上“晒大佛”的节日礼仪，香烟缭绕，僧侣信徒以及游客共同构成的宏大场面颇具神秘的气氛，这些都给学生留下了深刻的印象。面对丰富多彩的生活现状，选取不同的观察视角和表现方法对于学生写生绘画或摄影显得尤为重要。教师示范、分析、讲解和比较等教学方法的适时应用，可以有效地提示大家在进一步的写生过程中，应该选择更加有利于表现客观对象特征的视角进行构图布局、局部刻画和效果渲染。从学生写生实习的作品中明确地呈现出：生动自然富有生气的形象造型，只能源于生活现实。写生实习直接面对生活表现所见的洞察方式，可以带来一种新鲜的表达期望，可以为此后的创作教学做好充分的准备。大家在写生实践过程中的所见所感和团结气氛，远远超出他们在学校教室、校园的思维范畴，这也是对学生的生活历练。从教育的角度来说，写生实习实践教学活动对于培养学生的人生观、价值观具有特别的意义。

除了绘画写生，在这里实习的内容还有两个重点方面。首先是参观工艺美术研究所，了解始于 15 世纪或更为久远的热贡艺术。它包括唐卡（卷轴画）、堆绣、雕塑、建筑彩画、图案、酥油花等多种艺术形式，其内容主要表现释迦牟尼、菩萨、护法神、佛经故事等。特别是悬挂在壁上由彩缎装裱而成的唐卡（卷轴画）具有明显的民族特色。热贡艺术依托画像量度及图样使作品获得造型准确生动、色彩富于装饰性的效果。匠师们绘制、雕刻技术水平的精湛令人佩服。这里的作品比较全面地展示了热贡艺术经典的面貌，成为藏传佛教艺术中的一个重要组成部分和颇具广泛影响的流派，也是我国文化宝库中一枝瑰丽的奇葩。第二是参观、考察热贡画院和吾屯唐卡绘画的具体步骤和发展现状。创建于2006年的青海省黄南藏族自治州热贡画院位于吾屯村，是集热贡艺术展览、收藏、研讨和培训的综合性群众文化艺术团体。在这里展出的热贡艺术国家级工艺美术大师的作品，比较完整地呈现了唐卡绘画的高水平技术。旨在传承热贡文化、弘扬藏传佛教文化艺术的培训室采取开放式教学，促进了唐卡绘画的学习、研究和普及。学员勾线着色画得很细致，造型形象生动色彩鲜艳，表现内容丰富。装饰图案疏密、聚散样式多样，呈现出浓郁的地方气息和民族色彩，具有典雅、庄重的艺术效果。画师和学员执着的态度和精心制作的氛围着实令学生们点头赞许。在吾屯村里，据说许多人家画唐卡。实习中参观的一家，正巧看到一位三十几岁的男主人公正在教几个弟子画唐卡。见到学生进来，他热情地招呼和亲自演示，使远方来的各位为之钦佩。学生通过实地考察和参观，直接观摩唐卡绘画制作过程和欣赏经典作品的方式，切实感受到西域绘画对中国工笔画在起稿、勾线、打底色、分染和罩染等绘画表现技法方面的影响，也是各民族友好交往与艺术相互影响、吸收、借鉴的具体体现。

二、关注现实生活才能获得创作的灵感

关于绘画写生实践搜集创作素材的实际作用，从之前历届学生写生汇报展览中可见一斑。我校专业教学大纲的要求对于培养学生的教育确有其独特之处。从美术专业角度来说，教学中教师组织学生到民族地区去实践，不但可以开阔学生的视野，视觉的直观感受必然也会影响其绘画写生的造型表现。自然形态转化为相应的绘画形态，需要作者具有相应的基本绘画技巧，更需要作者给予明确的观点认识和独特的个性表现方法。这两点，无论是对于在校学习的学生，还是已经相对掌握了一些专业方法的教师，都应该要在实践中切实获得、检验和提升。

确实如此。笔者带学生写生实习实践时的体会和认识体现在自己的专业创作中。《剪羊毛即景》这幅作品就是写生实践活动后创作的。在2011年实习考察时，经西宁往青海湖途中，公路旁不远处的草原一低凹处，羊群被围其中。大家下车走过去发现，原来是十几个牧民正在剪羊毛。不同

动态的人物、近千只羊、数堆羊毛直入眼帘。面对这群普通人劳动的场景，笔者顿时感到有了明确的创作主题内容。观察、拍照、速写当然是必不可少的过程，回京就画《剪羊毛即景》的想法当时就决定了。这幅作品的构图形式、人物刻画和表现技法等，均来自当时的印象和日常的专业实践探索。如果没有当时所见感受肯定就不会有此作品。近几年，笔者绘画创作大都是以表现少数民族地区普通人劳动生活景象为内容的中国画。其中，作品《剪羊毛即景》和《大研古城早市即景》，分别参加了由中国美术家协会主办的“浩瀚草原”和“七彩云南”两个美术作品大展。作为一名民族院校的美术专业教师和绘画作者，应该鼓励学生关注民族生活和相关题材内容融入自身的学习与创作。

笔者曾去云南参加了一次活动，其间就有这么一个稍纵即逝的瞬间：汽车窗外不远处有几个买卖蔬菜的当地人站在街边的场景，“嘿，明天得看看”的想法马上映入脑海。就这么一个瞬间的想法，虽然第二天下午就要离开丽江古镇，笔者还是一早就徒步走了两站地，来到昨天经过的路口。人好像多了些，顺着稀稀疏疏的地摊向前走，慢慢地呼吸着清新的空气，无意中来到一个巷子口，一派生机的自由市场展现在眼前。回头望望已经从街口走过来有几十米远了。巷内中间有个大棚，棚内外包括水果蔬菜、鸡鸭鱼肉类和小商品等近百个摊位，引来市场周围的百姓采购。提篮背筐、批发零售的当地人来来往往。五味杂陈的空气虽无市场外清新，却更加富有生活的气息。日复一日的自然、朴实和有秩序的生活状态，这就是古镇趣不可言的真实面貌，心想这趟确实来的值了！就是这么一个瞬间、这么一次目睹和这么一个想法，表现此时此景印象感受的作品《大研古城早市即景》成为现实中的一幅创作。由此可见，关注现实生活才能获得创作的灵感。

近两年来，中央民族大学美术学院中国画专业学生深入生活进行创作并获得较好成绩的范例也不少，在“首届北京城南写生邀请展·百名画家写生团2012走进大兴”作品展中两名研究生学生分别获得二等奖和三等奖；“纪念李可染改革中国画60周年·第二届艺术院校师生北京园林写生邀请巡回展”中两名研究生学生分别获得李可染学术奖和李可染写生奖；一名研究生作品入选“第十二届全国美术作品展览”。以上作品都是学生通过教师指导实习写生后创作的代表，从这点反映出实习写生教学对于中国画创作的必要性。

三、民族题材教学是现实主流美术创作的需要

独特风采的民族生活、性格与文化，以及表现由此凝聚而成的民族精神，是民族绘画创作的核心。这种精神与时代潮流共同推动着社会的进步和发展。在现实生活中，从没有实用目的一般看看，到明确地要表现自己的印象认识，刻画一个有着具体形象内容的生活场景，倘若只是依赖感性的认识，很难将其由再现提升到具有浓厚表现意味的创作层面。关于作品中的人物及环境形象的造型，其总会具有一定的感性形式。一般来说，内容相同的绘画，区别应该出于表现形式的不同。只有当作者的主观情感、意识与客观对象结合起来，创作具有一定形式结构的造型形象，才能引发观众的特定知觉情感，形象造型才会获得艺术的美感品位。

翻看美术史可以体会到，人类的欲望是要看到更多的景象。当具有美感品位的形象造型与相应的社会、历史、宗教、伦理等因素相联系，人类认识的发展轨迹就会清楚地呈现出其具有延续性和继承性的特征。从中国画角度来看，自有其独特的观察方式和表现方法。再现客观对象内在生命力与恰当的艺术表现能力，决定着作者艺术创作成就的高低。唐代张彦远在《历代名画记·叙画之源流》中说："图载之意有三，一曰图理，卦象是也；二曰图识，字学是也；三曰图形，绘画是也。"[①] 他认为绘画的意义在于"图形"。陆机："宣物莫大于言，存形莫善于画。"[②] 也是这个意思。绘画的功能在于"图形"，更加需要达到"以形写神"[③] 的目的，艺术技巧的价值要服务于表现客观对象的本质精神。

中国画属于造型艺术，它具有特定形象内容和造型规律。中国画写生中描绘生活所见景象，区别于照抄生活表面现象的自然主义表现手法。这样的表现手法看上去似乎比较接近生活现状，但是它也抑制了作者当时的情绪表达，过于忠实于物象的表面现象的描画，便会削弱作者明确的认识态度。一般来说，作者不可能开始抄袭物象的表象，然后在创作中再抒发情感。如果中国画写生开始就态度不明确，那么其形象造型很难达到相对

---

① 俞剑华编著：《中国古代画论类编》（修订本），人民美术出版社 2005 年 9 月版，第 27 页；见（唐）张彦远撰《历代名画记·叙画之源流》。

② 俞剑华编著：《中国古代画论类编》（修订本），人民美术出版社 2005 年 9 月版，第 28 页；见（唐）张彦远撰《历代名画记·叙画之源流》。

③ 沈子丞编：《历代论画名著汇编》，文物出版社 1982 年 6 月版，第 8 页；见（晋）顾恺之著《魏晋胜流画赞》。

比较强烈的面貌。所以，在学生进行中国画写生过程中，应该始终强调尽量表现客观事物中具有典型化特征的形象，强化对象当时给自身的感受，并且明确地利用手中的画笔清晰地表现在速写本中。这种具有反映其本质和规律的形象造型创作，才有可能获得切实的资料。从“图形”和“以形写神”的角度来说，体现在实习写生实践教学与中国画创作活动方面，采用现实主义造型表现方法更为恰当和实用。这种方法就是中国画技法以写实为主，艺术观念是关注现实生活和自然人生，特别是在表现普通劳动者的精神面貌与客观环境的广泛联系方面更加直观和清晰。作者在创作中的思想感情表达与对客观现实生活关系的态度，决定着作品的创作方法。作者直接对实际生活表象进行写实的概括、提炼，直至在创作中强调感情抒发和想象展示，“心师造化”① 与“中得心源”② 相结合，作品的价值就会超越一般语言而传递出特殊意义。艺术作品的效果也会形成不同的面貌。

客观地观察自然环境和社会生活，进而将“师法自然”和塑造典型环境中的典型形象的创作相结合，对于学生的专业学习具有实际意义，符合专业教育培养和实际教学工作的要求，更是符合以艺术的形式体现真善美和弘扬社会主义核心价值观的主流美术创作的需要。因此，民族院校美术专业赴民族地区实习写生实践教学活动，是促进民族美术教育和符合时代发展需要的重要组成部分。

参观、写生和旅途的劳累以及晚餐后大家还要聚在一起交流，这样的生活成为写生实践课程的常态。一天天从早到晚各位在感到快乐、充实的同时，也慢慢地感到了辛苦。但是没有这些实践过程，就会很难有感人的创作作品产生。回想写生实习实践教学过程，梳理其间的各项内容安排，笔者有两点体会较深：一是因为时间有限，必然影响学生所见范围与所感和深度不足，这与广泛和深入地了解、体验民族地区生活的初衷似有差距，这是客观原因所致；二是在面对自然、生活写生实习过程中，教师要时刻带头用画笔表现自己的感受和认识，引导学生不但要利用摄影器材拍照，更重要的是动手写生实践，用绘画手段记录和表现民族地区人物精神面貌、生活环境等素材，为日后的中国画专业创作做好前期准备工作。

（作者单位：美术学院）

① 沈子丞编：《历代论画名著汇编》，文物出版社 1982 年 6 月版，第 23 页；见姚最著《续画品》。

② 俞剑华编著：《中国古代画论类编》（修订本），人民美术出版社 2005 年 9 月版，第 19 页；见（唐）张璪撰《文通论画》。

关于提高我校成人教育本科毕业论文质量的思考

阿不都艾尼

我校继续教育学院是学校授权管理成人教育（继续教育）的部门和教学单位。截至2013年底，继续教育学院现有成人高等学历教育各类在校生14000余人，其中本科学历层次（专升本、高起本）的学生为8400余人，约占在校生总数的60%。近年来，我校的成人本科毕业生（夏季和秋季毕业生）每年保持在2600—2800人的水平。他们除能获得中央民族大学成人高等学历教育本科毕业证书外，符合学位授予条件者，还可以获得本科学士学位。

“毕业论文（设计）是实现培养目标的重要教学环节。毕业论文（设计）在培养大学生探求真理、强化社会意识、进行科学研究基本训练、提高综合实践能力和素质方面，具有不可替代的作用。同时，毕业设计（论文）的质量也是衡量教学水平，学生毕业与学位资格认证的重要依据。”① 和全日制普通高校本科生一样，成人高等教育本科学生也要完成本专业的毕业论文，这是国家保证成人高等本科教育质量水平的规定措施之一。撰写毕业论文是对成人本科学生基本知识、基本理论和基本技能掌握与提高程度的一次总测试，也是学生毕业和学位资格认定的重要依据。从本人多年参与论文指导的实践来看，近年来，虽然在我校成人本科学生毕业论文中每年都不乏很多优秀等级的论文，但是总体上看，其质量出现了一定程度的滑坡，不能达到满意效果的毕业论文逐年增加。本文通过分析其原因，试图找到问题的症结，并提出几条个人拙见。

① 教育部：《教育部办公厅关于加强普通高等学校毕业设计（论文）工作的通知》，教高厅〔2004〕14号文件。

一、当前我校成人本科毕业论文质量存在的主要问题

目前，我校成人本科学生毕业论文的撰写，在时间安排上占本科教育整体时间的五分之一。针对毕业论文指导的各环节，继续教育学院早已制定出了严格的操作规程和要求，但是实际执行过程面临着各种各样的问题，导致论文质量出现一定程度的滑坡。其主要存在的问题如下：

（一）学生选题时缺乏深入思考

写毕业论文最关键的是选题，选题从某种程度上能够决定毕业论文的价值。当然，选题并不仅仅是给文章选个题目和简单规定一个范围。选择一个好的题目，需要经过深刻思索、反复推敲和精心策划。选题时应特别注重题目的正确、新颖和独特。然而，目前我院一些学生毕业论文选题上存在着选题过大或过窄两种倾向。很大一部分选题甚至脱离了学生本人正从事的实际工作领域；一部分学生不愿在选题上下一番功夫，倾向于选“老生常谈”的题目，人云亦云，题目缺乏新鲜感，题目重复率较高。

（二）论文思路不清晰，格式不够规范

部分学生并不清楚毕业论文应该是一篇议论文，要按照“提出问题——分析问题——解决问题”的思路展开论述，而他们往往把论文写成一篇介绍性文章或说明文。在论文的写作过程中，有的学生并没有围绕选题认真地进行调研，阅读有关文献，搜集资料，编写提纲，而是只满足于网上资料、专业教科书、闭门造车、东抄西凑。结果表现为撰写毕业论文思路不清晰或不符合逻辑，内容重复，结构不合理，缺乏说服力，更谈不上解决实际问题。

如果说我们对论文的要求如对军人的要求，那么对论文格式就像军人的服装，服装凌乱的就不是合格的军人。目前，我院毕业论文的格式问题上比较突出的问题是学生论文摘要内容缺乏精炼，“皮儿厚、馅儿少”现象普遍，内容写很多但始终没有交代论文基本思路。在关键词的选择上随意性较大。另外，介绍性内容写得字数很多，对“存在的问题”和“对策建议”写得字数很少，论文头重脚轻。这是指导老师需要特别留意的问题。

（三）论文内容缺乏创新

如前所述，毕业论文在学生进行科学研究基本训练、提高综合实践能力、创新能力和素质方面，具有不可替代的作用，它也是检验学生掌握知识的程度、分析问题和解决问题基本能力的重要手段。我校成人高等教育学生在校园中是最为成熟的学生群体，相当一部分已有了自己的工作岗位，积累了一定的实际工作经验。笔者认为，成人本科生若紧密结合自己所从事的实际工作领域，加之自己分析、比较、抽象、概括能力较普高生要强的特点，用所学的专业知识解决工作中的实际问题，就是一种创新。然而，多数学生的毕业论文主要是对书本知识或文献资料的简单堆砌，缺乏创新性和独特性的观点和建议，所提的建议基本上不痛不痒或缺乏可操作性，甚至少数学生因工作忙，存在随便应付的倾向。

二、影响毕业论文质量的主要因素

（一）部分学生对毕业论文重要性的认识不够，态度不端正

目前，我院一些学生对毕业论文重要性的认识不够，认为毕业论文只不过是“走形式”，随便应付一下就可以过关，这种心态导致了他们对毕业论文写作的态度不端正，也就成为制约毕业论文质量难以提高的主要因素。一些学生往往以工作、出差为由，没有投入足够的精力和时间撰写毕业论文。对撰写毕业论文的前期准备工作，即论文选题、撰写开题报告和文献资料的查阅和搜集等环节不够重视。对职能部门布置的写作要求、进度不以为然，采取消极应付的态度；选题比较随意，什么资料好找，并有现成的文章，就选什么题目，做论文时东拼西凑，少数学生甚至直接从网上整篇下载，原原本本地抄袭，质量根本谈不上。

（二）学生知识能力欠缺，基础知识不扎实

虽然成人教育学生的分析、综合、比较、抽象、概括能力较普高的青年学生要强，但其生源构成复杂，知识层次参差不齐。一些学生学习态度不端正，有混文凭的倾向，故对学习的连续性和系统性的认识不到位，更有跨专业报考而进入成人高等教育系列的情况。因此，许多学生基础知识不扎实，知识结构不够合理，在论文撰写过程中对语言的组织和运用能力不强等因素，是造成他们完成毕业论文困难的主要原因。

（三）一些指导教师认识不到位，缺乏对学生论文的有效指导

对于成教毕业论文的有效指导是保证论文质量的前提条件。这里所说的“缺乏有效指导”，一方面是近些年来随着招生规模的不断扩大，使学生与教师的比例失衡，教师完成日常教学任务比较繁重，而对于要投入更多时间和精力的论文指导工作，存在一些应付倾向；另一方面是由于每年暑期和秋季毕业生人数的剧增，甚至一些教师也被迫担当起非本专业论文的指导任务，结果论文指导的质量和有效性就打了折扣。另外，在部分教师中存在着重视课堂教学，却忽视毕业论文指导的错误倾向，表现为等待学生发来论文，学生不发也就不管不问，不按时回复修改意见等。

（四）轻视论文答辩的重要作用

从 2000 年成人教育学院成立至 2008 年 7 月，成人教育学院针对干训部（脱产）本科毕业生实行了连续几年的论文答辩制度，其效果比较明显。2008 年后，由于教育部在全国范围内取消了成人脱产招生，我院的毕业论文答辩工作暂被中断。一直以来，由于上级主管部门没有明确要求，对夜大毕业生论文答辩的问题并没有引起应有的重视。

毕业论文答辩是一种有计划、有组织的较为正规的审查毕业论文的主要形式。审查毕业论文是不是由学生本人独立完成，审核毕业论文的学术价值和应用价值是进行毕业论文答辩的重要目的。毕业论文的撰写过程是学生在指导教师的耐心指导下本人独立完成的过程，它不像考试那样，在老师当场监督下完成，而是要求在长达几个月的时间内完成的，故难以避免有少数不自觉的学生想投机取巧，并试图找“枪手”代写论文，或从有关论文网站上剽窃、抄袭等。虽然，学院要求指导教师要严格把关，但在一个教师要指导众多学生的不同题目、不同专业范围论文的情况下，对撰写论文中的上述舞弊现象，很难做到没有一点疏漏。笔者认为，进行论文答辩是堵塞论文舞弊现象的最好方式。通常答辩小组或答辩委员会由 3 名以上本专业教师组成，鉴别论文是否由学生本人独立完成，并评判论文完成质量。

三、提高我校成人本科毕业论文质量的几点建议

（一）充分认识学生毕业论文的重要性，要把组织毕业论文的工作提高到与组织课堂教学并重的位置

无论是教师、学生还是职能部门，都要在思想上充分认识到毕业论文是成人本科教学计划的重要组成部分。指导老师要加强指导，学生要抓住机会锻炼和提高自己，管理部门要对本科生进行充分动员，让学生首先在思想上充分重视，坚决杜绝抄袭。具体措施上，相关职能部门在毕业论文布置阶段开好“两会”——学生毕业论文动员（辅导）会和指导教师论文布置会。要让学生充分认识到本科毕业论文是展示他们使用所学理论知识来分析和解决实际问题的机会，是对他们综合素质和能力的综合评估，是最终获取学士学位的必要条件之一。另外，通过召开论文布置会，可以督促指导教师进一步提高认识，积极有效地进行毕业论文指导。

（二）实行毕业论文抽查答辩制度

学校组织毕业论文答辩的目的，简单地说是为了进一步审查论文，即进一步考查毕业生对毕业论文论题的认知程度，对专业知识掌握的深度和广度，审查毕业论文是否由学生自己独立完成等。目前我校每年成人高等学历教育本科毕业生人数达 2600 余人，让所有的学生参加答辩是不现实的。因此，可以实行抽查答辩形式，即让所有学生做好答辩的准备，临答辩时宣布参加答辩名单。笔者认为，根据目前继续教育学院的师资水平，把参加答辩学生人数控制在总毕业生人数的 20% 左右比较合适。在本人看来，实行抽查答辩制度也是有效提高学生和指导老师对毕业论文工作重视程度的有效方法。

（三）严把选题关，建立选题机制

好的选题不仅使毕业论文有了好的起点，还直接关系到毕业论文质量的高低。因此，要对学生毕业论文的选题做比较详细的规定，制定相关的操作规程，以制度来保证毕业论文选题工作的实施和操作。在条件允许的情况下，在学生正式进入毕业学期前，应组织指导教师提出课题，学院要成立专门的课题审定委员会，对各指导教师按专业所拟的题目进行审核，对于不符合要求的课题提出修改意见，对最后确定的课题上报主管院长进

行最后审定。实行双向选题制度，即由指导教师提出比学生人数更多的课题，每位学生选择两个课题，再由教师对学生进行选择，从而从选题上保证毕业论文的质量。

（四）对论文指导教师提出明确要求

教师的指导是对论文把关的关键。毕业论文管理既针对学生，同时也针对教师。在实际工作中，我们只重视对学生强调对毕业论文的写作要求，而忽视对于毕业论文指导的要求。因此，要通过建立制度和奖惩机制，从严治教，明确职责，增强责任意识，督促指导教师集中精力完成毕业论文指导环节的各项任务。对毕业论文的指导，不仅仅要提出明确的要求，而且应作为一项重要指标，列入教学评估体系，使毕业论文管理更趋完善。另外，论文指导教师也应强化自身责任意识，改进指导方法，充分发挥指导教师在毕业论文工作中的关键作用。

（五）强化学生的论文写作训练

在制订成人教育相关专业教学计划时，应把培养学生的写能力和创新能力体现在教学中。比如，开设短期的论文写作相关课程，从选题、搜集资料、确定论点、结构语言，到表述方式等毕业论文的各个写作环节，对学生进行系统的辅导，使他们掌握毕业论文的写作知识、写作规格、写作要求和写作方式，从而为写好毕业论文打好基础。也可以考虑抽出大学语文课的部分教学课时开设论文写作训练课。

（六）制定具体的操作规程和管理措施，强化过程监控，实行量化管理

毕业论文工作从选题到答辩要一个学期的时间，其中每个环节、每个阶段工作完成的好坏，都影响到毕业论文的质量。因此，必须重视全过程的管理与监控。一是建立完善的学院、教研室、指导教师的层层责任制。加强对指导教师的管理，明确每位指导教师对学生进行指导的次数和时间，建立指导教师的考核制度，并与个人工作津贴挂钩。二是成立毕业论文抽查组，在毕业论文写作各阶段，通过各种形式的学生座谈会以及检查开题报告、毕业设计初稿、终稿等形式加强管理，从严要求，及时了解毕业论文的实际进展情况，起到监督和促进作用。

（七）加强对校外教学点、函授站本科生毕业论文的监督检查

针对校外函授站和教学点，建立专门的毕业论文管理制度，校本部要

定期选派专业老师前去进行论文辅导工作，对毕业生论文进行选题、写作进度、写作规范要求等方面的指导。另外，对函授站和教学点的毕业论文成绩实行抽查和答辩制度。不仅要做到考试从严、管理从严，而且要做到论文从严。

当然，提高学生毕业论文质量并不是一蹴而就的事情，它的过程较长，内容较广，牵涉面多。既要求学生应有严肃认真的态度，又要求指导教师进行严格与认真的指导；既需要相关职能部门的过程监控，又需要学校在政策方面的支持。只有做到多管齐下，才能达到成人本科论文应有的质量要求。

参 考 文 献

[1] 教育部:《教育部办公厅关于加强普通高等学校毕业设计（论文）工作的通知》，教高厅〔2004〕14 号文件。

[2] 教育部:《普通高等学校本科教学工作水平评估方案（试行）》，教高司函〔2002〕152 号文件。

[3] 何思平:《成人高等教育毕业论文的功能及其实现》，载《高等函授学报》（哲学社会科学版）2005 年第 5 期。

[4] 李晓萍、李化树:《成人教育管理的危机及改革创新》，载《成人教育》2010 年第 2 期。

[5] 杨玲:《成教本科毕业论文的质量管理策略》，载《成人教育》2006 年第 1 期。

[6]《毕业论文答辩的目的和意义》，中国教育资源网 http：//www. chinesejy. com。

（作者单位：继续教育学院）

浅析社会实践在民族院校思想政治教育工作中的意义与作用

李振旭　梁利华

社会实践教学，是指学校按照培养规划，有计划、有组织、有针对性地组织和指导学生参与社会政治、文化、经济生活，让学生直接感受到社会生活气息，对学生进行社会理想和职业理想教育、劳动技能训练、科学素质培养的教学活动。社会实践教学作为一种教育形式，既是高校加强和改进学生思想政治工作的重要途径，也是全面提高大学生综合素质，促进大学生健康全面成长成才的必要手段。中共中央、国务院《关于进一步加强和改进大学生思想政治教育工作的意见》① 中明确指出："社会实践是大学生思想政治教育的重要环节，对于促进大学生了解社会、认识国情，增长才干、奉献社会，锻炼毅力、培养品格，增强社会责任感具有不可替代的作用。"《教育部关于全面提高高等教育质量的若干意见》② 中指出："广泛开展社会调查、生产劳动、志愿服务、公益活动、科技发明、勤工助学和挂职锻炼等社会实践活动。新增生均拨款优先投入实践育人工作，新增教学经费优先用于实践教学。"

民族院校与普通高等院校相比较，有着诸多特点，民族院校凸显的学生成长背景多元化、民族文化多元化、宗教信仰多元化的特征和由此形成的"高差异性"校园氛围，使得民族院校的思想政治教育工作承担着更为艰巨和意义深远的责任。作为一项在普通高校行之有效的思想政治教育工作手段，社会实践教学在民族院校"多元化"特征和"高差异性"校园氛围下具有独有的优势作用。结合民族院校实际，做好民族院校社会实践教学工作具有更高的要求和特别的意义。

---

① 中发〔2004〕16 号文件。

② 教高〔2012〕4 号文件。

一、让学生在社会实践中潜移默化地理解“差异”，感悟“多元”，收获“知识”

首先，民族院校的“多元化”特征和“高差异性”校园氛围体现在多方面、多层次。

新中国成立以来，中央专门设立了民族院校，目的是培养少数民族地区干部及经济社会发展需要的人才，因此，民族院校一直坚持“面向少数民族和少数民族地区，服务少数民族和民族地区经济社会发展”的办学宗旨和办学思路。以中央民族大学为例，所招收的学生已覆盖我国55个少数民族。马克思主义民族理论认为：“一般来说，民族在历史渊源、生产方式、语言、文化、风俗习惯以及心理认同等方面具有不同的特征。”① 一个民族之所以称其为一个民族，不同的文化背景、不同的民族语言以及表现出来的不同风俗习惯和心理认同因素是重要的特征因素。来自全国各地的少数民族学生带有各自浓郁的少数民族文化特点，多民族、多语言、多地域等生源特点使民族院校学生之间存在显著的文化差异。我国少数民族大多有宗教信仰，部分民族全民信仰宗教，宗教文化已经演化成为这些民族所有成员的精神品格的一部分。因此，具有多民族生源的民族院校学生精神文化差异性相对较强，思维个性较为突出。同时，少数民族地区经济发展相对落后，民族院校贫困生相对较多，这是一个无法回避的现状。从经济发展相对落后环境乍然进入一个新的丰富多彩的环境，如果没有迅速确立一个健康的、正能量的生活学习心态，很容易产生不平衡感和自卑感。在当前我国社会转型时期，各种社会思潮或价值观念容易借助于现代通信技术的快速普及乘虚而入，在大学生的思想深处生根发芽、滋长蔓延，耳濡目染地影响到民族院校大学生的世界观塑造。越是在相对发达的城市的民族院校，学生的学习、生活心态越呈现出“多元化”的趋势。

其次，大学“多元”和“差异”的积极作用。

民族院校学生体现出的“多元化”特征和“高差异性”校园氛围，在客观上使民族院校的思想政治教育工作增加了难度。从辩证的思维角度考虑，这种“多元化”特征和“高差异性”特点，也给学生树立正确的世界观和拓展社会知识、文化知识宽度带来了新的契机，创造了难得的优势，

① 金炳镐：《民族理论与民族政策概论》，中央民族大学出版社2006年版。

可以发挥其积极作用。

进入民族院校的各族学生，在观念、理想方面确实存在着很大差异，不论是在课堂内还是在课堂外，他们都不能避免与民族不同、背景不同、性格不同的同学交往、联系、共处。差异决定了他们对新事物、新知识会持有和产生不同的观点和感受，但几乎所有背景、文化、宗教信仰各异的学生都是带着一定的目标、期望和抱负进入大学学习生活的，他们相互之间也存在着相互认识和理解，如果学校适当引导、鼓励、支持，学校内会形成相互学习、相互肯定、相互欣赏、共同进步的一种良性发展氛围。只要学生在课堂上、生活上、社交活动中进行跨群体、跨民族的交往，就能学到不同的知识，而且这种学习成果会远远超出他们在一所无民族文化差别的大学里所能学到的知识。

最后，社会实践是“润物无声”地进行思想政治教育工作的有效途径，是大学生认识、体验、融入社会百态的直接办法，更是大学生在课堂之外、高于日常接触的互相认识、互相欣赏的互相学习形式。

教育和培养少数民族大学生，使他们成长、成才是民族院校的主要任务，也是民族院校的重要使命。近年来，随着民族院校思想政治教育工作力度的逐步加大，相关领导体制和工作机制的进一步完善，再加上民族地区经济文化的发展和基础教育水平的提高，民族院校学生的中华民族意识、政治意识不断增强，民族院校学生的思想道德素质日趋提升，民族院校培养的少数民族干部和各类专业技术人才队伍不断发展壮大，并逐步成为促进民族地区改革发展和安定团结的重要力量。

在此基础上，通过让民族院校青年学子走向民族地区进行田野调研，树立正确的世界观、人生观、价值观、民族观、宗教观和祖国观，真正地让大学生做到在社会实践中完成自我教育的过程。通过参加社会实践活动，能够加强大学生的国情教育和政治理论学习，使他们认识到热爱祖国、维护祖国统一和民族团结的重要性，获得缄默知识，培养高尚的道德情操。在“六观”教育内容中，世界观、人生观、价值观教育是大学思想政治教育的主要目的和要求，主要是培养民族大学生的马克思主义世界观，用马克思主义的立场、观点和方法，正确地认识和改造世界，树立社会主义的人生观、价值观、道德观，树立正确的理想信念，去追求和实现个人价值和社会价值的统一。在民族院校的思想政治教育中，还要凸显民族观、宗教观和祖国观教育。对大学生进行民族观、宗教观和祖国观教育，目的在于用马克思主义的民族观、宗教观和祖国观来教育引导大学生，正确看待和评价民族文化、民族传统、民族宗教、民族利益，使他们认识到民族文化和民族心理是有差异的，民族经济社会发展程度不同，但各民族都是中华民族大家庭的成员，民族之间应该团结、平等和共同繁荣。社会实践帮助民族高校青年学子了解我国基本国情，调研民族地区实际情况和社会现状，帮助青年学子树立正确的世界观、人生观、价值观、民族观、祖国观和宗教观，这对于存在多元文化背景的民族高校具有重要的不可替代的作用。社会实践作为一种行之有效的思想政治教育手段，它通过“知行合一”、“寓教于做”的形式，润物细无声地开展工作。

与此同时，社会实践教学具有提高大学生的综合素质和创新能力的作用。在实践过程中，大学生既可以增强协作精神，又能够锻炼心理承受能力和组织领导能力；既能培养全面看待问题的能力，又能开阔视野，提高创新能力。社会实践教学能够培养大学生创新精神和实践能力，让学生在实践活动中得到具体的自我检验和体验，不断地提高自身素质。社会实践活动在提高大学生研究性学习的能力方面也起着积极作用，可以间接提高大学生的就业竞争力。学校中，有些学生因为承受着各方面寄予的深切希望而产生巨大的精神压力。在直接开导教育的同时，鼓励、支持这些学生通过社会实践的形式与同学们进行沟通、交流；再回到学校，在团体活动中得到收获、感受生活，这也是一种间接缓解其内心焦虑，解决其思想顾虑的一种办法。

在“多元化”、“高差异性”的校园氛围中，和谐有序的沟通是互相认识、互相学习的前提。相对于传统的课堂教学，社会实践给予学生之间相互沟通的机会相对较多。同时，学生在社会实践中的相互接触，相比较日常生活的接触，相互沟通更有目的性，会在完成社会实践任务的过程中互相感染和学习。在传统课堂学习的基础上，通过社会实践给予学生更多相互认识、理解、学习、欣赏的机会，是促进学生在课堂外收获更多更好社会知识的有效补充。

二、关于民族院校进一步利用社会实践开展思想政治教育工作的几点建议

要切实发挥社会实践作为一种新型教育手段在加强和改进民族院校思想政治教育工作上的作用，就需要尽可能地深入挖掘社会实践活动在民族院校思想政治教育工作中的最大潜能，不断改进形式，创新载体，进一步加强机制建设，规范组织形式。

第一，需要不断创新社会实践活动的内容和形式。

为不断激发社会实践在思想政治教育工作中的活力和应对新形势、新背景下民族高校思想政治工作的要求，开展社会实践工作要根据新形势赋予其新内容和新要求。以中央民族大学为例，学校团委在组织开展社会实践活动过程中，始终坚持做到“四结合”，即注重与社会热点问题相结合、与学生专业学习相结合、与学生择业就业相结合、与科技创新活动相结合。“四结合”可以使大学生社会实践活动充满生机，激发学生的参与热情，促进学生的健康成长，使学生深切感受到社会实践与自身成长的密切联系；同时，又为学生提供了认识社会、了解社会的平台，提升了自身的就业竞争力，缩短了从自由人向社会人过渡的磨合期。通过“四结合”，让各族青年学子切实在社会实践中成长成才，以此发自内心地接受思想政治教育和社会主义核心价值观体系。

第二，需要进一步加强机制建设，进一步规范实践活动的组织。

要持续、全面开展大学生社会实践活动，需要形成一套行之有效、严谨流畅的社会实践活动组织管理机制，需要建立健全大学生社会实践活动的奖惩机制、保障机制、评价机制。

一是要通过规范制度，确保社会实践各项措施落实到位、各个环节紧凑自然。要明确学校中参与社会实践组织管理，如教务处、学生处、团委等部门在社会实践教学中的作用和角色分工，要明确院系层面在组织环节中的权责。

二是要针对社会实践重点、特色，支持团队进行竞标。通过支持团队自主申报、竞标、评审等工作，以公平、公正、公开的方式，将学校有限的支持经费投入到选拔出的优秀团队中去，做到点面结合，重点突出，让有限的活动资源尽可能发挥出最大的效用，形成完善的激励约束机制，避免因经费紧张、经费平摊等做法带来的负面效果。

三是建立活动考核评价机制，充分发挥考核评价机制的引导激励作用。将社会实践成绩计入学分，与学年的综合测评挂钩，同时将社会实践成果作为学生参与各类先进评比的重要条件。通过完善社会实践评价制度，使社会实践活动进一步制度化、规范化、系统化。

四是通过社会实践项目申报，让学生参与到项目的设计中来，形成团队—院系—学校职能部门三级项目申报系统，充分发挥学生的创造性和积极性，充分利用学生自己参加社会实践的渠道，丰富社会实践的活动内容，同时也有利于征集到创意好、操作性强的实践项目。

五是广泛开展主题明确、特色鲜明的成果交流会，让学生通过互相分享自己在实践中的切身体会，加强相互学习和交流。

第三，抓住民族高校的特点和进行“六观”教育的新要求，确立特色鲜明、行之有效的社会实践主题和形式，保证思想政治教育的实效性。

民族大学生来自不同的民族地区，对民族的感情是浓厚的，如何对他们进行“六观”教育和培养，从理论和实践上让他们学习到理论知识，认识到实践的成就，从心里真正认同思想政治教育的内容，接受思想政治教育的手段，达到思想政治教育的效果和目的，这是思想政治教育工作的核心任务。在民族院校思想政治教育体系中加入社会实践教学内容，在对民族院校大学生以课堂传授马克思主义世界观、人生观、价值观教育的同时，辅以社会实践教学，具有重要意义。我们需要高度重视社会实践对各民族学子进行“六观”教育的重要性，并要结合民族大学生的实际和民族地区经济社会发展的实际确立实践主题，采取丰富多样的社会实践教学活动，加强教育教学的针对性、实效性，切实发挥社会实践在民族院校思想政治教育中的重要渠道作用。

面对民族院校“多元化”特征和“高差异性”校园氛围的状况，针对民族院校开展思想政治教育工作的特点，充分发挥社会实践在民族院校思想政治教育工作中的优势作用，把社会实践活动纳入民族院校的教育计划，不断丰富民族院校社会实践内容，建立健全民族院校社会实践的长效机制，是实现民族高等教育跨越式发展、扎实做好民族院校青年学生思想政治教育的重要手段，也是为少数民族和民族地区培养出更多更优秀的高素质人才的有效保障。社会实践活动能够为民族院校思想政治工作注入生机和活力，有利于学校在与社会实践的紧密结合中，寻求民族高等教育的发展与突破。

参考文献

[1] 俸兰、李步海：《民族院校思想政治教育工作理论与实践》，中央民族大学出版社2006年版。
[2] 李东光：《民族院校教育管理研究》，中央民族大学出版社2008年版。
[3] 阎占定：《多元文化背景下民族院校思想政治教育探索》，载《湖北社会科学》2009年第8期。
[4] 曾峥：《当代大学生社会实践活动的育人功能》，载《国家高等教育行政学院学报》2001年第5期。
[5] 杨世传：《人的全面发展与大学生社会实践活动》，载《黑龙江高教研究》2004年第10期。

[6] 王炳刚:《论高校思想政治理论课教学中社会实践教学模式的运用》，教育在线，2010 年 1 期。
[7] 张文学、康志勇:《社会实践是青年大学生成才的有效途径》，载《中国青年研究》2007 年第 6 期。
[8] 张巍、吕会庆:《大学生社会实践意义探析》，载《边疆经济与文化》2010 年第 3 期。
[9] 闵永新:《大学生思想政治教育有效性研究的现状与展望》，载《思想政治教育研究》2010 年第 1 期。
[10] 潘荣华、周新生:《高校思想政治理论课社会实践教学的几点思考》，载《南京医科大学学报》（社会科学版）2009 年第 1 期。

（作者单位：组织部人事处、团委）

大学生校园生活幸福度考察

——对首都五所高校学生的抽样调查分析

马新生　王健飞　刘俊成

这篇论文是基于学生修完“毛泽东思想和中国特色社会主义理论体系概论”课程后，迫切希望将理论运用到实际中去，结合学生自身的身份和能力所开展的“针对首都大学生生活幸福度的调查”实践活动的成果，涉及本科教学的改革尝试。本文主要解决大学生校园生活是否适应当代大学生的需求状况，判断当前大学生校园生活状况的发展方向是否正确，为大学生校园生活建设提出有益建议。通过对这些问题的解释，可以使我们得到一个比较清晰的大学生校园生活发展脉络，从而完善大学生的校园生活，推陈出新，寻找到更有利于社会发展的校园生活模式，为国家建设、社会发展、科技进步输送更高质量的人才。

2010 年 5 月 20 日，国家教育部颁布的《关于加强中等职业学校校园文化建设的意见》中指出：“校园文化是学校教育的重要组成部分，是学校精神、学校活动、学校秩序和学校环境的集中体现，具有重要的育人功能。加强中等职业学校校园文化建设，对于贯彻落实党的教育方针，优化育人环境，促进中职学生全面发展具有十分重要的意义。”文件是面对中等职业学校校园文化建设，并没有涉及高等院校；另一方面，也没有体现出学生群体的声音。

我们希望能够通过这篇文章反映出大学生的想法，介绍真正的大学生校园生活以及对当前校园生活的评价。

一、校园生活的研究概况

在修完“毛泽东思想和中国特色社会主义理论体系概论”课程后，同学们开展了一次非常有意义的实践活动。活动的主旨是“针对首都大学生生活幸福度的调查”。其中心思想是希望通过调查了解大学生的校园生活状况，了解当前教育模式下大学生生活的幸福度，从而为大学校园生活的建设提供一些帮助。

在探讨这个问题之前，先介绍一下社会上其他调查过校园文化的研究概况。其中有新中国早期大学生校园生活的介绍："20 世纪 50 年代，是中华人民共和国重建社会秩序的重要时期，大学校园里，学子们如饥似渴地上课、读书。渴望自己能为祖国的建设添砖加瓦。然而，频繁的政治运动以及义务劳动，既挤掉了学子们的许多求学时间，又使他们的身心在疲惫中受到伤害。看电影、跳舞、唱歌、打球是大学生最常见的休闲方式。他们深深地陶醉在苏俄文艺作品所洋溢的浪漫与抒情之中，也在集体性的娱乐中放松自己。可以说，50 年代的大学校园既展现出乐观向上、奋发求学的热情，又流露着忙于政治运动、难以静心读书的无奈。"由此可见，大学校园生活应该有节制，仍应该分清主次关系。也有谈及外国校园文化特色："美国学生选课完全取决于自己，每个人根据自己的时间和经济情况选课。所以，没有统一的班级。即使必修课，你也可以自由选择修读的时间，也就是，学生只要学分符合专业计划的要求，选课的事情就完全是学生自己做主了。""在美国读大学非常艰难。因为 18 岁成人了，许多人要独立，就半工半读，非常辛苦。没有几个学生可以在晚上 12 点之前睡觉，必须不停地做家庭作业。"反映出美国学生的压力仍然是比较大的，但同时学生们的思想观念更加成熟，这一点值得我们中国大学生学习与借鉴。

众多研究中对于中国大学生校园生活现状的看法不一。在一篇名为《大学校园生活的缺失与重建》的文章中指出："高校校园生活的主流是健康的，但生活共同体的本质与校园生活的表象正日渐疏离，重建大学校园生活必须从现实生活关系出发，改善校园环境。"作者说明了三点缺失，即"人际关系疏离与心理疾患"、"价值多元化与多维生活世界的'盲流'"、"功利主义至上与消费主义盛行"。这几点缺失在同学们的调查报告中体现的还不够明显。在我们的调查报告中，现实校园生活的幸福度与家庭经济情况没有非常直接的关系，被采访的大部分人群人际关系正常，而且主要人群对于自身大学生活的看法还是比较自信。另一篇《我国大学建造的理念缺失与重构》的文章中指出："当今我国的大学校园都建造成了一个全然功能化的空间，体现的是人的地位的丧失和科技理性的过分张扬，导致这种现状的原因在于一方面校园建造主体缺失本真的大学理念，另一方面校园生活主体又主动接纳和合理化这种功能化；当今大学的建造需要重筑人的空间，展示天人合一的家园，而这需要明确我们本真的大学理念。"笔者认为当今的校园文化过度追求形式上的"高大上"，而忽略了教学的本质，有一种本末倒置的迹象。在我们的调查中发现，其实大学生对幸福度的评价，与学校校园建设的好坏关系也不是很明显，并不是学校建得好，满意度就会高。因此，我们也比较同意这位作者关于校园建设不应当作为校园文化建设的首位的观点。《基于“90后”大学生校园生活的特点确定当前思想引导的方向》的作者提出：“‘90后’大学生校园生活的外显特征是指运动频繁，生活内容以娱乐交往居多，以讨论时政就业为主，并且表现出依赖网络及法制观念淡薄等特点，当前对‘90后’大学生思想教育引导的方向要从以下着手：建立与‘90后’大学生沟通的渠道，向打造‘共同语言’交流平台的方向迈进；扩大教师个人媒体的正面影响力，向抗拒网络谣言蛊惑的方向着力；发挥校园专题网站的功能，向营造风清气正良好氛围的方向加油。”对于这个观点我们也是部分赞同，赞同的部分是当前对大学生的思想教育引导方向，建立与大学生沟通的渠道，打造共同语言交流平台，扩大教师、学校教育的正面影响力。

二、考察校园生活幸福度的视角

通过对前述校园生活研究的分析，我们可以发现，当前可以反映校园生活状况的主要因素为“学习、生活环境、思想价值观念”，主要措施是加强“信息沟通、正面影响”。因此，我们将研究方向定位为学习压力、校园生活环境对校园幸福度的影响，同时考虑到学生个人的心理状况、家庭情况、人际关系等诸多方面因素综合判断，我们给出了大学生课余生活的大致安排情况以及大学生理想的校园生活状况。我们这次考察分析与之前相关方面不同的地方在于，这次考察的视角是从学生自身角度出发，更多地尊重学生的主观意见和建议。

在此我们有必要先对校园生活幸福度做一个介绍。这里所调查的幸福度主要是基于调查大学生对现有校园生活主观评价的大量数据的统计，反映出当前社会对教育方面的建设与投入和大学生内心平均期望值相适应的程度。当然，幸福度的评判可以涉及很多范畴，我们在这里主要针对压力和日常生活两个方面。

大学是大学生学习高等知识、研究人员开展科研活动和理论研究的地方。大学校园里总是在不断地进行着思想的传递和对现实的探索。所以，一直以来，大学都是一个引领着人类进步的神圣殿堂。但在现实生活中，大学生体验着大学生活的同时，也会对大学生活不满意的地方产生排斥。学生想要的大学生活是什么样的？现在的大学生活符不符合学生内心所期望的样子？我们今后的教学改革应该依据哪些因素？伴随着这些问题，学生们决定从自身做起，开展了这次尝试性的调查。这次调查将为重新构建大学生与大学生活的二维平衡关系迈出小小的一步，以帮助唤醒更多的人对大学生群体主观意念的重视，从而更好地实现大学生与生活、与社会之间的交流，而不再是简单的单向的服务。这种良性的双向的互动，会促进大学生活向好的方面发展，也有利于大学生更多地体验到健康的校园生活。

三、调查的技术手段与预期结果

我们本次的调查方法采用的是抽样调查法和问卷调查法相结合的方式，以首都部分有代表性的大学为调查环境，以大学校园中的不同性别、不同专业、不同年级、不同民族的同学为对象。下面是对问卷的设计的详细介绍和选取采样大学策略的具体分析。

采样大学包括（排名不分先后）：

清华大学，是国内最顶尖的大学之一，代表的是国内最好的教学水平，设想其大学生与大学生活的关系应该是最理想的；人民大学，是一所以人文社会科学为主的综合研究型全国重点大学，其教育方式在人文社科类院校具有一定的代表性。中央民族大学，是中国少数民族教育的最高学府，是中国少数民族高级人才的摇篮，是中国唯一具有56个民族师生员工的高等学校，具有鲜明的民族特色。本次调查选择了5所大学作为调查环境，总共发放了240份问卷，其中有效问卷209份，占总量的87%。问卷的设计主要是以与大学生最相关的现实生活环境和大学生内心最渴望的预期校园生活内容为核心，在尊重他人权益的同时，尽量获取了有用的信息。问卷本身也具有一定的创造性，符合时代与民族特色，对民族院校的研究意义重大；北京交通大学，是中国电信工程、交通工程和管理学教育的策源地，是中国铁路工程、铁路管理的最高学府，在工程应用方面有着自身的特色；北京舞蹈学院，是新中国建立的第一所学制式专业舞蹈院校，是中国舞蹈教育的最高学府，可以代表艺术类院校的实际情况。综合以上情况，本次调查基本上涵盖了主要特性的首都高校，较有力地支持了数据的科学性。

问卷的内容：人际篇主要针对问卷调查对象的差异性而做出一定的判断，为完善实验数据做出贡献；学业篇主要针对大学生对教学条件的主观承受程度和教学以及社会对学生的压力程度；生活篇主要针对不同经济情况的大学生对校园饮食、交通、住宿、环境的满意程度和大学生对自身业余生活的需求与安排；总结篇主要针对大学生对理想大学生活的意见和对当前大学生活的态度。结合之前的三个篇章可以增进同学对自身生活有更加清晰的认识，从而使总结篇能够有更清晰的态度。

同时我们欢迎有同学主动对我们的调查提供更多的意见和建议，有助于完善我们的调查研究，得到更加切合实际的结果。

调查结果的预期：根据调查问卷的设计思路，经讨论得出了一些预期的假设。

假设一：乐观的性格对于大学生的校园生活有积极的作用；

假设二：目前大学生活的紧张程度是导致校园生活不幸福的主要因素，而适当的压力有助于增进校园生活幸福度；

假设三：日常生活方面的因素对于大学生校园生活幸福度有一定的影响，丰富的校园生活有助于大学生幸福度的提升；

假设四：学校的差异会导致一定程度的幸福度差异，但总体差异性不大，工科类与文科类院校的幸福度比较高；

假设五：家庭环境对于大学校园生活幸福度有一定影响，但总体影响不大；

假设六：大部分大学生的人际关系正常。

分析各选项数据，我们可以得到以下调查结果：大部分同学的性格都属于乐观型；大部分对自己较为满意；大部分与身边人相处融洽；对学校教学则只有半数人认同；极少数人对学习无压力，绝大多数人有或多或少的压力；多数人对专业学习都是按照学校要求进行；半数人对毕业后去向较迷茫，另半数人则是毫无压力；多数人家庭经济良好，少数人困难；对学校伙食都较为肯定；学校交通大部分较好；学校住宿大多中规中矩；校园环境有好有坏，大部分让人满意；大部分课余生活丰富，只有少数人宅在宿舍；多数人认为过自己喜欢的大学生活就是幸福的；绝大部分感到幸福。

根据分析的需要，我们对调查数据做了更加深入的分析和比较：

a. 当前首都大学生幸福度的总体情况

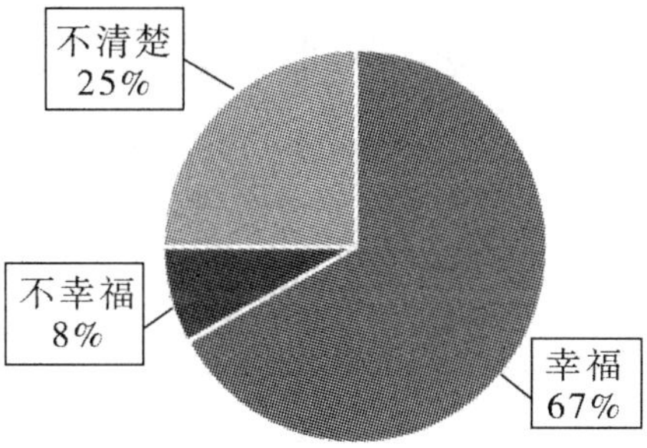

总体幸福度分布图

表示幸福的比例占到了 67%，有 8% 的人选择了不幸福，另外有 25% 的人选择了不知道。幸福人群的比例仍然占据大多数，不幸福人群的比例不到 10%。可见，目前大学校园生活状况还是值得肯定的，积极向上的。25% 的人群表示不清楚自己的状况，说明这些大学生对于大学生活的期望值并没有思考过，大学生活缺乏主动性，需要加强对这部分人群的思想引导。对于 8% 的不幸福人群，我们应该加大沟通渠道，增进了解。

b. 乐观同学的幸福度分布

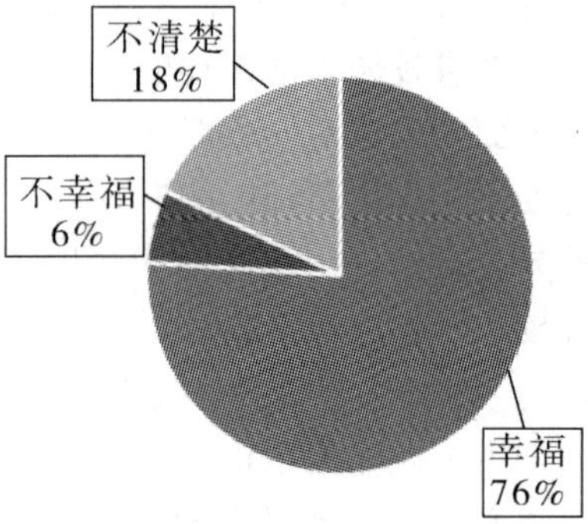

乐观学生幸福度分布图

乐观同学幸福度的分析主要是想了解个人的性格所起的作用。76% 的乐观人群是幸福的，这符合我们的猜测，乐观性格对幸福度的贡献是相当大的，但是仍然存在 6% 的不幸福和 18% 的不清楚，这说明性格只是因素之一，校园生活幸福度的影响因素还有其他情况。学校应该加强引导学生在校园生活中建立自信心，建立乐观、积极向上的良好心态。

c. 幸福大学生中压力情况分析

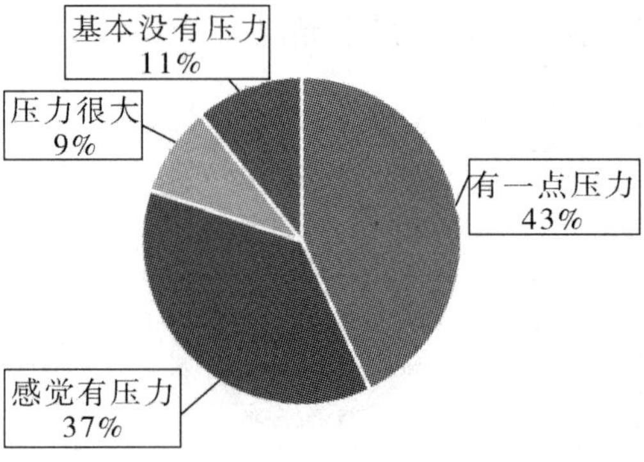

幸福大学生学业压力分布图

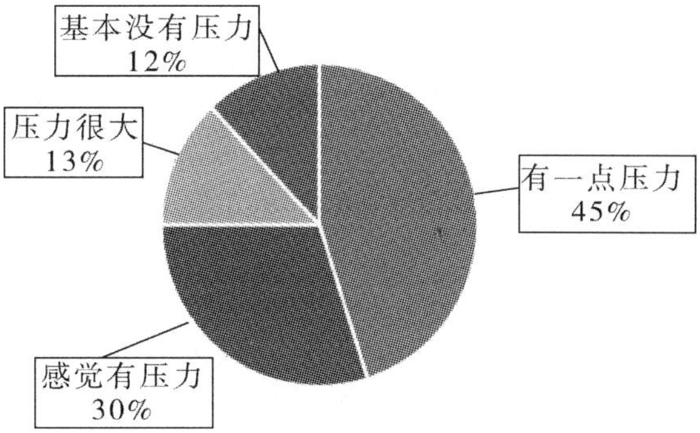

总压力分布图

大部分幸福学生有一定压力（大 A、很大 B），占 80%。极少数同学无压力（C）或压力山大（D）。该分部图符合预期。一名感到幸福的大学生，一般都有一定的压力，即有压力才有动力。而目前高校生活带给大学生的压力感大部分都在可承受范围内，少数难以承受感觉压力过大，可能是由个人原因造成的。

d. 不同大学幸福度的分析

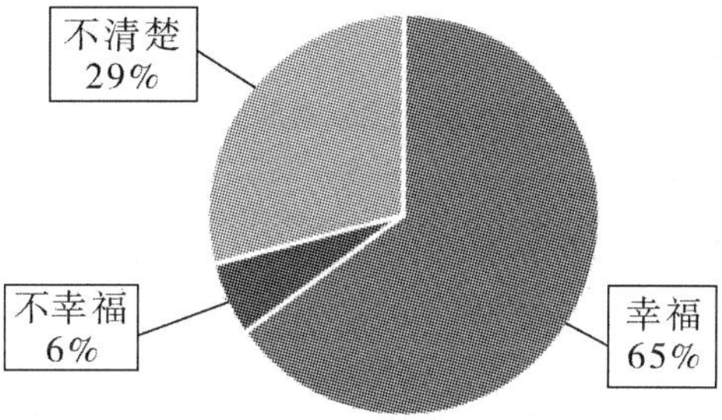

北京交通大学幸福度分布图

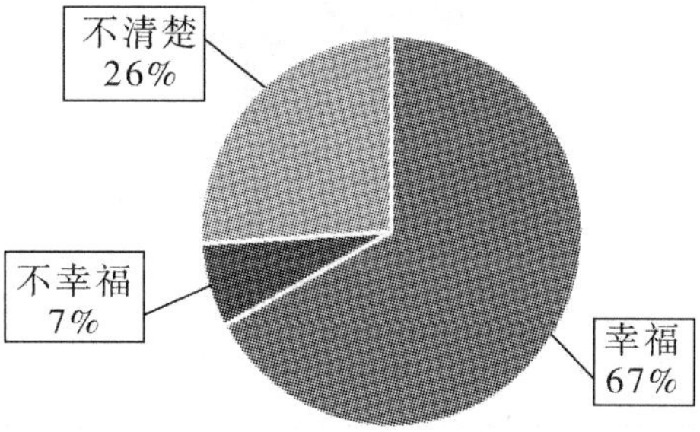

清华大学幸福度分布图

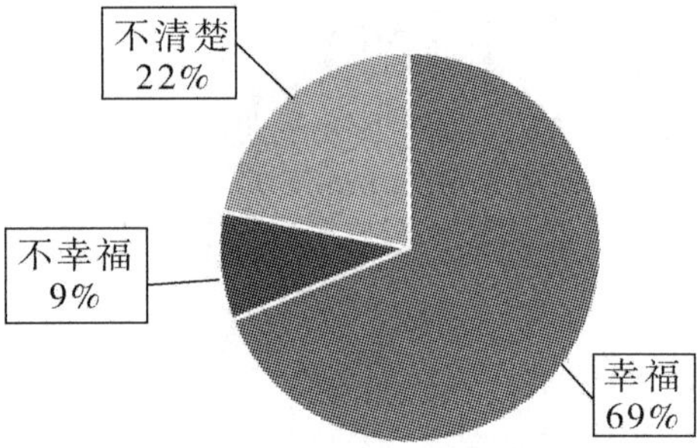

中央民族大学幸福度分布图

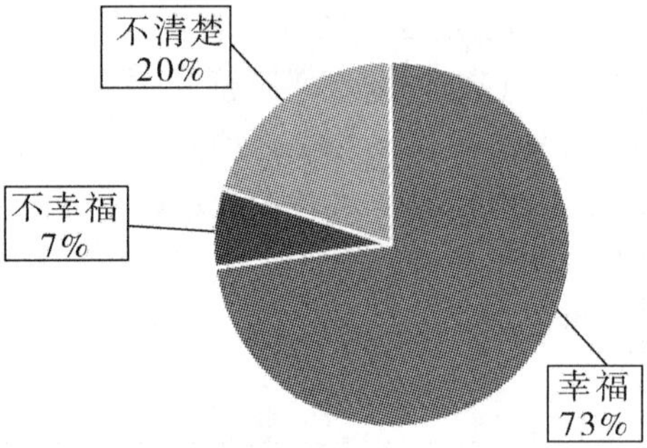

北京舞蹈学院幸福度分布图

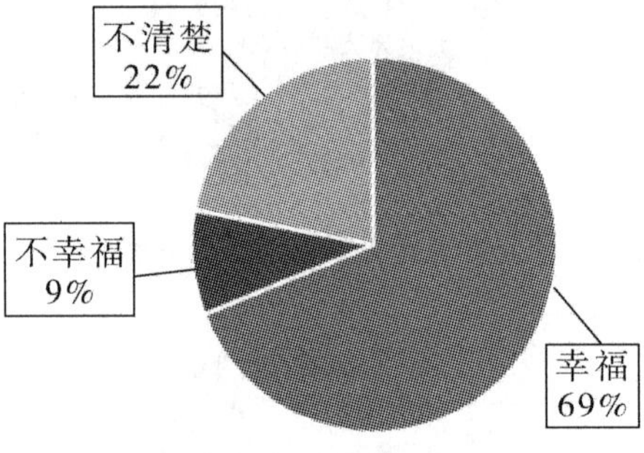

中国人民大学幸福度分布图

北舞 73%，人大 69%，民大 69%，北交 65%，清华 67%。总体数据符合预期，均在 70% 左右，这也说明首都高校学生幸福度有一定的共性。当然，因存在生源、校园环境、学科偏向等因素，各高校具体数据存在一定差异。清华、北交工科学校与其他学校相比幸福度偏低。理工科专业课程量一般高于文科类专业。北京舞蹈学院的 73% 的幸福度与其他学校相比，明显高出了不少。反映出由于学校的性质不同，幸福度是有差别的，特别是工科类的学校应该加强提升本学校的校园幸福度。

e. 家庭经济有压力同学的幸福度分布情况

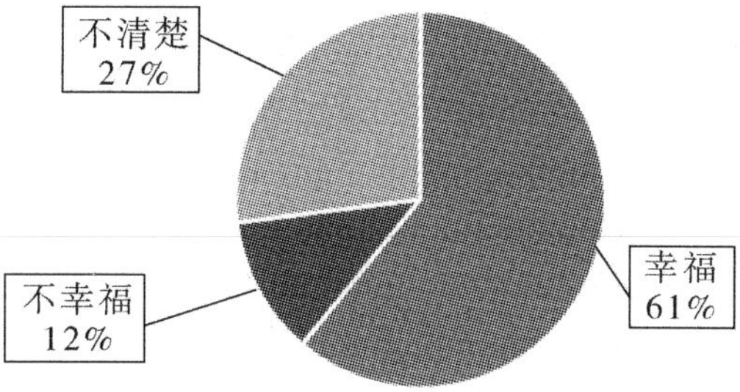

家庭困难学生幸福度分布图

家庭经济存在一定困难的学生幸福度为 61%，调查总体的幸福度为 67%。家庭经济存在困难的学生幸福度与平均水平相比，低了 6 个百分点，说明家庭经济条件对学生幸福度有一定影响。两个数据相差不大，家庭经济虽然有一定困难，但对于学生的校园生活幸福感影响不大。这反映出大学生的价值取向并不是完全取决于金钱，说明学校还是风清气正的。

f. 大学生人际关系的实际情况

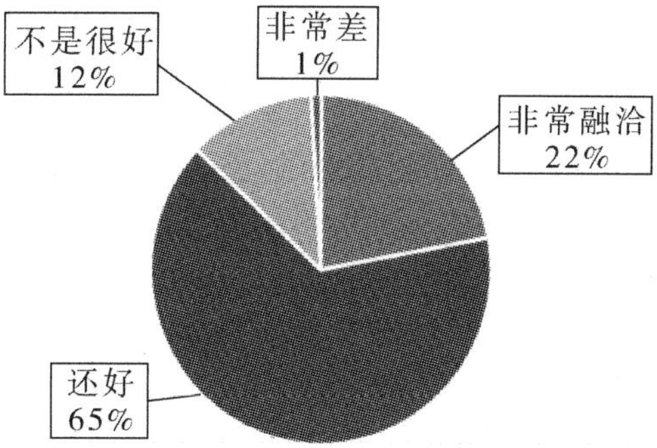

人际关系分布图

87% 的大学生人际关系正常，但是仍然有 13% 的同学人际关系处理不当，这与幸福度的比例接近。这反映出好的人际关系也与幸福感的提升有一定的关系，而目前的校园生活中，人际关系处于正常状态。

g. 大学生课余生活安排的实际情况

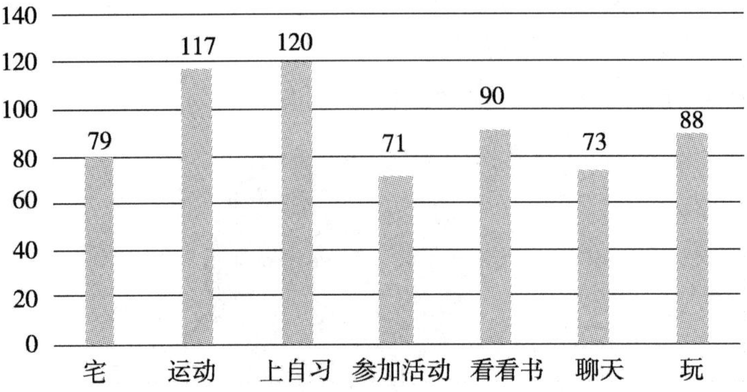

大学生课余生活安排

同学们的课余生活安排，可以在一定程度上反映出丰富多彩的校园生活，对提升学生们的幸福感有一定的促进作用。上自习、运动、看书三项数据相对较大，可以说明大学生的主要心态还是以学业为重，同时也注重身体的锻炼，体现出大学生健康的心理特征。但是仍然有部分同学不经常出去活动，学校应该鼓励大学生参加活动。

h. 大学生期望的校园生活的核心调查分布情况

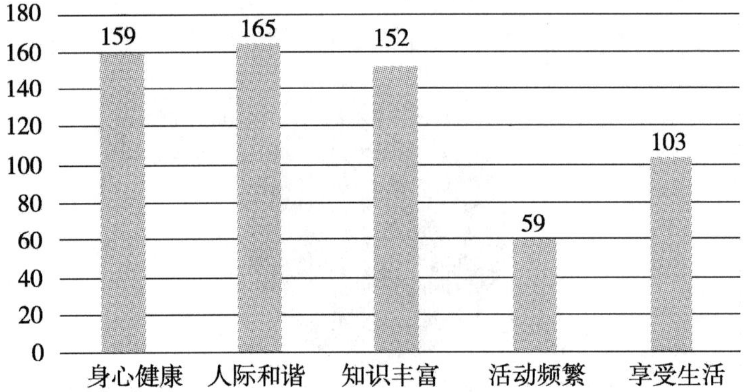

期望的校园生活

对学生的建议：建立积极乐观的心态；学会人与人之间的交往；学会生活。

对校方的建议：提供更多的活动与运动设施；创建更多的交流机会；关注学生的心理健康。

四、调查结论

调查数据显示，首都大学生校园生活幸福指数较高，虽然大部分同学的校园生活有压力，总体上得到了在读大学生的认可，压力对于影响幸福度所占的比重还不算太大，校园建设也影响着学生幸福度，但是所占的比重最低，主要影响大学生校园生活幸福度的因素是学生自身的性格特征，所以培养大学生具备良好的心态，注重心理健康的教育，对于大学生幸福度的提升有很大帮助。

不同的学校，大学生的幸福度体验是不同的。所以特别是理工科类院校，应该建立一个更好的校园生活文化，以提升幸福度。

当前的大学生活仍然是以学习知识为主导，这反映出大学教育制度的本质没有变，这是值得肯定的。教学仍然是为了育人，同时大学生自我学习的特征也得到了很好的体现。校园的价值观建立不是很清晰，但是可以排除“拜金主义”、“享受主义”等不良价值观主导。

总体来说首都大学生的幸福度较高，一个幸福的大学生大体呈现出这样一些特征，他们有着乐观向上的心态，能够处理好人际关系，在学业上有适度压力，对校园环境感到满意。大学生期望的最理想大学生活是人际关系和谐，能够获取丰富知识，同时期望身心健康、更被关注、课余生活更为丰富多彩的美好校园生活。

参考文献

[1] 李巧宁：《1950年代大学生的校园生活》，载《浙江社会科学》2011年第7期。
[2] 邓纯余：《大学校园生活的缺失与重建》，载《牡丹江教育学院学报》2008年第1期。
[3] 李红、海锦荣：《大学校园压力的类型和特点》，载《心理科学》2002年第4期。
[4] 徐苏萌、李庚全：《基于“90后”大学生校园生活的特点确定当前思想引导的方向》，载《科教导刊》2013年第27期。
[5]《美国大学校园生活见闻》，载《校园心理》2006年第8期。
[6] 沈祖尧：《上大学，学什么？——三份重要的“课外作业”》，载《河南教育》（高校版）2012年第11期。
[7] 罗建河、乐会进：《我国大学建造的理念缺失与重构》，载《黑龙江高教研究》2008年第3期。

（作者单位：信息工程学院）

多渠道实习，提高实践能力

任广旭

培养学生实践能力是本科教学的重要内容之一，培养实践能力的方式方法很多，其中专业实习是重要的一个环节。

本科生培养方案中，实习学分为 2 分，是必修学分。为了提高学生的实践能力，安排专业实习是非常有必要的。朝文系为了提高实习质量，加大了投入，提高了本科生参加实习的费用，增加了实习单位数量，目前签订实习协议的事业单位有 13 家，企业 1 家；可以同时满足 115 名学生参加实习，我系一个年级参加实习的学生数在 65—70 名，按照这一数字，目前的实习单位完全满足学生的实习需求。但是每年安排学生实习时，不能满足学生的需求，也不符合社会的需求。

为了找出既能提高学生专业知识水平，又能满足学生需要，更让毕业生符合社会需求，应该找出一条更加合理、更加广泛的实习渠道。

一、实习单位应该更加广泛，不能只注重专业对口

以毕业生走向为基础，调整培养方向，满足社会需求，提高就业质量。毕业生的走向折射社会需求，应该根据就业情况，调整部分培养方案。

为了了解就业趋势，我们调查了 1990 级到 2006 级共计 18 个班，其中 20 世纪 90 年代入学的 9 个班级，2000 年后入学的 9 个班级。统计如下：

表 1　20 世纪 90 年代入学的学生走向①

班级	事业单位	%	企业	%	出国	%	不明	%	总数
1990 级	6	23	12	46	6	23	2	8	26
1992 级	8	44	7	39	2	11	1	6	18
1993 级	8	31	16	62	2	8			26
1994 级	2	10	12	60	4	20	2	10	20
1995 级	4	25	11	69			1	6	16
1996 级	6	27	11	50			5	22	22
1997 级	6	29	9	43	4	19	2	10	21
1998 级	4	20	14	70	2	10			20
1999 级	5	38	8	62					13
合计	49	27%	100	55%	20	15%	13	8%	182

表 2　2000 年后入学的部分学生走向②

班级	事业单位	%	企业	%	出国	%	不明	%	总数
2000 级	7	28	11	44			7	28	25
2001 级	6	19	11	34	4	13	11	34	32
2002 级	4	12	19	58	10	30			33
2003 级	4	11	17	46	5	14	11	30	37
2004 级	3	9	19	54	10	29	6	17	35
2005 文	2	8	17	65	7	27			26
2005 翻	3	7	29	70	5	12	4	10	41
2006 文	3	10	17	55	10	32	1	3	31
2006 翻	3	8	24	67	9	25			36
合计	35	12%	164	54%	60	22%	40	14%	296

① 事业单位包括学校、广播电台、出版社、翻译局、杂志社、报社、司法等单位，出国包括出国就业和留学，不明指没有联系的学生。

② 2000 年以后入学的学生中，尤其 2005 年以后入学学生中还有部分没有完成学业，目前还在继续学习的毕业生有 19 名，这些学生是否继续学习不是很清楚。当然，其中一些毕业生可能进入事业单位，统计按“不明”计算。

2007 级开始进入事业单位系列的毕业生更加稀少，2007 级 67 名毕业生中有 3 名，2008 级有 2 名。当然，部分毕业生完成学业以后有可能进入这一行列。表 1 中毕业生就业的事业单位绝大多数在北京，表 2 中毕业生就业的事业单位，非北京的单位越来越多。随着北京市控制人口，这一趋势将更加明显。

表中属于“不明”的毕业生，大部分应该属于“企业”这一行列，按理这一年龄阶段的人不可能在家闲着，那么属于“企业”的还应该占更大比例。

调查结果表明，大部分毕业生的走向还是企业，学生实习就不能仅限于事业单位。

表 3　朝鲜语言文学系签订实习协议单位概况

<table>
<tr><th>地区</th><th>单位</th><th>人数</th><th>地区</th><th>单位</th><th>人数</th></tr>
<tr><td rowspan="6">北京</td><td>中央人民广播电台</td><td>6</td><td rowspan="2">黑龙江（哈尔滨）</td><td>黑龙江朝鲜文报社</td><td>5</td></tr>
<tr><td>中国国际广播电台</td><td>6</td><td>黑龙江朝鲜民族出版社</td><td>5</td></tr>
<tr><td>民族翻译局</td><td>6</td><td rowspan="6">吉林（长春、延吉、长白）</td><td>吉林朝鲜文报社</td><td>3</td></tr>
<tr><td>民族出版社</td><td>6</td><td>长白山杂志社</td><td>3</td></tr>
<tr><td>民族团结杂志社</td><td>2</td><td>延边广播电视总局</td><td>60</td></tr>
<tr><td>鸿元知识产权代理公司</td><td>6</td><td rowspan="2">长白朝鲜族自治县广播电视台</td><td rowspan="2">3</td></tr>
<tr><td rowspan="2">辽宁（沈阳）</td><td>辽宁民族出版社</td><td>2</td></tr>
<tr><td>辽宁朝鲜文报社</td><td>2</td><td></td><td></td></tr>
</table>

目前根据签订的实习协议，可实习人数达到了 115 名，我系每年计划招收 70 名学生，从人数上看，完全可以满足学生实习需求。但是除了北京一家企业以外，都属于事业单位，实习渠道与学生就业情况不相符。为了解决这一矛盾，我系从 2001 届开始进行了部分改革，放开制度，让学生找到与专业知识相对吻合的企业进行实习，如翻译公司、媒体（企业）、大企业的翻译部门等，目前改革为第六学期结束后进行专业实习，由系统一安排，第七学期结束后进行就业实习，由学生自行解决，每人需要开具一份为期四周的实习证明。

从表 3 中可以看出实习地点相对集中，而我系学生来自东三省及内蒙古、山东等各个地区。学生到实习地点进行实习困难较多，北京地区以外，都需要学生自行解决住宿问题、交通问题，每人 600 元的实习补助解决不了根本问题。

需求决定走向，再也不能把实习单位限定在事业单位范围，但不能忽视提高专业知识。

二、注重培养实践能力，统一管理实习单位

专业知识为基础，关注社会需求。毕业生丢掉专业知识，很难得到社会的认可，所以绝对不能忽视专业知识水平，而最能培养学生有关专业知识实践能力的单位，还是已经签订实习协议的事业单位，这些事业单位主要从事有关朝鲜语的编辑、翻译、写作等，与我系专业知识紧密相关，学生通过短短四周的实习，也能提高一些实践能力。所以单单为了培养专业实践能力，也不能完全脱离事业单位。

但事实证明，全部到专业对口单位不现实，更多的学生希望融入社会其他领域，尤其希望在北京、上海、广州等大都市的企业进行实习。满足学生的需求，需要大量的企业给予协助，但我系又不能找到可以解决所有学生实习机会，所以 2001 年放开制度让学生自行寻找实习单位。

到了 2003 年，有部分学生没有实习，通过私人关系或亲属的关系，只开证明；部分实习单位严重脱离专业知识；部分单位开出了多名同学的实习证明，虚开证明、脱离实习目的的占到了近三成。这些现象说明完全放开学生实习，不能控制实习内容的企业也不符合实习要求。

2004 年开始又回到传统实习方式，即统一安排到事业单位。2007 年开始我系参加实习学生人数达到了 70 名，为了解决实习问题，与延边广播电视总局签订了实习协议。根据协议，我系可以在所有延边地区的电视台、广播台安排实习生。

学生专业实习机会得到了解决，但到了 2010 年，因为经费、就业等问题，学生不愿意到东三省进行实习，学生之间因为实习机会，出现了不和谐的现象。多数学生愿意留在北京实习：一是北京的事业单位都是中央级、国家级的，对以后就业有一定影响；二是住宿及就餐方便，到了外地无法解决住宿。例如大连籍的学生到沈阳进行实习时，如果没有亲属、没有关系较好的同学，无法解决住宿问题，学生不可能住一个月的旅馆。延吉比较集中，学生可以集体租房子，男生一家，女生一家，但很难找到出租一个月的房子。

我们把实习经费调高到每人 600 元，但这仅仅解决交通经费，即使集体租房子、自己解决就餐问题，每个学生的负担还是较大，而且个人出租

的房子没有发票，回到学校以后无法报销。

地方的事业单位因为改革，每一名工作人员都有固定的任务，完成本人的工作以后，有的工作人员就直接下班，有的因为工作需要不在办公室。派过去的实习学生得不到相应的教育，有时根本见不到指导老师，但多数学生还是完成了实习任务。因为指导老师的问题，完不成实习任务的呈现出上升的趋势。

按需求需要扩大实习单位的范围，也要重视专业知识的提高，那么需要提供更多符合系科培养方案的单位来满足各种需求。

三、提供更多更全的实习单位，学生选择性更强

学生根据自己的人生发展规划，选择实习单位，需要我们寻找相对对口、可控实习内容的企业，以切实提高学生综合能力的培养。

签订实习协议的事业单位主要是媒体，比较单一，无法满足学生的需求。每个学生的目标不同、兴趣不同、能力不同，这种相对单一的专业实习单位不可能满足多数学生的真实需求。加上实习条件所限，很难调动学生主动性和积极性，实习效果也会大打折扣。

如果选择一些相对符合我系专业培养方案、可以控制实习内容、在京沪等较大城市的企业进行专业实习，更好地满足更多学生的需求。企业是多种多样的，学生可以在多个企业中寻找相应的工作进行实习，即使没有自己向往的工作，但可以认认真真地在企业进行实习，也可以提高学生的实践能力。

在企业实习还可以了解企业对专业培养的要求，按照学生及企业的要求，进行部分课程和教学内容的改革，可以培养符合社会需求的毕业生，增加毕业生在社会中的竞争能力。

在企业实习，扩大毕业生就业范围。可以安排我系学生实习的企业，是有潜在需求的，可以直接从实习生中挑选合适的员工，达到双赢互惠的目的。

把实习单位扩展到社会各种企业中，将有利于扩大我系影响力。我们首先应该培养好学生，让学生在社会中、企业中得到认可，将大大提升我系的影响力，更好地推动扩展实习企业。

在我们寻找企业的同时，部分企业提出了合作意向。2014 年经过多次协商，与北京一家企业签订了为期五年的实习协议，我系对实习内容、目标提出了比较详细的要求，给企业列出的要求与对事业单位的要求更多、

更广、更细。今年我系6名学生到该企业进行了为期4周的实习，同时在该公司悬挂了实习基地的牌子。

该公司制订了详细的实习计划，每周有讲座，每天有实践、指导、自学（翻看完结项目）等内容，企业为每两名学生指定了一名指导老师，每天为一名学生至少指导一个小时。对考勤也进行了详细的记录。企业通过接收和培养实习生得到了教育和培养员工的目的，也为企业多了一个高校实习基地的名誉感到自豪，学生学到了在学校无法学到的知识，并且对自己的水平有了更加直接的认识，回校以后还有时间调整自己、提高自己，以更好的面貌和水准参加各种竞聘，而且参与了实际工作而收获丰厚。

其他几家企业对此也非常感兴趣，目前基本达成协议的企业、律师事务所等有4家，2015年实习开始前可以签订3—4家，可以解决6—10名学生进行实习。我系将继续拓展符合要求的、接收短期实习生的企业，经过一至两年的努力，将解决30名学生进行专业实习。企业范围暂时限定为翻译公司、有翻译部门的企业，并且可以按照我系提出的要求对学生进行指导和管理。

过两年后，我系将形成以事业单位为主导，企业为辅的实习体系，学生根据本身发展的需求进行实习，而且有望全部在北京实习，解决学生实习的种种困难。

通过多渠道的实习，可以提高学生的实践能力，满足学生、社会、系科的要求。

四、多渠道实习，提高实践能力

给学生提供的实习单位有事业单位和企业。事业单位是专业对口部门，企业是相对对口的、可以控制实习内容、有热心参与公益事业等单位。这样可以在继承传统的模式上做出创新，系科可以在不降低实习要求的基础上，给学生提供多个平台，使学生的实践能力有所提高。

学生在多家企业参加实习，可以为企业选拔优秀员工提供机会。接收实习生的企业不是每年都招收员工，即使每年都招收员工，也不会只从实习生中选拔。企业可以通过企业间的交流，为合作企业推荐优秀的实习生。这将大大提高就业质量。

学生在社会多家事业单位和企业进行实习，也会推动我系的影响力。每个单位会从学生的水平以及每年学生的变化中看出学校做出的努力，在社会上得到广泛的认可。

为学生提供更多的实习机会，使学生能够按照个人发展目标进行专业实习，单位可以考查学生，以招聘到合适的员工，系科可以提高本身的影响力，因此应提倡这种一举多得的实习模式。

（作者单位：朝文系）

专业与课程建设

依托我校新版网络教学综合平台，推动声乐教学精品课程建设的构想

黑　力

2013年10月18日晚7：30，由中央民族大学音乐学院主办的“中央民族大学民族声乐精品课程展演音乐会”在学校中慧楼音乐厅如期举行，该场音乐会邀请了声乐系11位声乐主课教师在近二十年间培养的21名优秀毕业生和在校生参加，在参加展演音乐会的学生中，有13位少数民族，他们中有在国内外声乐比赛中获大奖的实力派歌唱家，也有深受少数民族群众喜爱的歌坛新秀，演员阵容汇集了我校培养的美声、民族唱法的优秀人才，展现了高水平、多样化的整体风貌，该场音乐会集中体现了我校声乐教学的最新成果和最高水平，因此受到了各方的普遍关注。音乐厅当天座无虚席，观众反响热烈，听众对演员的精彩表演给予了普遍的赞誉，对我校声乐专业教学成果给予了充分肯定。

音乐会结束后，一些来自校外的声乐爱好者和兄弟院校的声乐师生，纷纷表示希望更深入地了解我校声乐教学精品课程建设的情况，希望通过更多的方式了解我们的教学、科研、艺术实践等方面的情况，也希望能有更多的机会与我校声乐系开展学术交流。

这种现象让我开始思考，能否利用信息技术手段在声乐教学领域与外界开展学术交流可能性的问题，初衷就是希望把我校的优势教育资源通过运用信息技术支持下的新型传播手段介绍给全社会，并与同行们分享我们的经验，加强与同行在声乐教学领域的沟通，运用新技术，加快推进声乐教学精品课程建设的步伐。带着对上述问题的思考，本人认真地浏览了我校网络教学综合平台，并走访了我校网络教学平台建设方面的专家，与他们共同探讨依托新版网络教学平台建立开放资源平台和远程教学系统，推动声乐教学精品课程建设的可能性和初步构想，下面就从以下几个方面进行探讨。

一、依托网络教学综合平台，推动声乐教学精品课程建设的构想

（一）建立教学资源共享的构想

1. 利用平台进行声乐课堂教学内容的展示

通过浏览我校信息门户网站和现有的网络教学平台，发现音乐类的课程几乎只停留在文字介绍该课程的阶段，所有课程只有一两百字的文字说明，包括声乐、器乐这样的音乐表演类课程也如此。众所周知，音乐专业没有了音乐的内容，听众就失去了对音乐音响效果的具体感受，那么音乐专业的存在价值将会大打折扣，即使是音乐专业的理论类课程，如果缺少音响的内容，也不会生动有趣，音乐表演类课程的教学更是如此。在我校网络教学平台上，现在还没有建立声乐教学精品课程的专门栏目，这就使校内外的访问者根本无法通过该平台了解声乐教学精品课程的建设情况，这不能不说是个缺憾。

声乐课堂教学有不同于其他专业的特殊性，专业声乐教学最重要的特征就是一对一式的、口传心授式的教学（本科和研究生培养阶段均如此），它的许多教学方式和内容是以非物质方式进行的，尤其是那些只可意会，很难用文字记录甚至难以言传的内容，师生之间必须用声音的方式加以沟通才能顺利地完成教学，达到传授与领会的目的。根据这一特点，就需要声乐课堂教学必须要有音响的内容，否则教学就无法开展。音视频等多媒体手段可以在声乐教学中起到重要的支持作用，能够尽可能完整、真实地记录下这些内容，呈现给听众和学习者网络等技术手段提供的新的分享和传播方式，可以使更多的声乐爱好者从中受益。

在我校声乐教学精品课程的导师团队中，有多位在少数民族声乐教学领域造诣颇深的知名专家，他们在长期的教学过程中积累了丰富的教学经验，取得了骄人的教学成果，如果能将他们的声乐课堂教学内容录制下来，用数字化的方式通过在线资源平台进行分享，是我校智力资源服务功能的充分利用和极大延伸，这无疑是对我国声乐教育事业，尤其是对少数民族声乐教育事业的贡献，也是我校声乐教学精品课程既服务本校又服务社会的具体体现。

可以考虑把我校声乐教师的课堂教学录制下来，利用这些音视频资料，在我校网络教学综合平台的音乐学院子站点下建立声乐教学精品课程

“名师课堂”子目录，以便分享和传播。由此，我校声乐教学的成果可以得到梳理和集中展示，一系列教学活动也可以依托这些音视频资料展开。

2. 在平台上上传声乐音视频资料实现共享

我校声乐表演专业在长期的教学实践活动中，积累了大量的音视频资料，这些资料包括历年来到我校访问的国内外名师讲座录像、聘请的各地民间歌手来校的演唱录像、由我校承办的全国性声乐比赛活动的录像资料、国内外著名歌唱家在我校的演出录像、首都艺术院校声乐交流音乐会录像、声乐学术研讨会录像、学生音乐会录像、周五学生音乐会录像、精品课程音乐会录像、我院师生参演的音乐会歌剧录像等，这些资料可谓内容丰富、数量庞大。然而，由于缺少分享平台，这些资料至今还只能存在本地，无法供人浏览，国家为举办这些活动投入的大量资金，没有发挥其应有的作用。这些耗用了大笔资金积累起来的珍贵音视频资料，就这样默默地存放在仓库里，无缘面世，这是对资源的极大浪费，需要将这些DVD、VCD和其他数字资料转换成可以在线分享的形式，并通过资源平台加以利用，实现共享。

可以考虑用这部分音视频资料在我校网络教学综合平台的音乐学院子站点下建立声乐教学精品课程“重要事件”子目录，供大家浏览查阅，让更多的人受益。

以上对于教育资源共享的构想，就是把学校的部分教育资源对公众开放的构想。其实，开放教育资源（Open Education Resource，OER）由来已久。2001年美国麻省理工学院（MIT）院长查尔斯·韦斯特对外宣布实施开放课件（Open Course Ware，OCW）项目，从开发课件到视频公开课，再到慕课（Massive Online Open Course，MOOC），开放教育资源的影响力与日俱增。

简而言之，开放教育资源的核心是实现优质资源的共享。通过共享，突破大学的围墙，使知识广为传播，让学习无处不在，通过开放资源平台，将声乐学科的资源整理归类，与观众分享珍贵的声乐表演类资料，此举不仅是对我校声乐教学的系统化和影响力的极大提升，也可以起到传播知识、服务社会的作用。

（二）利用网络互动技术建立远程实时学术活动的几个构想

以网络为代表的信息技术的快速发展，极大地拉近了人与人之间的时空距离，为实时地开展学术交流活动提供了可能，我们应当充分加以利用。中央民族大学是我国少数民族教育的最高学府，学校不仅担负着为国家培养少数民族优秀人才的重任，同时也应当对少数民族文化事业的发展发挥重要的推动作用，在少数民族声乐文化发展领域也需要如此，这是每一位民大声乐教师的责任担当。利用我校声乐教学精品课程的教师资源，为民族地区的声乐教学服务，开展普及与提高的工作，是这种担当的具体体现。可以考虑在平台的音乐学院子站点下建立远程声乐教学和交流平台，组织参与如下学术活动：

1. 利用远程教学平台开展声乐学术研讨会活动

可以利用基于网络实时交互技术的远程教学平台，与全国10 所民族院校中有条件的院校开展民族声乐学术研讨会、声乐课堂观摩和教学经验交流会，这类活动的开展可以充分发挥民族院校点多面广的覆盖优势，为先进教学理念的推广、学术交流以及相互学习，探索出一种既经济且高效的方式，同时也可以较好地发挥我校声乐学科的辐射作用。

2. 利用远程教学平台进行研究生毕业音乐会评分及论文答辩活动

可以考虑利用远程教学平台与京外兄弟艺术院校的专家一起，进行声乐表演专业研究生毕业音乐会的评分及论文答辩活动，这样可以大大地节约研究生考试成本，更好地利用好专家资源。

3. 利用远程教学平台建立声乐课堂开展实时教学活动

可以考虑利用我校声乐教师的资源优势，为有需求的民族地区教育机构开设网络声乐课堂，进行远程网络教学，即通过网络为当地的声乐学生实施远程现场教学。这一构想主要针对边远少数民族地区，也可以考虑将这个网络课堂并入国家农村远程教育工程系统，使我校教学资源优势惠及民族地区的艺术教育领域，让少数民族边远地区的学生有机会接受高水平教师的指导。

4. 通过各种教学、学术活动生成教学资源

上述的各种教学和学术活动，除了在实施交流方面具有跨时间、空间和为教学提供便利的优势外，各种活动本身可以成为宝贵的生成性教学资源。这些资源有别于事先录好的教学资源，是教学和学术交流的宝贵资料。记录和分享这些资源不仅有助于各项活动本身的回顾和整理，也可以为不能实时参加活动的师生提供便利，进一步拓展学习的时间和空间，让后续学习和交流成为可能。

二、可能遇到的困难及对策

（一）对网络、设施的要求及解决方案

声乐学术活动对于音视频传输质量的要求不同于一般性会议的音视频传输要求，它对音视频传输的质量和稳定性的要求较高，通过网络传输的声音、图像必须有质量较高的保真性和流畅性。因此，要求开展在线学术交流双方的录音录像设备、网络宽带、数据处理和储存设备、录播环境、钢琴质量等必须符合开展活动的基本要求，有条件的地方可以建立专门进行音乐教学的录播室。现场教学可以使用目前比较先进的美国思科（Cisco）公司的网真（Tele - Presence）系统，或华为公司的智真系统，没有条件的地方也可以使用远程教学平台，或使用 Skype、QQ 等开放系统。现场教学活动的开展，其步骤可以由简入繁，由小到大，即利用现有设备和条件在取得经验的情况下，提升质量，扩大范围。一个理想的目标是在全国民族院校系统建立起声乐教学的在线课堂，实现与全国民族院校在声乐教学领域的互动和资源共享，在条件成熟的时候开设具有民族特色的声乐 MOOC 课程。

（二）关于教师网络运用能力不足问题的思考及其对策

文科类教师特别是艺术类专业教师，对网络技术的掌握往往比较滞后，这与从事该专业教师的授课习惯、科研内容和观念有一定的关系，当然也与实际运用网络参加学术活动机会的多少有关系。要知道依托远程教学平台开展教学的目的，并不是要改变声乐教师的授课方式和内容，而是希望借助此类平台将传统授课方式的精髓推广和传播开来。此外，借助此平台实现海量资源的共享。作为处于网络时代的高校教师应当有与时俱进的学习态度，有努力学习新技术和新手段的进取精神，只有这样才能与时代同步。这是时代对艺术类专业教师在思想观念上的必然要求。

在开展网络声乐学术活动之前的技术培训是必不可少的环节，学校相关平台的设计者和推动者也需要听取声乐教师的意见，与他们一道设计出一套操作简单、步骤清晰、逻辑流程合理、可用性及针对性强的应用模式，建立讲座、培训、跟进的支持服务模式，并在试讲阶段针对个人的技术操作难点加以指导，这样就能很好地帮助声乐教师克服畏难情绪，树立掌握和运用信息技术的信心，有效地促进教师基于信息技术的专业发展。

（三）关于教师开展网络教学主动性的激励问题和解决方案

我校声乐教师大多数都有在民族地区长期生活的成长背景，他们对少数民族群众有感情，对促进民族地区教育事业的发展有热情，我们需要很好地珍惜这份情感，努力激发起大家为民族地区发展服务的热情。

此外，声乐教师应当能够认识到，参加网络教学可以以极快的传播速度将自己的教学手段和理念传播开来，不仅会产生很好的社会效益，而且对提高教师自身的影响力有着巨大的推动作用。通过参与网络授课，使传统授课方式与现代传输手段有机地结合，不但丰富了教学手段，还可以借此机会学习到了现代网络的知识，相信对知识更新和观念的改变大有裨益。

为了鼓励教师开展网络教学活动，学校可以考虑在课时量计算、教改立项和职称评定方面给予参加网络教学活动的教师一定的鼓励，从政策层面予以激励。

三、依托我校网络教学综合平台，推动声乐教学精品课程建设的意义

网络对于教育事业的发展所起到的作用已经毋庸累述了，笔者认为依托网络教学综合平台推动我校声乐教学精品课程建设的意义有如下几点：

（1）虽然网络教学不可能完全取代声乐教学一对一式的、口传心授式的传统授课方式，但传统方式需要借助网络传播的手段才会让更多的人了解它的精髓和奥妙，让更多的观众受益。同时，网络教学活动会把声乐教学这种具有非物质特性的教学活动，用物质的手段进行记录和传播，这一特点对声乐教学的研究以及优秀教学艺术的继承和发展意义重大。

（2）网络声乐教学的开展对于快速提升边远地区少数民族声乐文化的发展水平具有难以替代的作用。

（3）通过中央民族大学网络教学综合平台对声乐教学精品课程的建设和推广，为外界了解我国少数民族声乐教育事业的现状和发展提供了一个良好的窗口，对推进民族声乐文化的多元化发展具有非常重要的意义。

（4）利用网络教学的手段会对我校声乐学科和声乐教学精品课程的建设和发展产生巨大的推动作用。

四、结　语

综上所述，本人认为网络教学综合平台的建立和不断完善，为我校声乐学科提供了良好的发展机遇，学院、系科、教师应当充分认识到这个平台的重要性，我们要调整观念、提高认识、更新知识、敢于实践、有所作为，以顺应新形势下学校在教学思路和手段更新方面的新要求。同时我们应当研究利用好这个平台，将网络的优势与我校声乐教育的学科优势有机地结合起来，为民族地区声乐事业的发展和进一步繁荣民族地区的音乐文化事业做出新的贡献。相信只要政策到位、科学规划、努力践行、有序推进，我校声乐资源共享和开展网络声乐教学活动的梦想一定会实现，依托网络教学综合平台，推进我校声乐教学精品课程建设和发展的设想一定会实现。

（作者单位：音乐学院）

少数民族传统体育学特色课程建设研究[①]

方 征

中央民族大学在人才培养方面提出了明确的目标："以提高本科教育质量为根本，以发展研究生教育为重点，培养坚定维护民族团结、适应少数民族和民族地区发展需要的应用型人才和研究型人才。"[②] 2001 年，体育学院开始了体育教育专业本科生的人才培养工作，至今已经有 13 个年头，培养适应少数民族地区需要的体育人才成为重要的发展方向。人才培养的核心在于："面向少数民族和民族地区培养学校体育师资及胜任其他社会工作的体育专业人才。"[③] 根据少数民族传统体育教学情况和学校培养目标的要求，我们开设了"少数民族传统体育学"课程。这是一门培养学生能够从事民族体育文化研究的专业特色课程，经过不断的建设已经逐渐走向成熟。我们在课程建设中，综合和运用民族学、人类学等相关学科的理论和方法，将体育作为研究对象进行了课程体系建设研究，并将长期的科研成果融入教学过程中，是依托中央民族大学民族文化学术大背景建立起来的一门跨领域、跨学科的专业特色课程。

一、课程体系建设

（一）明确课程目标

尽管进入 21 世纪以后，在国家"专业硕士"和"国培计划"等战略措施的支撑下，少数民族地区中小学体育师资短缺的现象将会很快得到缓

---

① 本文为 2012 年度中央民族大学优秀课程"少数民族传统体育学概论"项目建设阶段性成果之一。

② 陈理、焦玉琴：《试论少数民族精英人才培养模式及构成——以改革开放 30 年中央民族大学人才培养模式实践探索为例》，载《中央民族大学学报》2009 年第 1 期，第 5—11 页。

③ 董文梅、韦晓康：《中央民族大学体育教育专业人才培养模式的改革研究》，载《中央民族大学本科教学研究》（第十二辑），中央民族大学出版社 2012 年版，第 157 页。

解，同时对人才的需求也将会提出更高的要求。根据少数民族地区社会的发展，培养不仅掌握体育专业技术技能，而且能够从事文化研究，并能够在教学和竞赛活动中进行应用的复合型人才成为具有前瞻性的人才培养方向。“少数民族传统体育学”是一门综合了体育学、教育学和人类学基本理论与方法，培养学生能够用基本的方法去从事少数民族传统体育文化研究的课程。通过课程教学，可以让学生能够顺利地进行社会调查，用正确的观点分析问题，为他们今后的发展打下基础。

当前，由于少数民族地区经济发展相对滞后，中小学教育资金投入不足，体育教学相对得不到重视。因此，通过特色课程建设和教学，可以培养具有研究能力的体育教师，使他们有能力深入田野去挖掘和整理民族传统体育文化资源，通过提炼和加工，因地制宜地运用到学校体育教学中。这不仅能弥补体育教学资源的不足，而且对传承民族文化，培养积极向上、朝气蓬勃、适应社会发展、身心健康的下一代，以及促进少数民族地区文化和社会发展，具有现实和长远价值。

（二）完善教学制度

制订科学缜密的教学计划是搞好课程建设的基本保证。我们在大纲的制定中明确了教学任务，就是让学生能够运用文献、问卷、访谈、观察等方法开展少数民族传统体育文化调查，并能够运用基本的理论观点去分析和解读。根据这一任务，我们在教学计划中将课程分成三个部分：基础知识部分、专题讲座部分和师生互动部分。通过基础知识的学习、研究案例的示范和学术思想的交流，使学生能够将抽象的概念具体化。我们将长期的研究成果与教学实践相结合，将教师生动的田野调查实例与枯燥的理论学习相融合，制作出包含大量影像资料的 PPT 进行教学，给学生直观的感受，收到了很好的教学效果。

在考核方面，采用理论考试与实践能力考察相结合的方法，期中考试让学生完成一篇调查报告或文献综述的论文，培养学生的写作、文献查阅和实际应用能力。期末考试采用闭卷形式，全面考核学生掌握知识的情况。

（三）撰写特色教材

教材建设是建设优秀课程的重要内容，是学生学习的主要工具。教学团队经过长期的努力，不断将自己的教学、科研成果进行总结，并融汇于教材中。任课教师 2001 年出版了《少数民族体育通论》，2006 年出版了

《少数民族体育可持续发展研究》，2009 年出版了《少数民族传统体育学概论》，2010 年出版了《少数民族体育理论与方法》。通过对教材进行不断的完善和修改，我们已经从最初介绍少数民族体育基本概况的模式过渡到有学科发展史、基本要素、理论与方法、专题研究等较为完善的课程教学体系，并建设成为中央民族大学本科教学的优秀课程。

（四）整合师资队伍

课程的教学采用团队授课的形式，根据教师的教学内容和各自的研究特长，由体育学院的 3 位教授承担。主讲教师负责基本概念、理论和方法的教学，将完整的课程体系介绍给学生；然后由其他任课教师做专题讲座。通过集体授课，充分发挥了每位教师的研究特长，给学生展示了更加广阔的知识空间。教学过程中积极鼓励师生互动，设置了学生提问和教师答疑的环节，培养学生发现问题、思考问题和解决问题的能力，启发了学生自主学习的能动力。

二、教学课程实施

在体育学院的培养计划中，“少数民族传统体育学”被安排了 36 个学时，根据课程的内容和需要，又将课时分成三个专题部分由教师组共同完成教学任务。

（一）基础知识课程

这部分的学时数为 16 学时，由主讲教师任课，主要讲授课程的概况、课程体系、基本要素、基本观点和研究方法等，介绍少数民族传统体育的基本概念、发展与变迁机制，以及与相关学科的关系等。教师对少数民族传统体育文化研究的发展脉络、主要人物、主要学术观点、研究的前景、存在的问题和突破点进行评述，使学生对课程建立了完整的概念。教师运用相关学科的理论，结合自己的田野实践，从相对论、整体论、适应论和实践论的视角，启发学生树立正确的观点进行研究，使学生在研究中要尊重别人的文化、把“体育”放进整体文化的环境下进行思考，文化模式的不同是与文化所有者所处的自然环境和社会环境相适应的，只有深入的实际调查才能了解真正的结构，避免在研究中犯下不应该出现的错误。通过课堂教学让学生了解文献法、咨询法、访谈法、观察与参与观察法、问卷法、座谈会和逻辑分析法等研究方法的使用，以及民族传统体育与传统的体育研究范式的不同。基础知识课程的任务是让学生建立完整的学科概念，为实际运用打下基础。

（二）专题课程

专题课程部分课时数为16学时，由主讲教师和助讲教师共同完成。讲授的主要内容是教师根据自己的研究方向结合田野实践，向学生介绍研究案例，通过案例让学生了解怎样选题、设计研究框架、选用研究方法、搜集文献资料、分析解读调查材料、写作格式和完成论文等，在掌握基本观点和方法的基础上进一步提高认识。教师在长期的研究中积累了大量的成果，在课堂上运用图片、影像资料制作PPT进行演示，使学生从直观的视角达到从感性到理性的提升。例如，韦晓康的《少数民族传统体育的发展与现状》、张延庆的《少数民族巫术中的身体技艺》、方征的《蒙古族搏克场域中将嘎传承仪式的文化解读》和《鄂伦春族狩猎文化的变迁对村民健康的影响》等。

（三）师生互动

师生互动是用4学时的课时让学生走上讲台相互介绍自己的学习体验和研究成果，通过提问、答疑的方式进行学习和交流。在学期开始，教师布置期中作业，要求学生写一篇描述一项少数民族传统体育项目，论述其深层的文化寓意方面的文章，通过教学不断提高学生的研习能力。他们通过图书馆、网络等查找文献，对校园内开展的民族传统体育活动进行调查，并制作PPT、提交论文。在期末的最后两次课，让学生通过互动展现自己的研究成果，调动同学们学习的积极性，提高他们的演讲能力和答辩能力。

三、课程建设成果

（一）学生应用文献能力的提高

文献研究是少数民族传统体育文化研究的基本功，通过教学使学生能够从错综复杂的文献资料中梳理出核心文献，分析出当前的学术动态，从而确定自己的研究方向。学生能够运用图书馆、期刊网、互联网等途径查找资料，特别是能够从民族学、人类学、社会学和历史学等学科领域的研究资料中查找到相关的研究成果，从而归纳出自己需要的文献资料库，并完成文献综述，树立了跨学科、综合性的研究视野。

（二）实践调查能力的提高

学生运用课堂上所学到的理论与方法，能够制订出研究方案，制定访谈提纲，利用校园丰富多彩的民族文化活动开展社会调查。如对锅庄舞、跳竹竿、民族健身舞、高脚马、珍珠球、板鞋、投绣球、押甲、木球、抢花炮，以及校运动会期间各院系组织的民族表演项目的开展情况进行调查。学生通过观察、访谈、问卷等方式，初步掌握了实地调查的基本方法。

（三）综合素质的提升

通过教学活动，使学生打破对“体育”单纯的竞技、健身、娱乐、教育等固有思想的束缚，能够运用相关理论通过物质文化层面的“体育”事项去分析其深层的文化内涵。让学生通过学习，建立整体宏观的文化观念，正确认识少数民族体育与少数民族自然环境、社会环境和历史发展过程之间的关系，将少数民族体育还原到它固有的文化土壤中去再认识，促进学生树立理性的、全面的、稳固的学术研究功底。从学生的作业中可以看出，他们不仅关注少数民族体育事项的游戏过程，而且更加关注这种活动形成和发展的文化背景，从而能够客观和理性地看待问题，并提出自己对待这种文化的观点和态度。

通过学习，提高了学生搜集文献和分析问题的能力，也使得撰写研究报告具有了较为充足的素材。通过完成作业，促进了学生写作能力的提高，达到了语句基本通顺、结构基本合理、能够较完整地表达研究的内容。在教学中，我们还注重启发式教学和对学生综合能力的培养，让学生自己制作 PPT 走上讲台，通过提问、解答、讨论进行互动，教师再进行综合的点评，激发了学生主动学习、不断探索的精神，提高学生的认识能力、判断能力、表达能力和思辨能力，也使综合素质得到提高。

四、课程建设发展方向

（一）多学科理论与方法的融合

“少数民族传统体育学”是依托中央民族大学民族文化学术大背景建立起来的一门课程，跨领域、跨学科、综合性研究是它的学术特色和发展方向。这门课程以少数民族体育竞技、技艺、功法、规范、体质、健康、礼仪等事项为研究对象，透视出民族品质、观念和心理发展过程的一般规律。因此我们必须努力学习，将相关的学术思想和前沿成果融入课堂教学中，不断开拓学术领域、完善教学体系。

（二）不断拓展学习空间

尽管我们在教学中始终试图努力提升学生的调查应用能力，但因条件所限，学生并没有走出校园，由于与调查对象的文化隔阂不大，这离实际深入到少数民族地区进行田野调查还具有很大的差距。通过建立教学实习基地、不断开拓周边的实习资源，可以有效地提升学生的学习空间。在今后的发展中，鼓励学生加入到教师的研究团队，并完成自己的毕业论文，为学生提供提升的空间。

（三）加强综合素质的提升

在课程建设中，要不断加强学生认识社会、适应社会的能力，在复杂的环境中培养学生敏锐发现问题的能力，能够有针对性地开展调查。通过教学实践活动，能够提高学生认识事物和判断事物的能力，使学生用正确的方法去处理所关注的事物，不断完善自己的思想观念，提高他们的综合素质。同时也使学生不断改善自己的知识体系，努力做到理论与实践相结合、定量与定性相结合，为培养出更多高素质、综合性的民族体育特色人才做贡献。

参考文献

[1] 陈理、焦玉琴：《试论少数民族精英人才培养模式及构成——以改革开放 30 年中央民族大学人才培养模式实践探索为例》，载《中央民族大学学报》2009 年第 1 期。

[2] 董文梅、韦晓康：《中央民族大学体育教育专业人才培养模式的改革研究》，载《中央民族大学本科教学研究》第十二辑，中央民族大学出版社 2012 年版，第 157 页。

[3] 汪康乐：《体育科学新学科创建学》，北京体育大学出版社 2006 年版。

（作者单位：体育学院）

关于中央民族大学音乐学院合唱课建设的思考与探讨[①]

陈昌宁

中央民族大学音乐学院走过了近60年的辉煌历程，合唱艺术的教学作为音乐学院声乐教育的重要组成部分，一直伴随着音乐学院的成长发展壮大。随着社会各种合唱活动的广泛开展，合唱事业迎来了发展过程中的繁荣时期。合唱作为群众参与的艺术形式，其弘扬社会主旋律的宣传功能以及陶冶情操和丰富文化生活的精神作用被高度强化和突出。教育工作者一定要抓住这个机会，这无论对于弘扬民族音乐文化，还是为进一步推动我国合唱事业的发展，都有着现实的意义。少数民族合唱作品的发掘研究和创作，对于繁荣和弘扬我国各个少数民族丰厚的音乐艺术文化遗产有着不可或缺的研究意义。我国的各个少数民族大都有丰厚的民族音乐遗产，甚至有些少数民族的合唱艺术已经获得了世界非物质文化遗产的称号和桂冠。如贵州的侗族大歌已经走向世界，内蒙古的蒙古族合唱也已经形成传统，从曲目创作到演唱演绎等都达到了走向世界并夺取奖项的成就，涌现出了一大批的曲作者、词作者、演唱团体和指挥演绎者，新疆的木卡姆艺术也通过青歌赛等大众舞台，让全国观众了解到了维吾尔族传统合唱艺术的魅力，同时，也成为当地少数民族引以为傲的榜样。合唱艺术在各个少数民族偏远地区也都得到了不同形式的发展和普及，甚至由于宗教运动的普及和渗透，在一些边远地区的少数民族地区出现了教堂和唱诗班，也同样带来了群众合唱艺术的发展，也使音乐创作者感受到大力发展推广少数民族传统和现代合唱艺术的紧要性和紧迫性，也切合了国家重大战略需求、少数民族和民族地区发展稳定需求之间的要求。

学生合唱课教学的主要内容要从西方传统古典音乐入手，按照洋为中用、土洋结合的办法来提高学生的能力和水平。众所周知，合唱艺术来源于西方，产生于欧洲7—8世纪，在14—15世纪达到了复调合唱艺术的高

① 本文是2014—2015年度中央民族大学校级教学优秀课程项目“合唱”的阶段性成果。

峰。后期才是主调艺术合唱和器乐作品的发展和繁荣。所以，我们还是需要从西方古典艺术的视角和方法入手来处理合唱作品和合唱队伍。有了这样坚实的基础，我们就可以在这样的道路上发展和繁荣我们的民族艺术和少数民族艺术，尤其是合唱艺术。在中央民族大学音乐学院声乐歌剧系的教学中，少数民族声乐是我们独有的特色，也是我们的品牌。如何把少数民族声乐的学生和演唱与美声唱法的学生和演唱整合在一起，成为一个浑然天成的整体，从声音的处理和作品的处理上，达到音乐的美学化和舞台表演艺术的高度，必然成为我们所要探索的领域和重点。这里面比较困难的是发声方法的统一性。声乐的学生由于长期分别训练，每个人会有个人的发声方法和心得体会，不能要求千人一面，但是演唱方法的不统一就会带来声音上的不协调，怎样通过练声和精排细排，使同学们能明白和处理好声音的表现与音乐的表达，也是我们需要处理好的关键点之一。就个人观点来看，还是要以美声唱法为基础来进行训练，这也是大多数民族声乐老师的观点和处理办法。在教学上和排练课中，我们进行过一系列的创新研究和探索。例如，作为一个团队，我们请声乐老师进合唱练声，进行声乐指导，主要还是通过美声唱法的教师介入合唱排练的练声部分。通过声乐主科教师的练声，同学们会有更多自信心和领悟来进行合唱方面的演唱。通过笔者的观摩与研究，也符合近些年来国内合唱界提出来的新观点，逐步通过教学与舞台排练和实践形成我们少数民族声乐学生合唱团特有的合唱唱法。这种唱法以美声唱法为基础，借鉴民族唱法的一些咬字和吐字，形成统一一致、悦耳动听的声音概念。达到声部清晰、发音准确、歌词明确的要求。合唱唱法的理论与实践正在形成和发展的过程中，这也正是我们需要探索和实践的一些新兴领域。

教学内容方面，我们还是先从掌握西方古典音乐文献入手并作为基础，按照音乐史的顺序，从中世纪宗教音乐圣咏开始，教授和演唱一些格里高利圣咏和文艺复兴时期的复调音乐作品，然后逐步加入各个复调高峰时期的作曲家，一直到巴洛克时期的帕勒斯特里那和巴赫、亨德尔的一些作品，这时所选择的应该是比较短小易学、读谱与歌词负担都不太重的作品，甚至于选择一些类似于练声曲目的作品，同时在训练与教学中达到声音歌词和合唱音响统一的概念，使学生有一个明确的概念与基础。在这个阶段，可以同时并行中国合唱发端时期的作品作为调剂，诸如学堂乐歌时期李叔同、赵元任等作曲家的作品等，也要注意不要偏难，只要在读谱填词上使学生能很快掌握，同时选择一些非常简单通俗而又传统的少数民族合唱作品作为调剂。如果在声音处理上产生偏差，那么可以挪到第二个阶段进行尝试。在第二个阶段，可以顺序加入古典主义时期和浪漫主义时期的作品。在这个学习阶段，可以选择一些中型作品，但也要注意不要偏难，相对来说选择文献中伟大作曲家的小型作品比较合适。同时可以进入中国近现代作品的学习，引进一些相对来讲稍微复杂一点的中国作品，如五六十年代的合唱创作作品，包括那个时期的少数民族合唱作品。因为语言和文化上的认同感和曲调的熟悉感，学生掌握起来比较容易，但是唱好唱精又不容易。第三个阶段走向近现代，西方古典作品的文献掌握应该在第二个阶段完成，第三阶段重点掌握现代作品。相对来说，这个时期的作品更接近人们的现代生活和感觉，但是因为很多现代音乐的创作音响概念和现代记谱法造成了学习的困难。如果在第二个阶段学生掌握的比较扎实，那么对于三阶段的学习不会有太大的困难。所以在教学上尽量把基础打牢最重要。这个时期以现代和当代作品为主，既有西方现当代作品，也有中国的现当代作品，更把当代少数民族创作作品放在最重要的位置。在合唱作品选择方面，要无伴奏和有伴奏相结合，钢琴伴奏和少量乐器伴奏相结合。虽然说无伴奏合唱是合唱音乐的巅峰，但是从教学上来说，需要循序渐进，先从钢琴提示的音高概念入手，然后慢慢进入到无伴奏的水平和境界。在所有三个阶段的学习当中，中国少数民族作品要贯穿始终，也本着由简到难、深入浅出的原则进行。

合唱教学的科学性是最基本的教学原则之一，要求教学既要按照学生身心发展和学科知识渐进顺序进行，又要尽可能地通过科学的教学方法促进学生艺术造诣的全面发展，正确处理学生现有发展水平和潜在发展水平之间的关系，抓住关键点。音乐学院一向遵循“教学应当走在发展的前面”的理念，循序渐进与促进发展相结合体现在教学上，表现为规范的教材与科学的方法。

基于合唱课程教学的现状，我们提出并已经实施了一些切实可行的建设目标：建立完善科学的教学体系，包括完善的适于学生使用的合唱课教材和教学方法；在合唱课基础上建立学生合唱团；通过学期音乐会的形式，使学生得到充分的舞台实践等。

中央民族大学音乐学院声歌系合唱课是在学校以及音乐学院教学大纲的基础和要求下建立的。这门必修课需要有很多先修课程作为基础，所以并不是一门专业基础课程，而是一门意在提高的专业课程。先修课程有两门基本乐科——基本乐理以及视唱练耳。同时也需要有学生要有比较高的文化基础知识和素养。

除了关于先修课程的要求以外，在合唱课的教学之中还会牵涉大量的提高性工作。少数民族声乐是我院的艺术特色，可是合唱艺术来源于西方传统音乐，尤其是宗教方面，相关于历史文化音乐艺术的各个相关方面。怎样把民族唱法的学生的声音和意识融进合唱团队？在声部分配上怎样达到比较合适以及声音上和配合上的融合？少数民族合唱团队作为表演，怎样达到歌必舞、舞必歌？怎样用合适的表演动作加强合唱演唱的效果？这些都是我们目前需要考虑的问题。同时，关于声乐学生方面，要求学生处理好声乐主课和合唱课内容的协调和冲突，甚至在声音和唱法的要求上的不同。合唱课由几个年级的学生们一起学习，怎样在跨年级的同学们当中安排好声部，处理好声音力度以及由于学习年限的不同造成在理解和接受能力上面的一些偏差，这些也是教师需要综合考虑的问题。这些问题可能并没有一个标准的现成答案，需要我们在教学过程中不断摸索总结以及开拓思维去发明创造。

在课程建设方面，主要是内容与形式上均强调利用合唱音乐会和其他音乐表演形式把考核多样化，组织出版适合我们使用的少数民族合唱教材。在时间与经费合适的情况下，积极参与国家民委、文化部、教育部举办的各项合唱大赛与演出。积极增大开办学生合唱音乐会的支持和管理力度，不但要将期末考试合唱音乐会化，而且要积极筹办学期合唱音乐会和学期合唱汇报会。鼓励学生积极参加音乐学院内外以及中央民族大学内外各种合唱音乐团体，尤其是北京市的著名专业音乐团体。这实际上就是将部分教学内容与系列实践环节相结合，使考核内容更加形象、生动、多样化，使学生对相关合唱知识的掌握更加深刻。

参考文献

[1] 马革顺：《马革顺合唱指挥文集》，上海音乐出版社 2003 年版。
[2] 马革顺：《马革顺合唱学新编》（中英文版），上海音乐学院出版社 2013 年版。
[3] 马革顺：《全国高校音乐教育大系·合唱与合唱指挥简明教程》（上下），上海音乐学院出版社 2008 年第 1 版。
[4] 杨鸿年：《合唱训练学》（上下），中央音乐学院出版社 2008 年第 1 版。
[5] 杨鸿年：《合唱 1，2，3》，上海音乐出版社 2008 年第 1 版。

（作者单位：音乐学院）

整合校内优秀资源，培养合格国际人才

——国际教育学院对外汉语专业商务方向本科生的培养

江傲霜

高等教育国际化已经成为教育发展和教育改革的一个重点课题，其国际化程度的标志就是国际学生的数量。目前，国内各高校都在努力扩大国际学生的招生规模，提高办学层次，力图更好地与世界接轨。美国洛普（Gallup）公司主席兼总裁吉姆·克里夫顿在他的《就业战争迫在眉睫》（2012）中认为："学生们想要的，不只是毕业证，而是能找到一份好工作的教育。"随着中国在全球地位的提升，汉语的影响力逐步增强，越来越多的外国人选择到中国学习汉语，攻读学位。据教育部统计，2010 年来自 194 个国家和地区的外国留学生在我国 618 所高等院校和其他机构中就读。其中，学历生占 40.5%，非学历生占 59.5%。① 在迅速增长的来华学历留学生中，本科留学生的比例增长最快。② 2010 年，在 107432 名学历生中，专科生占 0.4%、本科生占 30.7%、研究生占 9.4%。③ 由此可见，本科生在来华学历留学生中所占比例可观。如何构建本科留学生的培养体系，保证本科留学生的培养质量，这是高校教育国际化应该考虑的重要问题。高校的教育水平直接影响其声誉，良好的声誉又会带来更多的国际学生。

在来华攻读学位的本科留学生中，汉语言专业的人数最多。2010 年，汉语言专业留学生数量占当年来华留学生总数的 55.1%（赵坤，2013）。汉语言专业作为二级学科下设四个方向：汉语言、中国文化、双语和翻译以及商务汉语。④ 近些年，中国与世界各国经贸合作增多，也吸引了更多

---

① 赵坤：《高等教育国际化背景下扩大来华留学生教育规模对策研究》，燕山大学硕士学位论文，2013 年。

② 于富增：《改革开放 30 年的来华留学生教育》，北京语言大学出版社 2009 年版。

③ 赵坤：《高等教育国际化背景下扩大来华留学生教育规模对策研究》，燕山大学硕士学位论文，2013 年。

④ 经贸汉语是该方向早期确立的名称，随着实践和研究的深入，人们发现该名称涵盖内容过窄，因此以商务汉语代替。

人投身该领域。据统计：“在所开设的方向中，汉语言商务方向最受欢迎。”① 中央民族大学国际教育学院于 2007 年 9 月开始招收对外汉语专业商务方向本科留学生，学生来自泰国、蒙古、韩国、中亚五国、印度尼西亚、尼日利亚、伊拉克、土耳其、斯里兰卡、日本、迪拜、美国等 16 个国家，现已毕业四届学生，共计 47 人。这些学生中除 12 人考取清华大学、北京大学、人民大学和北京语言大学的研究生外（其中 1 人正在攻读博士学位），其余学生均在本国或中国找到以汉语为工作语言的经贸类职位。在国际学生的培养中，我们秉承“优化课程体系、严格教学管理、加强师资建设、整合优秀资源”的培养理念，向世界输送了一批又一批合格的国际人才。由于外国留学生的特殊性，我们除执行中央民族大学对本科生的相关规定外，在教学管理上保持了一定的灵活性和自主性。

一、优化课程设置体系，关注学生学习需求

（一）严格论证培养方案

1. 培养目标

商务方向要培养实用型高级国际汉语人才。通过四年的汉语学习，对中国的国情及文化有较全面的了解，掌握使用汉语从事经济贸易活动的实用知识和技能，能够流利正确得体地运用汉语从事商务活动及相关工作。

2. 培养要求

一二年级为基础阶段，课程以汉语基础课为主，突出言语技能训练。三四年级为专业阶段，课程以商务专业课为主，在继续提高汉语水平的基础上突出专业知识的学习。该阶段将系统学习最基本的经济、贸易、管理、法律等商务活动的相关理论，使学生对中国的经济发展有一个整体了解，能熟练运用汉语进行商务交际。同时鼓励学生根据自己的兴趣和未来发展，选修本院或全校其他院系的课程，成绩合格可计入选修课学分。四年总学分为 154 学分。

3. 课程设置

学科基础课共 22 门，88 学分；专业基础课共 6 门，28 学分；专业必修课共 2 门，8 学分，专业选修课共 8 门，16 学分。文化选修课共 5 门

---

① 沈庶英：《汉语国际教育视域下商务汉语教学改革探讨》，载《国家教育行政学院学报》2012 年第 3 期，第 54 页。

（限选 1 门）2 学分。科学研究和实践环节 12 学分，三年级下学期完成学年论文一篇（3000 字以上），4 学分。四年级下学期专业实践一周，完成实践报告一篇（3000 字以上），4 学分。完成毕业论文一篇（6000 字以上），4 学分。

（二）优化课程体系

课程体系是培养目标及培养方案的具体实施环节，它既要体现基础性和实用性，还要考虑各课程之间的关联与衔接，课程体系的科学性影响着人才培养的质量。商务方向的毕业生应具备一种能力，即以汉语为载体，运用所学习的商务专业知识处理跨文化的商务事务。目前，国内商务汉语方向本科生的培养有两种模式，即同步式和阶段式。所谓同步式是指学习汉语与商务知识同时进行；阶段式是指先学习汉语，达到一定程度后再学商务知识。根据我院的招生规模和学生情况，我们采取了阶段式培养模式，即“基础学习阶段 + 专业学习阶段”。经过多方调研，并在多年的实践中不断调整，从最初的 42 门课程、157 学分调整至现在的 40 门课程，154 学分。目前，我们形成了一套适合我院商务方向“阶段式培养模式”的课程体系，培养效果较为明显。

从学科角度来看，我院商务方向的所属专业为对外汉语，掌握汉语是学习该方向的前提。基础阶段的课程主要以学科基础课为主，共开设 22 门学科基础课，即汉语课，占总课程的 56%。

其中，一年级开设了初级综合课（8 学分）、口语课（6 学分）、听力课（4 学分）、写作课（2 学分）和阅读课（2 学分）；二年级开设了中级综合课（8 学分）、口语课（4 学分）、听力课（4 学分）、写作课（2 学分）和阅读课（2 学分）；三年级开设了高级写作课（2 学分）和高级阅读课（4 学分）。这些课型在不同阶段配套出现，使学生的汉语水平螺旋上升，保证听、说、读、写各项言语技能均衡发展，为其专业学习及未来从事商务口头及书面活动打下坚实的语言基础。此外，三年级还开设了中国概况课，以体验互动的方式加深留学生对中国的全方位了解，降低文化障碍，便于未来工作。

在专业学习阶段，我院采取“专业先行、汉语辅助”的课程设置模式，即以商务专业课为主体，汉语起到扩展言语技能和辅助专业学习的作用。根据张黎（2006）的调查：商务方向毕业生所从事的职业主要是交易性活动和管理性活动，主要包括经济、贸易、法律、管理、营销等方面。学科地位决定了该方向的专业课不可能面面俱到，也很难做到纵深发展，学生们需要的是能够胜任工作需求的商务领域内的相关知识和技能。由于中央民族大学的地缘与“亲缘”关系，很多东南亚和中亚学生对我校“情有独钟”。这些学生希望毕业后能以汉语为工作语言，从事经贸领域内的相关工作，有一些学生的家人已经在进行与中国的经贸合作。鉴于此，我们开设了两门专业必修课：经济学原理（三年级）和国际经济学（四年级），分别为4学分；8门专业选修课，分别为2学分。其中，三年级开设：当代中国经济与中国对外经济贸易、涉外经济法、电子商务；四年级开设：市场营销、国际贸易实务、商务礼仪与商务谈判、国际商务管理、现代物流和管理。经贸类课程有5门：经济学原理、国际经济学、当代中国经济与中国对外经济贸易、国际贸易实务；法律类课程1门：涉外经济法；管理类课程1门：国际商务管理；应用性课程4门：市场营销、商务礼仪与商务谈判、电子商务、现代物流。这些专业课程按照从易到难、与学习需求的紧密度、理论结合实践的原则来设置，为毫无商务背景的留学生奠定了未来工作和继续学习的专业基础。

为了使基础汉语与专业知识更好地衔接，我们还开设了7门商务汉语专业基础课，包括中级商务汉语综合（8学分）、中级商务汉语听说（4学分）；高级商务汉语综合①（6学分、4学分）、高级商务汉语听说（4学、2学分）、高级商务汉语视听说（2学分）等。商务汉语是一种专门用途的汉语，该类课程以语言课的形式承载经贸相关内容，在普通汉语和专业知识间架起一座桥梁。通过经贸类文章或商务内容的学习，学生了解中国的经济体制、消费、会展、教育、零售业等领域内经贸知识，掌握基尼系数、恩格尔系数等经济学术语，学会在商务活动中进行询问、订购、报关、签署合同等，同时也为专业课的学习扫清障碍。

二、完善教学管理体系，注重人才培养质量

由于语言能力、文化内涵、思维方式、生活习惯等的差异，我们对来华本科留学生采取单独编班的教学及管理形式，而非与中国学生趋同管理②。本科生在校期限长，学生国别多样、性格各异，需要有相对完善的教学管理体系对其进行约束。学院先后制定了本科留学生的《教学管理实

---

① 有些商务汉语的专业基础课开设两个学期，两个学期的学分不同。

② 未来的本科生培养中，我们可以尝试在专业课阶段采取某种形式的留学生与中国学生趋同管理。

施细则》、《考试规定》、《专业实践管理规定》、《奖学金评定办法》、《毕业论文写作及答辩有关规定》、《毕业论文答辩程序及成绩评定办法》、《优秀毕业生评定办法》等相关条例，对本科生的出勤、考核、专业实践、毕业论文写作及答辩等做出了明确的规定，使教学管理规范有序、有章可循，切实保证本科生的培养质量。关于教学计划、教学大纲、教学进度及教案等学院要求每位任课教师在每学期初上交，由教学办主任及系主任负责监督检查。

（一）严格考勤和考核制度

为杜绝迟到和旷课现象，学院设立本科生考勤制度，每月由班主任上报，留学生办公室统一公布。每节课迟到五分钟以上者按旷课一节计；一个学期内缺课超过各门课程总教学时数四分之一者取消期中、期末考试资格；一学期内累计旷课 16 节以上者，给予相应的处分，取消考试资格并不予补考。学期总评成绩有一门不及格（或补考后依然不及格）者取消其继续在该班就读的资格（主要是留级或开除）。由于管理制度严格，目前我院本科生学习态度端正，学习刻苦努力。

（二）完善教学评估体系

国际教育学院每学期进行两次教学评估，学期初教学评估可以让教师发现教学问题，根据学生的建议，对教学进行及时调整和改正。学期末教学评估，能够反映教师与学生一个学期的教学融合，较为真实地体现学生对教师的评价。除此以外，学院还定期组织学生座谈，了解学生的学习需求、学习困难以及对教师教学的满意度等，这种双管齐下的方式有力地保障了本科学生的教学质量。调查显示，学生对教师们的教学质量非常满意，每次教学评估任课教师的成绩均在 95 分以上，甚至还有百分教师。

（三）毕业采取“双线准出制”

对于毕业生，国际教育学院采取“双线准出制”，即学业成绩和 HSK 成绩均达到要求方准毕业。汉语水平达到新 HSK3 级以上者准予入学，一年级结业时需达到 4 级水平，二年级结业时需达到 5 级水平，四年级毕业时需达到 6 级水平，如未通过六级考试，只能得到毕业证，一年之内取得六级证书后再颁发学位证。

（四）实行部分弹性学制

商务方向的学制为四年，有些学生入学前曾较长时间学习汉语，还有些学生学能突出，使得他们的汉语水平超过入学级别或同侪。对于这样的学生，学院规定HSK成绩达到四级且顺利通过一年级结业考试，经过课程认定，准许升入二年级。学过一年以上汉语，HSK成绩五级且通过本科二年级结业考试，经过课程认定，准许插入三年级学习。这种修满学分毕业的弹性学制也保证了少数程度高的同学不受规定时间限制完成学业。

（五）毕业论文写作制度化

学院在三年级下学期开设毕业论文指导课，不仅可以帮助学生完成期末的学年论文，也使学生熟悉毕业论文的写作流程。四年级上学期期末，学院为每位毕业生安排一位指导教师，每周面对面指导，从论文选题、文献搜集与研读到基本框架、具体章节、初稿、定稿，都要与指导教师一一商定。论文完成以后，由学院统一组织答辩，答辩合格者可以获得毕业资格。

（六）注重语言实践

汉语作为第二语言的学习，需要不断实践才能将陈述性知识转化为程序性知识，商务方向更是如此，运用汉语进行商务交际是人才培养的最终目标。国际教育学院从基础阶段就注重语言实践活动，每学期由任课教师或班主任组织一至两次语言实践活动，带领学生走进中国人的生活，感受中国语言、文化的魅力。学生们进过公园，探过胡同，览过故宫，访过茶馆……同中国人近距离深入交谈。此外，还安排本院汉语国际教育硕士或文学院对外汉语专业中国学生每周免费辅导本科生两次，帮助他们消化吸收课内所学，提高言语技能。

每学期的“留学生汉语节目表演”是国际教育学院的品牌活动。学生们以小品、短剧能力等表演形式汇报汉语学习成果。他们运用汉语创作、使用汉语排演，汉语得到最大限度的训练与提升，该活动得到全体学生的认可及学校领导的好评。每次汉语节目表演都是国际教育学院的一次语言盛典。一二年级本科生变学期都参加，三四年级本科生只观摩不表演。

在专业学习阶段，学院为四年级学生安排了一个星期的社会实践。带领他们去燕京啤酒、现代汽车、汇源果汁等企业参观实践，同工作人员座谈，并完成3000字以上的社会实践报告。在此之前，教师布置一系列任务，加深学生们对企业的前期了解。在参观和座谈过程中，他们可以跟工作人员交流和讨论，完成从理论到实践的学习。

（七）实行班主任负责制

班主任是一个班级的核心，对增进各任课教师与学生的感情，促进学生迅速融入班集体起着重要作用。为保证本科生学习和生活无障碍，学院为每班安排了一位班主任负责班级的日常管理，包括监督学生的出勤、督促学生的学习，了解每位学生的生活、学习状况，通知和落实学院的日常事务，负责班级同学的联络及意见反馈，组织和实施班级活动等。在班主任的领导下，班级凝聚力迅速建立，更利于学院的教学管理，有些老师还被评为“优秀班主任”。

（八）人文关怀与适度奖励

为给学生营造一个家的氛围，国际教育学院每年都会举办迎新联欢会，目的是增进四个年级学生间的交流，帮助新生消除异国的陌生感和孤独感。事实证明，迎新联欢会确实起到桥梁作用，新生很快融入国际教育学院对外汉语本科这个群体中来，有了归属感。对于学习成绩优秀、表现突出的学生，学院推荐其申请“北京市优秀外国留学生奖学金”，每年都有一批学生获得全额或半额奖学金。此外，学院还设立了“成绩突出奖”，奖励那些努力学习、汉语水平超过同侪的学生。例如在二年级通过 HSK 六级，会获得学院颁发的奖状和奖金。此外，我们还组建了本科学生会，让留学生进行自我管理，培养他们协调、合作及管理能力。

三、加强师资队伍建设、整合各方优秀资源

教师是教学质量保障的决定性因素，缺乏素质高、科研强的教师无法提高教学水平，完成人才培养任务。国际教育学院非常重视教师队伍建设，选派有多年教学经验的优秀教师承担本科留学生的教学任务，同时组织相关人员不定期、无预约入班听课。对于外聘教师，经过严格的试讲选拔后，由院里统一培训上岗，系主任负责全程听课指导。同时，提倡教师间互相听课，一起研讨，共同进步。鼓励教师以教学为本并进行相关的学术研究。设立“精品课程”项目，鼓励教师钻研教法，上好课，“优”课。

为保证商务方向本科生的培养质量，国际教育学院整合学校各院优秀资源，发挥各院特长，聘请经济学院、管理学院、法学院的优秀教师承担

教学任务。2011 年起，国际教育学院与经济学院合作，共同培养商务方向的国际本科生，培养方案也因此做了相应调整：前两年半以汉语基础课为主，由国际教育学院完成；后一年半以商务专业课为主，由经济学院完成。目前已经毕业一届学生，反映良好，这也加大了我们联合培养的信心和决心。

截至目前，国际教育学院共计培养了 47 名毕业生（见表 1）。这些毕业生在不同国家（见表 2）、不同岗位用汉语从事着商务工作。经过七年的探索和实践，我们在课程设置、教学管理、师资建设等方面取得了一些经验，然而还有很多不足。我们会继续努力，使本科留学生培养成规模，将中央民族大学国际教育学院的品牌做大做强。

表 1　毕业生就业情况

年级	毕业人数	考取研究生	在中国工作	回国工作
2007	10 人	3 人	2 人	8 人
2008	13 人	2 人	1 人	10 人
2009	10 人	6 人	0	4 人
2010	14 人	1 人	1 人	12 人

表 2　毕业生国籍

蒙古	泰国	吉尔吉斯斯坦	俄罗斯	哈萨克斯坦	韩国	土库曼斯坦	斯里兰卡	乌兹别克斯坦	伊拉克	尼日利亚	印度尼西亚	日本	土耳其	总计
7	7	2	4	5	8	5	1	3	1	1	1	1	1	47

参考文献

[1] 吉姆·克里夫顿：《就业战争迫在眉睫》，中国青年出版社 2012 年版。
[2] 张黎：《商务汉语需求分析》，载《语言教学与研究》2006 年第 3 期，第 56—58 页。

（作者单位：国际教育学院）

试论比较文学学科的建设与发展

——以本科蒙古语言文学专业蒙古语授课为例

吴哈斯塔娜　拉斯格玛

比较文学研究产生到现在已有百余年的历史，现已成为涵盖东西方文学研究的大学科。在中国，比较文学研究的复兴自20世纪70年代末80年代初伊始，已经历了30多年的迅速发展历程。1985年，在36所大专院校教师的努力下“中国比较文学学会”在深圳成立，这标志着国内比较文学研究新的发展阶段的开始。随着比较文学研究的深入和发展，在国内各大专院校汉语言文学专业中，“比较文学”课程逐渐从本科选修课程发展成为必修课程，进而又发展成为研究生招生专业方向，甚至有些学校成立了比较文学系。与此同时，出版了相配套的系统授课教材，也逐渐形成了一批极具实力的研究队伍，但目前国内大专院校蒙古语言文学专业教学中，该门课程还未得到足够的重视，师资队伍薄弱，没有适合“比较文学概论”课程授课的蒙古语教材。这在很大程度上阻碍了蒙古学领域中开展比较文学研究的进度。因此，我们应提高对“比较文学概论”课程的重视和支持力度。下面主要从三个方面加以论述。

一、提高对母语授课比较文学课程的必要性及优势的认识

世界各国与各民族文学的发展历史证明，文学是在输送与吸收、影响与被影响的过程中得到发展。因而要更科学地总结文学发展的轨迹与规律，必须以比较文学的视野审视整个文学创作过程。中国是多民族国家，各民族固有自己的文化传统和文学传统，从而形成了中华民族多元一体文化特征，文学也不例外。任何一个作家在其创作过程中，在传承本土文学传统和本民族文学传统的基础上，不同程度地接受和借鉴其他国家与民族文学的影响。比如，原内蒙古文联主席阿尔泰是我国少数民族作家群中的佼佼者之一，他是将惠特曼《草叶集》翻译并介绍给蒙古族读者的第一人。之后他创作和出版了众多自由诗和散文诗，这些诗歌可以称之为新时

期蒙古族诗歌最高成就。他的作品在主题、形式、形象、风格等各方面与《草叶集》特点相似，从他的作品中既可以品尝到蒙古草原独有的浓厚芬芳，还隐约呼吸到“草叶”的香气。显然他的诗歌创作受到了惠特曼诗歌创作的影响。如果我们以比较文学的视野审视本民族古近代、现当代文学，不难发现我们文学史上出现的许多文学现象与作品与其他国家、其他民族的文学现象和文学作品有着不能忽视的可比性。

因此我们必须强调加强比较文学母语授课课程建设，为各民族在拥有自己独特的文化思维和文化遗产的基础上，用自己的语言文字和方式发展各民族的文学。如果汉语（或其他通用语言）授课，授课者和听课者受语言的限制，所得到的信息和知识有限。母语授课和学习可以克服这一障碍，可以以自己民族的文学艺术作为主导，审视其他国别文学与民族文学，拓展视野，从而能够有效地丰富文学知识和研究成果，任何语种的授课效果无法替代母语授课效果。

二、加强比较文学课程建设的力度

比较文学是对两种或两种以上民族文学之间相互作用的过程以及文学与其他艺术门类和其他意识形态的相互关系的比较研究的文艺学分支。东西方文学比较是当代世界比较文学研究的新趋势。从成吉思汗西征开始，蒙古人登上东西方文化交流的历史舞台，促进了东西方文化的交流与对话。蒙古人在南征北战横跨欧亚大陆的过程中，与世界多民族发生文化交往，不但不同程度接受了异族影响，同时也影响了其他民族，“在不同文化的碰撞和流传中起到了媒介作用”①。例如，蒙古人从没有文字到使用文字，只是在文字上曾使用（或正在使用）回纥文、八思巴文、阿里嘎力文、基里尔文等近十种文字。后来通过翻译等媒介认识到汉文化、印度文化、藏族文化，甚至还有西方文化。文字的使用不仅仅是符号的使用，而是在文字使用的同时，也潜移默化地接受了所使用文字带来的文化。正是在这种异国、异族的文学和文化交错的关系中，蒙古文学得到不断的充实和发展。所以，我们应当运用比较文学研究的理论与方法来剖析蒙古文学作品的体裁、内容、题材、理论等各个方面。这不仅有利于拓宽蒙古文学的研究范围，更利于知己知彼。

---

① 齐·巴特尔：《比较文学与蒙古文学》，内蒙古人民出版社 2002 年版，第 3 页。

要真正了解本民族文学，需要了解它不同于其他民族文学的特点。比较文学正是为我们提供了这样一个理论工具。在研究本民族文学时，应以世界文学为背景，以他种文学为参照，去研究和评价本民族文学。因此，不能将比较文学视为边缘课程，应将其纳入到必修课范围。

但今天我们严重缺少这方面的研究力量。目前在蒙古学领域中，运用比较文学理论与方法研究的著作只有扎拉嘎、云峰、陈岗龙、乌力吉、其·巴特尔、那木吉拉等学者的学术著作。这与汉文学领域中的比较文学学术著作是无法相比的。不仅在数量上相差悬殊，在比较范围上也是有限的。改变这一现状和继续发展比较文学研究工作的关键，在于培养这方面的专业人才。

经国家教育部门批准，自 20 世纪 80 年代初起，比较文学已成为一级学科中国文学下属的二级研究学科，并成为汉语言文学专业的必修课程。1987 年设立了比较文学专业第一个硕士点，1993 年设立了比较文学专业第一个博士点。1998 年教育部门对学科进行调整，将同为二级学科的比较文学和世界文学合并，称为“比较文学与世界文学”。这对某些大专院校，尤其是师范类学校比较文学课程的安排带来了明显的变化。

比较文学是文学研究的一种理论方法。然而在蒙古文学研究领域里，与文学史、古代文学和民间文学研究相比，比较文学的研究起步较晚，理论体系建构还比较薄弱。在蒙古文学研究领域发展比较文学研究，吸纳好的经验与理论方法，可以为蒙古文学研究提供更加广阔的园地。要达到这一目标，我们的首要任务是对本科生课程设置进行合理的调整，培养这方面的专业人才。目前大专院校蒙古语言文学专业本科生培养方案中已设置了“比较文学”和“比较文学概论”等课程，但都是选修课，并且存在课时少、学分低等问题，故无法为本科生打下良好的专业知识基础，建立招收硕士生点更是无从谈起。

据笔者了解，在北京，中央民族大学蒙古语言文学专业硕士生培养方案中设置有“比较文学概论”课程，并培养了一批以“蒙汉文学关系研究”和“蒙藏文学与文化研究”为研究方向的硕士和博士研究生。北京大学蒙古语言文学专业从 2004 年开始，为硕士研究生开设了蒙古文学与比较文学课程。实践证明，在蒙古文学领域引进比较文学理论与研究方法，拓宽了研究视野，更有力地促进了研究创新，突出了民族特色。比较文学是重要的文学研究理论与方法，我们主张将其定位于与文学理论课相同的地位。

下一个需要讨论的问题是比较文学课程的教学内容问题，即我们要教给学生什么的问题。在这点上，我们必须仔细斟酌课程内容。我们认为，本科蒙古语言文学专业比较文学课程授课课时设置为54课时较为合理，对其教授内容做出的简单方案如下：

（1）比较文学的定义（概念）（1学分，18学时）：比较文学的特点；比较文学的作用；比较文学的历史与现状；比较文学与蒙古文学。这部分内容主要介绍比较文学的定义和本质。

（2）比较文学的研究类型与方法（1学分，18学时）：影响研究；平行研究；阐发研究；跨学科研究。这部分内容主要介绍比较文学研究流派、研究理论、方法等。

（3）比较文学的研究范围（1学分，18学时）：作品类型研究；主题研究；译介研究；理论研究；形象研究。这部分内容主要介绍比较文学的研究对象及研究方法。

以上是比较文学课程的内容设置，共计54课时，三学分。其中三分之一的内容是有关比较文学的定义、理论和历史，余下三分之二的内容是方法论。在教学中应注重理论与实践相结合。

三、用母语编写比较文学概论课程教材

随着科学技术的飞速发展、网络普及和全球化进程日益加快，比较文学以它特有的综合性、交叉性和跨越性，引起了人们的注意。如今比较文学已成为全国各高校汉语言文学专业的专业必修课程，比较文学研究方向的硕士、博士招生学位点也逐年递增。

随着我国比较文学研究的深入，比较文学研究的课程建设、教材建设问题已成为重要的讨论议题。例如，在“北大—复旦比较文学学术论坛”上，许多教师、学者们提出了这一问题。编写相关教材的重要性：首先，学生主要通过教材获得专业基础知识，甚至成为以后的学习和工作的基础；其次，奠定了比较文学研究未来的基础。这是事关中国比较文学研究未来发展的重大问题。1984年由卢康华、孙景尧主编的《比较文学导论》（黑龙江人民出版社）是国内第一部正式出版的比较文学概论课程教材。1986年由编陈惇、刘象愚编写的《比较文学概论》（北京师范大学出版社）教材的出版，极大地推动了中国比较文学的教学和研究工作。尤其在北京大学、北京师范大学、四川大学、上海外国语大学等高校教师共同努力下，从20世纪90年代开始，先后出版了多部面向本科生、研究生的比较文学课程相关教材。据不完全统计，1984年以来，面向不同级别学生出

版的比较文学教材已有十多种。

但是到目前为止，还没有一部蒙古语编写的严格意义上的比较文学概论课程教材。目前蒙古语所著关于比较文学研究理论与方法的专著有杨·巴雅尔主编的《比较文学论》（内蒙古人民出版社）及齐·巴特尔所著《比较文学与蒙古文学》（内蒙古人民出版社）。《比较文学论》一书是蒙古语所著比较文学理论相关的第一部著作。该书由上下两编构成：上编由三个部分组成，主要介绍了比较文学的定义、研究内容及形成发展历史；下编由六篇比较文学学术论文构成。《比较文学与蒙古文学》一书巧妙地运用比较文学研究成果、方法及观点，拓展并深化了蒙古文化和文学领域的研究。虽然这两部著作不算严格意义上的教材，但在蒙古语言文学专业比较文学教学研究领域具有填补空白的意义。两部专著就什么是比较文学、比较文学的主要研究理论与方法等问题进行了阐述，为蒙古语编写“比较文学概论”课程教材奠定了基础。

那么，如何编写适合蒙古语言文学专业的比较文学课程教材呢?

首先，要做的就是选好编写教材的团队人员，避免滥竽充数的情况发生。教材的编写工作应由讲授比较文学课程、外国文学课程或文学理论课程的高校教师或者在比较文学研究领域成绩突出的学者来担任。这样才能保证教材的质量。

其次，有关教材内容的问题，这其实是“教什么”的问题。在这点上，可以参考前面提到的有关授课内容的简单方案。总体上，本科生的课时数较少，基础知识不够充实，所以编写教材应着重比较文学的基本理论方法、研究对象、比较文学与蒙古文学之间的关系等方面的问题。可参考陈惇、刘象愚编写的《比较文学》（北京师范大学出版社）和陈惇、孙景尧、谢天振等编写的《比较文学》（高等教育出版社）等教材。

再次，就是教材的编写方法，即“如何教”的问题。我们重视比较文学课程和教材建设的最终目的在于运用比较文学的理论和方法研究蒙古文化和文学，从而拓展蒙古文化和文学的研究范围，丰富其研究内容，让蒙古文化及文学的研究达到一个更高的水平。因此，比较文学教材中除了一些理论方法知识的介绍以外，其他内容尽量要与蒙古文学中的比较研究及文本研究的实际情况相结合。这样能够使教学更加生动，使学生有更加深入的理解。我们在借鉴汉语编写比较文学教材方法的基础上，探讨如何将比较文学学科和理论本土化。

加强大专院校蒙古语言文学专业母语授课“比较文学概论”课程建设，除了上述需要调整上课时间、编写出版适合该专业特点的比较文学教材之外，还需要培养高质量的师资队伍。要解决这一问题，我们可以利用目前讲授比较文学、外国文学、蒙古文学、文学理论（包括东方、西方和蒙古文论）等课程的教师资源。“只有树立了坚实和具体的教学目标，教师才有可能有的放矢地实施教学。”[①] 所以，我们要从思想上正确理解蒙古语言文学专业讲授比较文学课程的重要性，确定明确的教学目标，并要有与之相应的课程培养方案、教材、师资力量等。

（作者单位：蒙古语言文学系）

① 郝岚：《目前比较文学教学亟待解决的几个问题》，载《中国比较文学》2004 年第 2 期。

从招生视角看中央民族大学专业及课程的建设与改革

孙洋　京生　张焰

笔者在多场招生咨询会现场接待了众多考生及家长，热门专业、留学机会及就业前景等成为关注热点。在答疑解惑的同时，我们发现考生及家长对于报考高校及专业选择的考虑因素，对于高校梳理专业的发展与改革、课程的设置与调整都有一定的借鉴意义。

一、高考专业志愿填报中存在的现象

在各省高考远程录取过程中和录取结束整理各专业录取分数的时候，从报考我校的考生的专业志愿的选择上，我们发现了一些值得注意的情况。

（一）经济管理类专业报考率较高

很多报考我校的考生将经济管理类专业作为首选专业。例如，我校2013年江西省文科投档考生11名，将金融学作为专业一志愿的考生有8名。2013年山东省理科投档考生35名，将金融学、财政学、工商管理类专业作为专业一志愿的考生有26名。2013年海南省理科投档考生26名，将金融学作为专业一志愿的考生有15名，在专业志愿中包含金融学的考生有25名，在专业志愿中包含工商管理类的考生有20名。

我校如此，全国亦然。据新浪教育频道最新统计，经济管理类专业最受各省文理科状元青睐，在专业报考中排名第一，占比41%，高出排名第二的电子信息专业34个百分点，占据绝对优势。①

① 新浪教育：《最受状元青睐专业》，参阅 http：//edu. sina. com. cn/gaokao/2013gkzy/。

（二）优势专业的社会知名度和认同感还有提升空间

民族学是我校传统优势专业，在部分经济文化较为发达地区，该专业的社会认可度较高。比如，北京 2013 年文科第 2、第 3 名考生的专业一志愿均填报民族学专业；2014 年文科前两名高分考生的专业一志愿也都是填报民族学专业。但在中西部的一些省份，考生对该专业的整体报考热情并不高，2013 年民族学专业在各省的录取分数超过一半低于整体平均录取分。原因之一在于开设民族学专业的高校不多，在众多学科门类中属于小众专业，导致考生及家长了解的数量和程度都不高；另外，民族学专业属于偏研究型专业，就业对口性较为宽泛，应该也是导致此专业整体报考率平平的因素。此外，在我校每年预科升本科选专业中，相较经济管理类专业，民族学专业也并不属于热门抢手专业。

（三）理论型、研究型专业报考意愿不强

理论型、研究型专业，属于长线专业，需要学生具备潜心研究的兴趣与耐心。我校部分理论型、学术型专业在部分省份专业填报比例偏低，属于冷门专业。这与经济、管理、法律、新闻、外语等应用型文理兼招专业扎堆报考的情况形成鲜明对比。在只招理科生的专业中，应用统计学、通信工程、环境工程等应用型理科专业，相较偏理论的长线基础理学专业，填报志愿的考生数量也明显偏多一些。

无独有偶，我校每年预科升本科的学生选专业，理论型、学术型专业在学生选择位序上也比较靠后。此外，在教务处公布的 2013 级新生申请转专业名单中，哲学专业中有 11 人提出转专业，而该专业的招生计划为 35 人，申请比例达到 30%。应用物理学专业有 21 人提出转专业，而该专业的招生计划为 35 人（不含贫困地区专项计划 5 人），申请比例更是高达 60%。因此，理论型、研究型专业在吸引考生填报志愿及控制人才流失率方面，面临着双重压力。

二、增强我校部分专业社会认可的一些思路

专业报考中存在的现象，是考生及家长多方比较后对各专业进行“优胜劣汰”的选择，是对高校各专业认可度的检验。对于发现的问题，我们不能回避，而应积极采取措施，解决问题，以期专业间良性竞争、协调发展。

（一）开展国际合作办学模式，翻开传统优势专业新篇章

开办民族学专业的高校并不多，社会对此专业整体认知度不高。鉴于目前高三学生选择报考高校的中外合作办学专业热情逐步升温，我校可在目前校际国际交流合作的基础上，尝试将民族学专业采用国际合作办学模式（如2+1+1或2+2），所有该专业的学生都有出国1—2年深造的机会，这样既可以强化学生外语能力，又能开拓专业知识视野。实现考生“出国梦”的同时，也是对我校传统优势专业最好的推广与宣传。强化专业品牌观念，努力为我校民族学专业寻求更高层次的交流与合作，逐步拓宽专业的适用性及应用领域，并将经验推广，以点带面，逐步推动其他学科发展。

（二）开展本硕连读培养模式，寻求理论型文科专业发展新思路

哲学、宗教学、民族学（民族理论与民族政策）等偏理论性专业都是我校具有博士授权点资格的传统专业，与其他专业相比，属于长线专业，偏重基础知识的教学和艰深理论的研究，应用性及实践性相对较弱，对口就业渠道较少，大多本科毕业生会选择继续考研深造。此类专业可尝试降低本科招生规模，提高研究生招生规模，采取本硕连读的培养模式或加大毕业生的保研比例，小班教学，精英培养，明确此类专业主要培养研究型人才，将来主要面向高校、科研院所等单位就业，适合静心做学术研究的考生报考。如此一来，填报该类型专业的考生比例应该会相应提高，自然也会降低该专业学生因高考专业调剂原因而一年后转出该专业的概率。

（三）申请师范类资格，拓宽基础学科专业就业渠道

针对藏区理科师资匮乏的现状，我校近几年面向四川、西藏、甘肃、青海4省区单独投放信息与计算科学专业计划，招收民考民或民考汉的考生，目的是为藏区培养一批熟练使用藏语进行数学教学的专业师资人才。针对特定地区或特定人群培养基础学科师资人才，其实也可以推广到信息与计算科学普通类或其他学科专业。如果能将我校数理化等基础学科专业申请为师范类专业，专业培养目标将会更加明确，专业就业渠道也会进一步拓宽，对考生填报专业志愿的吸引力也会相应加强。

同样道理，作为高中课程的主干课，我校汉语言文学、英语、生物技术、历史学等专业也适宜申请师范类。尤其是汉语言文学专业，可以借助不分文理科、减少英语所占分数比重、加大语文所占分数比重的高考改革

利好因素，找到该专业发展新的增长极。例如我校可尝试设立一个以培养优秀语文教师为目标，传承中华民族与“文化效能”为目的的师范类实验班。

（四）联合应用型学科共同授课，寻求民语类教学新思路

少数民族语言类专业（民考民）是我校特色类专业，但就业区域相对受限，专业应用领域相对较窄。藏学院、维语系、哈语系、朝文系、蒙文系等民语类院系也可以在单纯开设民族语言专业的基础上再扩展一个偏应用型的专业。

如果本院系开展应用型专业师资有限，可考虑与其他院系联合授课，在强化民族语与汉语互译能力的同时，逐步增加汉授理工类、经济类、管理类、法律类、新闻类等应用型技能课的学时比重。通过不同学科的有机组合，构建新型的专业课程体系，培养具有多学科知识背景、知识和能力结构合理、适应性强、就业面宽的综合性人才。

2014 年，得益于藏学院与法学院、文学与新闻传播学院通力合作，我校首次面向西部四省藏区民考民的考生开设法学（藏语基地班）、新闻学（藏语基地班）两个新专业，目的是为藏区培养精通藏语并能熟练掌握和应用法学和新闻知识的复合型人才，这其实就是典型的传统民族语专业向民族语与应用型专业相结合转变的有益尝试形式。

三、采取多种类型专业及课程改革形式，探索复合型人才培养模式

在教育部推进高校专业设置制度改革的大背景下，我校除上述专业亟须加快改革步伐外，其他专业，包括目前一些报考比较热门的专业，也应该居安思危、未雨绸缪，以经济社会发展需求和学生职业发展需求为导向[①]，充分考量社会和地区多样化、多层次需求的因素，积极采取多种类型的专业教学改革形式，完成从培养学术性人才为主向培养多元化、复合型人才为主的战略性转变。

---

① 鲁昕：《教育部：解决就业结构性矛盾需地方高校转型发展》，参阅 www. gov. cn/xinwen/2014 - 04/25/content_ 2666854. htm。

（一）打破学科与专业界限，提高学生知识广度与学术视野

我国高校招生以专业为基础，学生一入学即固定在专业内，这种过早确定“术业有专攻”模式，容易造成学生思维方式单一、适应能力不强，不利于复合型人才培养。高校应逐步打破传统的学科隶属关系，淡化专业界限，树立专业是课程组合的观念，积极探索跨院系、跨学科专业的设置和组织形式，整合不同学科专业的教学内容，构建不同层次、不同类型的课程体系，努力推动专业内部课程的综合化改革。[①]

随着2013年《中共中央关于全面深化改革若干重大问题的决定》的发布，探索全国统考不分文理科等一系列教育改革措施将陆续出台。高中不分文理科，理论修养和技术能力并重，逻辑思维能力和综合分析能力兼备，应该是今后高中教育教学的趋势。在高等教育大众化、社会职业多样化的背景下，打破科类、学科、专业界限的复合型人才培养应该是今后高校本科教学的主攻方向。强调知识广度的重要性，加大通识教育选修课及跨专业选修课占总学分的比例，这将有助于开阔学生学术视野，增强所培养人才的复合性和适应性。

北大开设的元培实验班，就是完全打破学科与专业界限、完全学分制的专业改革成功案例，我校今年面向西部4省藏区招生的工学类（藏语实验班）也是打破专业界限、按大类培养的有益尝试。中央民族大学本科专业人才培养方案（2014版）修订指南中规定，全校所有专业中公共选修课的学分比例应不低于总学分的8%，也是从政策层面强化这种专业改革形式理念的必要性和先进性。如果从高校教学改革的大趋势来看，这一比例还有进一步提升的空间。

另外，结合民族高校的专业特点，我校可以考虑将传统优势专业的核心课程或精品课程在全校专业范围内打通和共享。例如，尝试将民族学专业的核心课程作为公共必修课开设，而哲学和宗教学专业的精品课程，则可以考虑作为公共选修课甚至部分其他院系相关专业的专业选修课来开设。这样既可以扩大传承我校传统优势学科先进思想的覆盖群体，又可以解决部分专业发展中遭遇的认可度瓶颈问题。

（二）强化实践教学，提升教学效果与质量

我国高校传统的课程体系大多过于关注课程理论知识的完整性、系统

① 刘楚佳：《我国高校本科专业设置改革探讨》，载《高等理科教育》2007年第4期。

性，而实践性、实用性知识偏少。[①] 为了突出专业教学中实践环节的重要性，教育部在2012年出台的《教育部等部门关于进一步加强高校实践育人工作的若干意见》中划定了实践教学环节累计学分的最低比例，其中文史类专业应不少于总学分的15%，理工类专业应不少于总学分的25%。《中央民族大学本科专业人才培养方案（2014版）修订指南》中也指出："实践教学环节应贯穿专业人才培养全过程，切实改变重理论轻实践、重知识传授轻能力培养的观念，注重学思结合，注重知行统一，注重因材施教，强化实践教学。重点推行基于问题、基于项目、基于案例的教学方法和学习方法，加强综合性实践科目设计和应用，支持学生开展研究性学习、创新性实验等，加大实验课程环节中综合性、设计性实验环节。"该修订指南中还设置硬性规定，要求各专业必修环节中设置的实践环节学分不得少于15学分。从国家及学校两个层面来看，这其实都是强化和重视学生应用能力培养的一种政策引导的体现。

对于本科毕业生来说，一般有两种出路：就业或读研（出国可看作读研的一种形式）。如果选择就业，在当今社会，本科生是无法立足科研院所、高等学校的，甚至好一点的中小学都需要硕士甚至博士。对于选择就业的本科毕业生来说，最可能的就业去向是进入企业，而企业更注重能力，此时拥有技能要优于拥有理论。对于选择读研的学生来说，如果空有理论，而缺乏实践与应用，在当今社会也是无法立足的。这其实也给高校本科阶段的专业设置提供了改革思路：在不确定学生今后职业发展的前提下，理论和应用应该均衡发展。例如，可考虑大一、大二学理论打基础，大三、大四以培养实践操作能力为主等。

（三）加大双语课程或纯英文授课的建设力度

目前我校越来越多的在校生有意申请参加校际交换项目，交换留学时间一般为半年或一年。为了缩短交换生留学期间语言的适应期，有更多的精力投入到专业课学习上，也为了留学期间所修学分认定和转换的需要，学校应逐步加快本科教育国际化的步伐。本科教育国际化要求高校用国际学术视野来改革培养方案和课程体系，借鉴、引进和改编国外先进教材，注重吸收前沿科技成果和科学文化知识，适时更新课程和教学内容，构建科学合理、与国际接轨的课程体系。同时加大英语授课的支持力度，支持

---

① 任条娟、刘斌：《应用型本科人才培养模式与机制构建的思考——以浙江树人大学为例》，载《中国大学教学》2011年第2期。

一批在师资力量、课程内容方面准备充分的专业先行开展双语授课或纯英文授课。《中央民族大学本科专业人才培养方案（2014 版）修订指南》中鼓励各院系积极推进双语教学课程建设："各专业原则上要开设两门以上的双语教学课程，并在培养方案中注明，特别是生物技术、信息技术、计算机、金融、法律以及管理类等专业，要加大双语教学课程建设力度。"

另外，英语学习和专业不宜割裂开来，应允许有条件的院系用专业外语或纯英文授课来冲抵大学英语的相应学分。一来可以减轻外国语学院教师的工作压力，二来可以使大多数学生能让英语和专业融会贯通，使英语学习更具有实用性和目的性，三来也可以促进专业学习能时刻与国际同步，保持前瞻性，对教师和学生学习都具有良好的促进作用。

（四）紧跟时代步伐，逐步引入职业导向型课程

目前少部分高校大学生学习兴趣不足，上课态度消极，学习目的不明确，原因之一是对所学专业课程设置、教学方式和培养目标的不认可，感觉"不实用"、"太落后"甚至"听课不如自学"。[①] 而形成鲜明对比的是，越来越多的大学生将大量课余时间投入到普通话测试、教师资格认证、律师资格考试、注册会计师考试、公务员考试等各式各样的社会职业化考试备战中。这类考试均具有应用性强、职业导向性明确的特点。由于时间紧、赶进度，一些学生甚至在专业课的课堂上学习职业化考试的内容。

不考虑教学秩序等因素，如果我们换位思考来看这种现象，学生的这种"身在曹营心在汉"的行为，其实是追求自我认知、职业偏好的一种体现。因此高校可顺势而为，逐步从高大上的学术金字塔中走出来，以广阔的胸怀接纳多样思潮的碰撞，为学生的职业规划提前提供分类培养的课程体系，增加职业导向型课程的种类和比例，加大校企合作的制度建设，创造机会将产学研一体化的思想融汇到教学环节中，有利于学生深感所教即所需、所学即所用。而此类职业导向型课程最开始可以以公共选修课的形式开设，有条件的院系也可以作为专业选修课甚至专业必修课由专任教师独立开设。

---

① 孙洋、张英：《换位思考，构建高校和谐师生关系》，载《中央民族大学本科教学研究》（第十一辑），中央民族大学出版社 2012 年版。

四、总结与展望

在高等教育大众化背景下，随着本科教育规模的不断扩大，以理论型、学术型专业为代表的本科教育人才培养模式与市场经济下的社会需求之间的系统性偏差和矛盾日益突出。这一现象在高校普通高考招生阶段的表现体现在，此类专业不被大多数考生填报，属于冷门专业。高校应深层次分析遇冷学科及专业的原因，通过专业设置的改革与创新，探索长线专业、小众专业、冷门专业的发展出路与培养模式。

高校还应根据社会对多元化、复合型人才的需求，改变传统的精英教育、专才教育模式，实现科学教育与人文教育、通识教育和专业教育的有机融合，开展完全学分制试点，并逐步调整学术型、应用型人才培养的比例，适当调整专业的课程体系，探索同一专业、分类教学的培养模式。例如，有条件的专业可以开展研究型与应用型分类教学，研究型以打好专业基础为目标，应用型以市场和行业需求为目标，学生可以根据自身兴趣爱好自由选择。这样做的好处，一来可以激发学生的学习主动性，二来可以激励教师完善知识结构、保持与时俱进，另外还为科学设置及动态调整专业培养目标提供有力的数据支撑。

（作者单位：教务处）

"通才"与"专才"：社会学专业本科生课程体系评估研究[①]

柴 玲 杨 翠 蔡 杰 彭 涵 贾博雄

本文根据社会需求和教育部关于高校社会学专业的学科规范，以通才教育和专才教育两个向度为指针，综合运用定量与定性研究方法，对中央民族大学社会学专业本科生课程体系进行了评估，指出目前的状况和其中存在的问题，并对课程建设改革提出有针对性的建议。

高等教育领域中关于"通才"和"专才"培养侧重的争议由来已久，专才教育以职业为导向，适应社会分工的需求，可以为经济和社会建设培养高级专门人才；通才教育则强调知识与个性的均衡发展，以适应社会迅速变化、分工合作的潮流。鉴于通专各有所长，我国高等教育在人才培养和课程设置方面提出"厚基础、宽口径、能力强、素质高"的要求。学术界也已经达成通才教育与专才教育并重的共识，认为两者是对立统一的，是共存的关系。[②] 在某一专业的"专精"深度有赖于人文、社科和自然科学领域知识的"博通"广度，但如果没有"专精"作基础，"通才"就有可能陷入脱离实际和夸夸其谈的危险。[③] 在宏观层面论述通专教育的研究较为多见，但在微观层面的研究缺乏有深度的讨论。因此，从微观层面着手，具体分析高等教育课程体系中"通才"和"专才"教育如何体现，具有理论上的重大意义。

我校社会学专业自2001年创立以来，在人才培养和课程设置上坚持学科规范性，既注重学生德智体全面发展，又强调掌握系统的社会学专业理论和社会调查研究的各种方法，为教育部门、科研机构、政府机关、企事

---

① 本文是2012—2014年度北京市教委教学改革立项项目"社会学专业综合改革试点项目"的阶段性成果。

② 王建基：《通才与专才的思考——以社会学为例》，载《学理论》2010年第9期，第49—50页。

③ 王义遒：《高等教育培养目标中的"博通"与"专精"》，载《北京大学学报》（哲学社会科学版）2008年第3期，第5—15页。

业单位、社会团体等各行各业输送了大批优秀的社会学专业人才，我校社会学专业也取得了长足的发展。2012 年，在教育部委托第三方评价机构进行的全国“985”高校本科专业在中国大学本科教育中的整体排名评估中，我校社会学专业本科排名全国第六，跻身全国一流水平。在这种发展形势下，客观评估社会学专业课程体系的状况，强化其专业教育优势，同时合理拓展通才教育，对学科建设和人才培养有着至关重要的现实意义。

本研究力图将课程建设与教学改革建立在科学系统的研究之上，综合使用了定量研究方法和定性研究方法。自 2013 年 10 月至 2014 年 5 月，我们对所有社会学专业在读学生实施了问卷调查，对部分在读学生和毕业生、社会学系所有教师开展专题座谈会或深度访谈，了解学生的就业意愿、毕业去向和对课程体系的满意程度，掌握教师对课程设置的意见和建议。问卷调查的总体为 155 人，回收有效问卷 134 份，有效回收率为 86.5%。同时，我们还搜集了教育部关于社会学专业本科生指导性专业规范、国内主流高校社会学专业培养方案等文献。对定量数据主要采用 Stata 软件进行分析，定性资料则主要采用类属分析法进行分析。

一、评估标准

本研究的评估标准主要由两部分组成：社会需求和社会学专业本科的学科规范性文件。社会需求主要体现为学生就业去向或就业意向，学科规范性文件则是从学理角度对高等社会学专业教育中的通才教育和专才教育提出了要求。

社会需求主要从两方面体现：我校社会学专业近三年来毕业生就业去向和所有在读本科生的就业意向，即 2007—2009 级本科生就业去向和 2010—2013 级本科生就业意向。对就业去向或就业意向的选择，主要有以下选项：国内读研、出国留学、政府部门、事业单位、企业单位、其他。其中，政府部门和事业单位通常有面向社会学专业的岗位设置，可以视作社会对“专才”教育的需求；国内外读研则可分为本专业读研和跨专业读研两种情况，因本专业升学读研者居多，主要体现了社会对“专才”教育的需求；企业单位和其他往往没有明确的对口专业设置，所以主要体现了社会对“通才”教育的需求（参见表 1）。

表1　中央民族大学社会学2007—2013级就业去向、就业意向

入学年份	国内读研	出国留学	政府部门/事业单位	企业单位	其他	合计
2007—2009	32 27.4%	13 11.1%	30 25.7%	25 21.4%	17 14.5%	117 100%
2010—2013	46 34.33%	25 18.66%	33 25.62%	25 18.66%	5 3.74%	134 100%

数据来源：2007—2009级毕业生就业去向数据来自各班保研学生统计，2010—2013级在读本科生就业意向数据来自问卷调查。

从近3年来毕业生的就业去向看，社会对“专才”教育的需求非常突出，其中政府部门和事业单位三年总计占25.7%，在国内外继续读研分别占到27.4%和11.1%，三项合计64.2%。同时，社会对“通才”教育的需求也不容忽视，在企业单位和其他部门就业的三年总计比例分别为21.4%和14.5%，两项合计35.9%。

在读本科生的就业意向也表现出相似的趋向。在读四个年级学生希望在政府部门和事业单位就业的占25.62%，在国内外继续读研的分别占34.33%和18.66%，三项合计77.60%。在企业单位和其他部门就业的比例分别为18.66%和3.74%，两项合计22.40%。学生对专才教育的重视甚至要更为强劲。

社会学专业本科的学科规范性文件主要包括以下两种：教育部社会学学科教学指导委员会拟定的最新版《高等学校文科类本科专业指导性专业规范》（社会学专业，2011版）和国内主流高校社会学专业本科生培养方案。综合考虑高校是否“211”和“985”高校、社会学专业是否国家级或省级重点学科，我们选择了中国人民大学、北京大学、南京大学、中山大学、上海大学等大学的培养方案作为参考。这两类文件都对“通专教育兼顾”进行了阐述，并着重对课程的结构进行了分析。社会学本科生专业教育内容应包括：社会学学科的基础知识、社会学分支学科的专业知识、社会调查研究方法、应用社会学、专业实践训练等知识体系。通识教育内容应包括：哲学、历史、文学等人文社会科学知识；数学、自然科学类知识；经济管理、外语、计算机信息技术等知识体系。①

① 教育部社会学学科教学指导委员会：《高等学校文科类本科专业指导性专业规范》（社会学专业），2011版，内部文稿。

二、我校社会学专业本科课程体系总体状况

在课程体系中，通才教育主要通过公共必修课、跨专业选修课和部分实践教学环节来实现，而专才教育主要通过专业必修课、专业选修课和专业实践教学环节来实现。我校本科生实行学分制，社会学本科生应该修满150学分。学校对各学期应修学分数也做了大致的规定。在现行（2010版）培养方案中，各类课程和教学环节学时学分分配情况参见表3。①

表3 中央民族大学社会学专业2010版培养方案各类课程学时学分分配表

课程类别		学时	学分	学分比例（%）	各学期周学时分配							
					1	2	3	4	5	6	7	8
通才教育类	公共必修课	864	38	25.3	12	13	9	8	4	2	0	0
	跨专业选修课		8	5.3	0							0
	学校安排的实践环节		2	1.3								
专才教育类	专业必修课	882	49	32.7	11	9	9	8	8	8	4	0
	专业选修课	684	38	25.3	0	4	10	14	22	14	8	0
	院系安排的实践环节		15	10.0	0							
合计			150									

注：专业选修课各学期周学时为可供选择的课程学时数，因跨专业选修课、实践教学环节的1学分不一定对应1学时，并且在各个学期周学时的分配未成定例，所以这几类课程的各学期周学时分配和总学时无法统计。

从数量上来看，我校社会学专业本科生课程以专才教育为侧重，兼顾通才教育。这顺应了社会的需求，也符合教育部关于高校社会学专业本科的建设规范。其中，公共必修课38学分，占总学分量的25.3%；跨专业选修课8学分，占总学分量的5.3%；由学校安排的实践教学环节主要是军事教育、形势与政策、就业与创业指导等课程，占总学分量的10%。三项合计共48学分，即通才教育类课程占学分总量的32%。专业选修课49学分，占学分总量32.7%；专业选修课38学分，占学分总量的25.3%；由院系自主安排的实践教学环节包括毕业论文、毕业实习、生产劳动、社

① 《中央民族大学社会学专业本科生2010版培养方案》，内部文稿。

会实践、学年论文、定量分析技术与操作练习，共15学分，占学分总量的10%。专才教育类课程共102学分，占学分总量的68%。

就课程安排来看，各类课程持续分布在第1—8学期，以此保证通才教育和专才教育的连续性和系统性。不过，各类课程的集中趋势略有不同。大体而言，通才教育类课程主要集中在第一和第二学年，专才教育类课程主要集中在第二、第三学年。公共必修课分布在第1—6学期，其中又以第1—4学期为重；跨专业选修课分布在第2—7学期；学校安排的实践环节分布在第1—8学期。专业必修课分布在第1—7学期，其中又以前6学期为重；专业选修课分布在第2—7学期，呈现向二三学年高度集中的状态；院系安排的实践环节分布在第2—8学期，其中又以三四学年为重。

就课程内容来看，专才教育首先保证了教育部规定的社会学专业核心课程，在此基础上开设了导论类、理论类、方法类、分支学科类、实践教学类课程，这一方面与其他主流高校社会学专业的课程设置相似，另一方面也基本满足了不同就业取向的学生需求。通才教育主要包括外语、计算机、体育、人文社会科学知识和自然社会科学知识，除此而外，还开设了具有我校特色的民族知识类课程。

三、我校社会学专业本科课程体系存在问题

目前，我校社会学专业本科课程体系主要存在两个层面的问题，即专才教育层面和通才教育层面的问题。下面分别对这两个层面的问题进行论述。

（一）专才教育层面

专才教育层面的问题主要表现为专业课程数量、结构和顺序三个方面。

1. 专业课程数量偏多

与国内主流高校社会学专业相比，我校社会学专业本科生的专业课程数量偏多。为修满规定学分，学生要修够49学分22门专业必修课，38学分19门选修课，共计87学分41门课程。中国人民大学则规定专必为50学分16门，专选为44学分12—13门，共计94学分28—29门课程。北京大学的专必为45学分20门，专选为33学分8门，共计88学分28门课程。南京大学专必为45学分15门，专选为39学分20门，共计84学分35门课程。中山大学专必为54学分16门，专选为44学分12—13门，共计

98 学分 28—29 门课程。[①] 相较而言，我校社会学专业本科生专业课程学分数量不是最高的，但每门专业课的学分以 2 分居多，这就造成专业课程的门数多，超出其他高校 6—13 门之多。门类繁多的专业课程给学生带来了很大的学习压力，因为专业课程主要集中在二、三学年，这两个年级的学生每学期基本要上 8—10 门专业课程，他们疲于应对各种课程作业和考试，难以抽时间充分阅读各门功课的指定阅读材料。

2. 专业课程结构模块化程度低，课程类型分布不均衡

教育部社会学学科教学指导委员会将社会学专业知识体系划分为知识领域、知识模块和知识单元三个层次，其中知识领域是与专业密切相关的学科领域方向和范围；知识模块是在专业知识领域范围内对专业整体知识的一种分解，一个特定的学科子领域方向；知识单元是知识模块中的一个单元组成部分，描述该知识模块中的一个具体分支或部分知识，是专业知识体系中的基本教学单位，即一门课程。模块化课程设置将同属一个模块的课程归并为一组，促使学生了解课程设置的内在联系。目前，中国人民大学、北京大学等高校的社会学本科课程设置已实现模块化管理，而我校社会学专业虽然课程门数多，但其所属模块及课程之间的内在联系不够明晰。

就课程类型而言，虽然大多数学生认为导论类（90.40%）、理论类（84.73%）、方法类（68.62%）、分支学科类（71.10%）能够满足需求，但大部分学生（67.01%）认为实践类课程不能满足需求。方法类课程的需求满足程度受到入学年份的显著影响，越是高年级学生越是表示方法类课程不能满足需求，2010 级、2011 级、2012 级、2013 级学生认为方法类课程不能满足其需求的比例分别为：35.0%、26.35%、16.66%、10.00%（$pr<0.1$）。在应增设的课程选项中，排在前三位的专业课程类型分别是：实践类课程（18.39%）、方法类课程（14.94%）、数学类课程（11.49%）。实践类课程包括就业指导、出国留学辅导等，方法类课程包括统计软件应用、文献阅读、专业写作规范等，数学类课程主要包括高等数学、微积分、概率论等。访谈资料显示，学生认为专业选修课中社会工作模块的课程太多，共 11 门，几乎占到所有专业选修课程的 1/3，学生为完成专选课程任务

① 《中国人民大学社会与人口学院 2013 版本科生培养方案》、《南京大学社会学院本科教学改革方案》（最新版）、《中山大学社会学与人类学学院 2013 级本科社会学专业培养方案》（内部文稿）；《北京大学社会学专业本科生培养方案》（最新版），http：//www. shehui. pku. edu. cn/education. jsp? fid =4&sid =1&tid =1。

不得不选，造成专业界限模糊的情况。

3. 专业课程顺序安排不够合理，中间吃紧两头放松

这突出表现在专业选修课的学程安排上。专选课主要集中在第二、第三学年，第一学年和第四学年太少，其中第 1 学期和第 8 学期没有专选课，第 2 学期最多仅能修两门专选课，第 7 学期最多能选 4 门专选课，这就导致绝大多数专业选修课主要集中在第二和第三学年、第一和第四学年相对放松的情况。访谈资料显示，第一学年学生课程数量相对较少，而且处在高中向大学过渡的关键时期，适当增加第一学年专业课程的数量，不仅可以合理分配不同学期的专业课数量，而且还能促进学生对专业的认知和认同感。

（二）通才教育问题

通才教育问题主要表现在跨专业选修课程、就业与创业指导课程、通才教育与专才教育衔接三个方面。

1. 跨专业选修课规定修习数量少

我校社会学专业本科生跨专业选修课只用修 8 个学分。同是跨专业选修课或素质教育课，中国人民大学社会学专业本科生需要修 18 个学分，北京大学学生要修 12 学分，中山大学学生要修 16 学分。我校社会学专业本科生的跨专业选修课数量明显偏少，这在制度上限制了学生对通识课程的自主选择数量和范围，不利于通才教育的实施。

2. 就业与创业指导专业针对性差

我校就业与创业指导课程由学工口统一管理，各院系党团教师教授课程，这虽然能够增加就业指导的规范性，但也造成就业指导课程与学生所学专业脱节、学生上课之后仍然不了解专业与就业的关系等情况。

3. 通才教育与专才教育的衔接不够紧密

在跨专业选修课与专业教育的衔接上，教育部规范性文件和其他高校普遍都制定了社会学专业本科生应该跨专业选修的知识模块和课程单元列表，以此促进通才教育和专才教育的有机连接。例如，2011 年版社会学专业《高等学校文科类本科专业指导性专业规范》指出，社会学专业的通识教育应该包括社会科学类知识，而社会科学类知识则包括经济类、法政类、管理类知识三大模块。经济类模块中包含经济学原理、发展经济学、当代西方经济学等课程。学生应在指定模块中修习一定数量的学分，北京大学就规定学生的素质教育通选课应较为平均地分布在各知识模块中，而我校社会学专业对本科生跨专业选修课的内容和方向则未作任何限定。

四、我校社会学专业本科课程体系改革建议

我校社会学专业课程体系以专才教育为侧重，兼顾通才教育，课程设置在数量、结构上基本符合社会需求与专业规范性的要求，但是在专才和通才教育课程的数量、结构和顺序上也存在不少问题。本研究认为，应在以下三方面改善我校社会学专业本科课程体系。

第一，直面社会对人才的多元需求，在保证学科规范性的基础上，在课程设置上进一步创造与完善多样化人才的培养条件。不仅重视研究型专才的培养，也为实践型通才的培养提供更多的条件和机会。

第二，加强专才教育。减少细碎的专业课程数量，强化专业课程的模块化建设；增加实践课程和研究方法类课程，减少社会工作类课程比重；调整课程顺序，使专业课程在整个学程的分布更加均匀合理。

第三，拓展通才教育。增加跨专业选修课学分要求占比；开发并整合专业教师和校友资源，从专业角度为学生的就业和创业指导提供操作性强的建议；增强通才教育与专才教育之间的有机衔接，以专业课程为核心，加强对跨专业选修课内容和方向的指导。

（作者单位：民族学与社会学学院）

教育教学管理

关于我校国家普通话水平测试考前培训工作的思考[①]

田　静　李帮琼

国家普通话水平测试是测查应试人运用普通话规范程度和熟练程度的考试。测试内容包括四个部分：第一题“读单音节字词”，第二题“读多音节词语”，第三题“朗读短文”，第四题“命题说话”。作为一门考试，国家普通话水平测试有不同于其他考试的特点和要求。比如，在答题顺序上，必须从第一题开始，然后依次为二、三、四题；在答题时间上，第四题必须说满 3 分钟，缺时会被扣分；在考试内容上，前三题是根据所提供的语言材料进行朗读，第四题是围绕所选定的题目进行口语表达。国家普通话水平测试以口头方式进行。2009 年以前，普通话水平测试工作依靠人工评测应试人的语音标准程度，一般一组测试由 2—3 名普通话测试员同时评测一名应试人。2009 年，国家语委开始在全国试点开展计算机辅助普通话水平测试（简称“机测”）工作。在机测中，计算机对前三题进行评分，第四题仍由测试员审听评分。北京市 2010 年加入机测试点。2012 年 1 月 1 日起，北京全市全面实行机测。为配合国家普通话水平测试，从 2011 年至今，我校举办了多期普通话水平测试考前培训班，效果良好。本文将对我校的国家普通话水平测试考前培训工作进行全面梳理，分析其特点，并就今后的工作提出合理化建议。

一、基本情况

2010 年 10 月，中央民族大学语言文字测试分中心正式成立，隶属我校教务处考试中心。在学校的大力支持下，本中心共投入 40 余万元，建成约 200 平方米的标准化计算机测试机房，同时能容纳 19 名考生参加考试。

① 在本文的写作过程中，我校教务处马平主任、吴桂群老师曾给予指导和帮助，特此致谢！

该机房的硬件条件在北京市属于一流水平。以前我校师生都要去外校报考普通话水平考试，如今在校园内就能参加测试。从 2011 年 6 月至 2014 年上半年，我分中心先后进行了 14 次国家普通话水平测试（其中有 13 次为免费测试[①]），共有 4625 人次[②]参加，绝大多数是我校在读学生和教师。

为保证测试顺利进行，我们共组织 10 次考前培训，培训 841 人次（均为自愿报名），占考生总人数的 18.18%。其中，有 834 人是我校在读学生，有 3 人为我校在职教师，有 1 人报名参加了两次培训，还有 3 人为校外人员（见表 1）。

表 1　考前培训的时间和人数

序号	培训时间	人数（人）	培训场次（次）
1	2011 年 6 月	42	1
2	2011 年 11 月	100	1
3	2011 年 12 月	33	1
4	2012 年 5 月	94	2
5	2012 年 10 月	94	1
6	2013 年 4 月	54	1
7	2013 年 10 月	282	2
8	2014 年 4 月	142	1
合计		841	10

二、培训对象的特点

（一）培训对象民族成分多，母语非汉语的学生多

我分中心不同于北京市其他分中心的一个显著特点是培训对象民族成分多，中西部学生多，母语非汉语的学生多。

从民族成分来看，参加培训的学生除了汉族外，还有蒙古族、回族、藏族、朝鲜族、壮族等 20 多个少数民族；从生源地来看，学生多来自云

① 北京市语言文字工作委员会决定，自 2011 年 7 月 1 日起，对本市高校在校学生实行免费普通话水平测试，并免费发放证书。每个学生只享受一次免费测试。

② 有 4 人为外校考生。

南、贵州、广西、青海、甘肃、湖南、湖北等中西部地区，这些地区所讲的汉语方言属于华北东北次方言、西北次方言和西南次方言；从学生的母语情况来看，蒙古族、藏族、朝鲜族、壮族、苗族、彝族、哈萨克族、维吾尔族等民族学生的母语大多为本民族语言，汉语为第二语言（见表2）。

表2　参加考前培训的学生的民族成分和生源地

民族	人数（人）	百分比	生源地
汉族	365	43.76%	浙江、福建、广东、广西、贵州、海南、河北、河南、黑龙江、吉林、湖北、湖南、江苏、江西、四川、云南、重庆、陕西、山西、山东、甘肃、西藏
蒙古族	88	10.55%	内蒙古、吉林、辽宁、新疆
回族	65	7.79%	甘肃、青海、宁夏、山东、河南、黑龙江、四川
藏族	50	6.00%	西藏、青海、四川
朝鲜族	30	3.60%	吉林、辽宁、黑龙江
满族	29	3.48%	辽宁、吉林、黑龙江、天津
壮族	28	3.48%	广西、贵州
土家族	25	3.00%	湖南、湖北、重庆
苗族	22	2.63%	贵州、湖南、湖北、四川
彝族	22	2.63%	四川、云南、贵州
白族	14	1.68%	云南、湖南
布依族	14	1.68%	贵州、云南
畲族	9	1.08%	浙江、福建、江西
瑶族	9	1.08%	广西、湖南、云南
哈萨克族	8	1.00%	新疆
维吾尔族	7	0.84%	新疆
其他少数民族（侗族、黎族、傣族、羌族、土族、达斡尔族、仡佬族、阿昌族等）	49	5.88%	贵州、海南、云南、四川、甘肃、青海
合计	834人		

（二）学生参与培训目的多为求职需要

根据北京市语言文字工作委员会的规定，在校学生每人只有一次免费测试机会。为确保学生考试质量，我校规定大三以上学生才能参加测试。因此，参加考前培训的学生也以大三、大四的学生为主，有部分研究生。

学生参加普通话水平测试和考前培训的目的主要是出于求职的需要。由于就业形势严峻，竞争激烈，学生们从大三甚至更早时候就着手考虑将来的就业方向。教师、公务员等职业成为大多数人的备选项。我国对相关行业从业人员的普通话水平有明文规定。《中华人民共和国国家通用语言文字法》第二章第十九条规定："以普通话作为工作语言的播音员、节目主持人和影视话剧演员、教师、国家机关工作人员的普通话水平，应当分别达到国家规定的等级标准。"各部委以及各省出台了具体的实施办法。比如，教育部颁布的《〈教师资格条例〉实施办法》第二章第八条规定："申请认定教师资格者的教育教学能力应当符合下列要求：普通话水平应当达到国家语言文字工作委员会颁布的《普通话水平测试等级标准》二级乙等以上标准。少数方言复杂地区的普通话水平应当达到三级甲等以上标准。"又如，《北京市普通话水平测试管理工作若干规定》第八条规定："教师和申请教师资格的人员，普通话等级在二级以上，其中语文教师应达到二级甲等以上水平……国家公务员，北京城八区在二级乙等以上，北京郊区在三级甲等以上。"

（三）学生的母语和汉语方言对其普通话水平有影响

参加培训的学生多来自少数民族地区或汉语方言区，大都没有受过专门的普通话训练，所以，他们的普通话或多或少会受到本民族语言或者汉语方言的影响。

以汉语为第二语言的少数民族学生，其普通话的语音面貌容易受到母语语音特点的影响，带有民族特点。比如，朝鲜族考生易把舌尖后音 r 发成边音 l，壮族考生有时把送气音 p、t、k 发成不送气音 b、d、g，维吾尔族、哈萨克族考生母语是无声调语言，所以他们学普通话最大的难点就是声调。

不同地区的学生受地方汉语方言的影响，其普通话具有地域特点。比如，青海、甘肃等西北地区的考生常常把前鼻音 un 发成后鼻音 ong，湖南、湖北、四川、贵州等南方地区的考生容易把鼻音 n 发成边音 l，把舌尖后音 zh、ch、sh 发成舌尖前音 z、c、s，而东北地区的有些考生把舌尖前音 z、c、s 发成舌尖后音 zh、ch、sh。

三、培训工作的特点

（一）培训组织工作规范有序

我校的国家普通话水平测试考前培训工作由考试中心负责组织，教学工作由具有北京市测试员资格的我校教师担任。虽然人手有限，但报名、安排场地、签到、联系培训教师、发放培训资料等每一个环节都有条不紊地进行，参加培训的学生均表示满意。

（二）培训时间短，节奏较快

我们每个学期安排一次普通话水平测试，每次测试前的一两个星期安排一次考前培训，时间为三个小时。根据北京市语言文字测试中心的要求，考前培训主要目的是让考生了解机测流程、考试题型和相关要求。针对我校考生语音面貌的实际情况，我们在培训中还增加了普通话语音知识等内容。这样一来，培训内容更加充实丰富，由于教学时间短，为在规定时间内完成教学内容，培训时必须加快节奏。

（三）培训效果明显，学生反响较好

在培训中，我们制订了适合我校考生普通话水平现状的教学方案。一方面，让考生了解普通话水平测试的考试流程、题型、要求和考试技巧；另一方面，讲授一些普通话语音知识，让学生对自己的普通话水平有一个认识，能发现自己语音面貌中存在的问题，并学会一些行之有效的普通话练习方法。

通过培训，学生不仅能了解普通话水平测试是一门什么样的考试，还能知道怎么去复习准备考试，考试中怎样从容应对、准确答题。参加培训的考生均表示收获很大，效果较好。培训效果最直观的体现就是，参加培训的考生测试成绩明显好于没有参加培训的学生。我们对 798 名①参加过培训和 3809 名没有参加培训的考生成绩进行对比后发现：在一级乙等、二级甲等考生的比例上，前者高于后者；而在二级乙等、三级甲等和不入级

① 参加培训的 834 人中，有 36 人没有参加普通话水平测试，实际参加测试的有 798 人（其中，有 16 人考过 2 次，1 人考过 3 次）。

的比例上，前者明显低于后者。见表3。

表3 考生的普通话水平等级分布比较

等级水平	参加培训的考生	比较关系	没有参加培训的考生
一级乙等	20. 30%	>	14. 60%
二级甲等	50. 38%	>	48. 11%
二级乙等	23. 81%	<	29. 30%
三级甲等	5. 01%	<	7. 42%
三级乙等	0. 38%	>	0. 30%
不入级	0. 12%	<	0. 30%

四、对今后工作的建议

通过几年的工作，我们在国家普通话水平测试考前培训上已积累不少经验，既掌握了考生的语音特点，又了解到考生的实际需求。我们认为，我分中心的考前培训工作还有很大的提升空间，应该从以下几个方面来努力。

（一）充分利用现有条件，扩大考试和培训范围

我校地处高校林立、企业密集的海淀区，地理位置优越，交通便利。自我校普通话水平测试分中心成立之日起，中心经常接到外校考生的咨询，他们希望来民大参加测试。此前由于人力不足，每学期只安排两次普通话测试。相对于前期巨大的投入和考生们的实际需求，这些硬件设施的利用率还有待提高。

为贯彻国家大力推广普通话的方针，充分利用已建成的硬件设施，扩大我校的宣传力和影响力，我们可以逐步扩大普通话测试报名的范围，允许外校学生甚至社会考生来校参加考试和培训。当然，我们要在保证本校学生的普通话测试、培训需求的基础上，有步骤地、适度地扩大考试和培训规模。现有教学资源既能服务本校学生，又能服务社会，从而发挥出更大作用。作为民族院校，能为国家的普通话推广和普通话水平提高工作做出应有贡献，这是非常有意义的事情。

（二）增加培训时间，多层次办班

我们认识到，要提高培训质量，真正地通过考试来带动普通话学习，提高普通话水平，必须增加培训时间，丰富培训内容。很多学生也反映，考前培训收获很大，但三个小时的培训时间太短了，希望能延长学习时间，以便更好地消化和掌握所学知识。

根据考生的普通话水平差异以及实际需求的不同，我们可以开办不同类型的培训班。比如，根据培训时间长短，可开设长期班和短期班。考生母语是否是汉语，对普通话水平有较大影响。所以，母语非汉语的考生，可以选择长期班；母语是汉语的考生，可以选择短期班。普通话水平基础较差、愿意花时间来学习的学生，可以选择长期班；普通话水平基础较好、只是希望达到入级水平的考生，可以选择短期班。

又如，根据生源地的不同，可分为各种地方班。不同地区的考生，普通话呈现出不同的特点，普通话学习的重点和难点也不同。若大致以长江为界，可分为北方班和南方班。从普通话测试成绩来看，北方生源整体好过南方生源考生。如果参加培训的人数较多的话，还可以进一步细化分班，分为东北班、西北班、东南班、西南班等。针对我校新疆、西藏等地少数学生较多的实际情况，也可专门开办新疆班、西藏班等。

（三）小班集中教学

语音教学比较理想的教学模式是小班教学，教师面对面地给学生讲解发音方法、发音部位，解析发音动程，学生能近距离地模仿发音，并且练习时间充裕。因为受到各方面条件的限制，此前我们只能是一百多人同时在一间大教室里进行培训，教师只能就一些普遍性的问题进行讲解，不能一一指出学生发音的问题所在，尤其是在正音环节，无法保证每一个学生都能得到指导。这种“大锅煮”、“一锅烩”教学模式只适合于临时抱佛脚的考前培训，对于基础较差或亟须大幅提高普通话水平的学生作用不大。

为了提高培训质量，切实提高学生普通话水平，必须控制培训班的规模，每次培训的人数不能过多。根据以往的经验，我们认为一个班的人数控制在30—40人以内比较合适。只有坚持小班集中教学，才能既保证培训教师有时间一对一地指导、纠正考生的发音情况，又能保证考生在课堂上有一定时间的练习，从而使考生的普通话水平得到快速提高。

（四）丰富培训内容，培训方式应更灵活

3个小时的普通话考前培训，主要目的是保证考试的顺利进行，而不是提高考生的普通话水平。其培训内容主要包括考试流程、考试题型及要求、考试中要注意的问题。如果以提高学生的普通话水平，并使其顺利通过普通话水平测试为主要目的的话，培训内容应该做出相应调整，除上述三方面内容外，还应增加普通话的语音知识、听音、辨音、发音训练及考前模拟训练。

此前的培训中，讲课、训练和答疑等所有教学任务都是由一位语言学专业教师来完成的。将来我们的培训模式可以更灵活，比如采用“主讲教师+辅导教师”相结合的模式，主讲教师负责讲授与普通话语音相关的专业知识，辅导教师讲解考试流程、题型及注意事项，负责辅导学生的普通话训练等工作。老师讲课和学生练习的时间可以设定为1：1，或者练习时间可以更多。讲练结合，精讲多练，符合语音教学的规律，一定会取得事半功倍的效果。

以上介绍了我校近几年来国家普通话水平测试考前培训工作的基本情况，分析了培训工作的特点，并对今后的发展提出了建议。我们认为，只有准确了解学生的语音特点，切实把握他们在学习和考试中的需求，抓住普通话学习中的重点和难点问题，考前培训工作才能做到有的放矢、扎实有效，才能真正提高我校学生的普通话水平。

参考文献

[1] 北京市语言文字测试中心组编：《北京市语言文字培训测试研究文集》，首都师范大学出版社2011年版。

[2] 北京市语言文字工作委员会办公室编写：《普通话水平测试指导用书》（北京版），商务印书馆2005年版。

[3] 黄伯荣、廖序东主编：《现代汉语》（上册），高等教育出版社2011年6月第5版。

（作者单位：中国少数民族语言文学学院、教务处考试中心）

关于完善经济学院“双导师”制度的若干思考

史锦华

学校是教书育人场所，老师是这个场所的教书主力，也更是育人的主体。从实质上说，教书只是育人的手段和方式，育人才是教书的目的。那么，如何从制度建设和方法途径上保证教师和学生双主体作用的发挥，达到“教学互动”、“教学相长”、“学有所长”等目标，应该成为高校学生教育管理工作中需要不断求解的一道命题。

一、“双导师”制度的设计内容和实施效果

据考察，大学本科生教育中的“导师制”最早源于14世纪的牛津大学，其目的是为“精英型”人才打造一套培养制度与模式。随着我国社会对大学生能力和素质等要求的提高，国内众多大学开始引入“导师制”，即由选为导师的专业教师在一定期间内，对学生进行有针对性的启发教育，以培养学生独立分析问题和解决问题的能力。

2004年4月，中央民族大学经济学院开始尝试把学术“导师制”引入到教育培养管理实践中，这在全国高校中还是比较早的；2005年11月制定了《中央民族大学经济学院本科生双导师制规则》（简称《规则》），在全院范围内正式实行了“双导师”制度。按照《规则》定义，所谓“双导师制”是指在本科教育中，由教授、副教授（或具有博士学位的讲师）担任学术导师，由班主任担任思想政治导师，共同负责指导学生学术和思想的制度。

我们知道，一般的高校学生管理主要靠专职思想政治老师，也就是我们常说的辅导员或班主任。辅导员或班主任在学院分管学生工作的党委副书记的领导下开展工作，其工作的重点放在德育和综合素质的培养与教育方面，但对学生“学习与学业指导”等方面就显得力不从心。那么，对学生“学习与学业指导”能否全部由任课老师的课堂教学完成和保障呢？在

现实工作中，通过课堂教学，老师也固然能对学生进行教育，尤其学业指导和专业培养，甚至做人和做学问，但这种指导往往是临时的、随机的、应景式的，远达不到持续、固定和深入所起的效果。有鉴于此，把“双导师”制度引入学生日常管理中，作为一种常态制度设计，不仅弥补了上述单向的思想政治老师管理的缺陷，而且可以把专业课程教育进行延伸，对学生实现个性化培养，从制度上达到“一体两翼，互补余缺，互相促进”的综合作用。在《规则》中，不仅明确了学术导师和思想政治导师的具体职责，而且也设置了学术总导师和副总导师、思想政治总导师和副总导师的职责，并对其工作机制的配合衔接做出了要求。整体看来，这种制度设计显然是比较充实和完整的，发挥了网格式、协作式的整合优势，有利于促进学生教育与管理工作的良好开展。

到目前为止，该项制度实施已经将近 10 年，整体来看已取得明显成效，具体表现在：第一，从专业培养角度看，学生的专业素质不断提升，在 URTP 申报、论文大赛、演讲比赛、数学建模、股票模拟大赛等方面获得了出色的成绩；第二，从学生毕业就业率看，经济学院就业率一直在全校名列前茅；第三，从毕业生推研考研看，我院本科生学识已经获得了国内顶尖级高校（包括北京大学、清华大学、中科院、社科院等）的不断认可。从长远目标综合分析，其优势效果主要为：第一，可以填补学生“学业无人管”的盲区，培养学生对专业的兴趣，有利于创新思维培养和科研能力提高；第二，可以实现个性化辅导，挖掘学生的潜在素质，实现“因人施教”、“因材施教”；第三，能够把专业教师课堂教学育人的职能进行延伸，并实现育人过程常态化，进一步增强德育环节的有效性；第四，通过充分互动实现融洽的师生情感和良好关系，营造教学相长的良好氛围，反过来激发老师不断学习、不断创新的动力。

二、“双导师制”面临的现实困难和存在问题

从逻辑上分析，良好的制度设计只是实现目标的初衷和保障，只有与实际情况进行“无缝对接”才能保证目标如期实现。现实中，从“双导师”制度中的主体，即学生和老师两方面来看，存在着学生“想干而不能干”，老师“想干而不能干”的双重被动无奈现象，直接影响了制度实施的效果。对此，本人基于自己的切身经历，并针对一个班级进行了实际调查问卷，其中主要问题表现在：

（一）从学生方面看

1. 选择具有被动性

实际调查问卷中，反映的情况是：在对班级学术导师（班导师）是谁的问答中，39 份问卷只有 24 人明确表示知道，有 10 人说不知道，还有 5 人说不清；在对是否知道班导师联系方式的问答中，有 23 人知道，有 13 人不知道，有 3 人说不清；班导师的所授课程、学术专长了解的问答中，有 22 人知道，17 人不知道或说不清；班导师是否介绍过本专业特点和内容问答中，有 20 人知道，19 人不知道或说不清；在班导师是否指导过项目申报、论文等方面问答中，只有 8 人回答是肯定的。

这种现实说明了班导师职能介入更多是形式上的制度安排，学生基本被动接受，平时也存在“只要班导师不找我，我也不找班导师”的现象。统计显示，只有 20% 左右的同学在专业项目申报或论文中，确实得到过班导师的辅导。

另外，当问到如果你有本专业问题，你一般请教谁时（可以多选），有 24 位同学选择学长，有 17 位同学选择同班同学，选择班导师和班主任的只有不到 10 位，还有 3 位选择其他。可见，从学生自身的主动性上，更愿意选择与自己熟悉的同龄人。

2. 对专业知识需求不强烈

通过对大一新生的了解，其实只有少数人对自己选择的专业很清楚，大部分人属于懵懵懂懂进来的。当然，其中不乏有一些人在接下来的学习过程中，逐渐对专业学习产生了兴趣，但也有部分人选择了凑凑合合能混到毕业就行。在本人授课过程中，有同学经常迟到，当被问及为什么总是迟到时，对方直接回答说：老师，我对专业根本不感兴趣，我只要及格就行。接着问：那你对什么感兴趣时，对方说是文学。经了解，这位同学报经济类专业完全是父母的选择。

另外，在目前学分制下，只要学生修满学分，就能顺利毕业，专业课及格以上的分数差异没有根本不同。所以，从学习时间分配方面看，一般学生也不会把大量时间放在专业方面。更何况，他们要面对四、六级英语、考研、考公务员等各种考试，各种资格证书考试，这无疑占去了相当多的时间，况且这些考试短期内对他们更重要，有些直接决定自己未来的工作职业。相比之下，专业知识的学习似乎可以“暂缓”或“靠后站”，除非该同学对经济学有浓厚的兴趣，或未来想从事经济研究或教学工作。

3. 缺乏“埋头苦干”精神

目前在校大学生主体是90后出生的年轻人。总的来说，这批年轻人聪明好学，思维活跃，敢于表现，渴望关注，而且价值多元。但恰恰是这些看似优点的背后，有着其先天性不足的特质，整体表现在：第一，好学而不勤学。他们兴趣点多，接受新鲜事物快，接受的渠道也多，但是，兴趣停留时间不长，多数问题浅尝辄止。第二，思维有广度没深度，而且大多呈碎片化。他们关注现实，关注自己，但缺乏生活历练和思想深度；微博、微信的阅读方式使他们不太愿意下功夫去研读经典书目。第三，知识懂得多，现实操练少。如果仅就表现来看，由于他们“见多识广”，他们举手投足、言谈举止，让你生出一种感觉，就是以为他们有能力应对现实，包括各种难题。但实际上，他们是在“圈养”下长大的，知识的得来全是人工的，没有跟大自然和实际打过多少交道，属于“叶公好龙”式。以上特质往往使他们不能应对社会科学对人的“埋头苦干”基本素质要求，因为社会科学不仅需要有刻苦钻研、坚持不懈的精神，而且还可能坐冷板凳，更需要有人文情怀，有“达则兼济天下，穷则独善其身”的高远人生追求。

（二）从老师方面看

1. 对老师素质的更高要求

对老师个人来说，能够做好学术导师工作，首先要具备两种素质，即学术素质和非学术素质。学术素质是指老师具备的专业知识基本水平，这要求老师理论功底扎实，能够准确地向学生介绍专业前景和专业动态、传递知识前沿，带领并启发学生关注社会现实。事实上，引导并培养学生对专业学习兴趣是非常必要的，因为学习的最高境界是自己想学，而达到这个境界只有一条途径就是兴趣；如何出色地使用知识，答案仍然是兴趣，而这对于他们未来的职业选择和职业生涯往往也有直接的影响。

非学术素质包括导师的人格魅力、协作协调能力、理想人生境界、个人道德修养等层面。老师高尚的人格魅力是培养和影响学生的一种无形力量，较强的团结协调能力是保证导师组织学生集思广益、群策群力、携手前进、为一个共同目标而努力协作的关键；在理想人生层面，如果缺乏理想人生目标，则分析问题不能打开思路，放宽眼界，难以吸引学生、折服学生；没有好的自身道德修养，难以保证师德的建立和培养，最终不能从心理上打动和影响学生。在实际调查问卷中，当问到你希望从导师那里学到什么时（多选题），有22位同学选择了专业知识，16位同学选择了职业指导，19 位同学选择思考问题的方式，18 人选择了做人做事的品德。可见，学生想从导师身上学到的不仅仅是专业知识，更多的是其他方面，而这些方面恰恰属于老师的非学术素质所包含的内容。

2. 现有考核体制的限制

从过程看，学术指导更多属于课堂教学活动的延伸，属于“育人”环节。但作为教育最终目标的“育人”环节与内容，往往也是难以全部量化考核的，更何况“十年树木，百年树人”，不是短时间能见到效果的，是不能急功近利的“良心活”。这种“良心活”预示着，导师对学生投入的心血以及学生从导师那里得到的帮助和潜移默化的影响，无法用数字指标衡量，对导师指导质量的考核短期内进行也比较困难。

目前，在学校考核和评价机制中，基本模式是“科研与教学并重”，即不同职称的老师每年都有教学科研量，完不成任务直接影响老师的工薪收入，这势必限制了老师的时间安排。更为重要的是，在目前的职称评定考核中，考核体系完全没有设定学术导师应享有的优势和优惠。这样，在老师每天有限的时间配置上，必然拿不出更多的时间配置给对学生进行学术辅导；更何况，许多中青年教师家庭负担重，孩子教育所花费的时间较多，无法兼顾到专业学术辅导方面。

受这种考核和评价机制约束，目前学术导师往往抱着“学生不找我，我也不找学生”的心态，待到指定自己为某班的学术导师时，心中的想法大概是：“心里不是十分情愿，但既然规定大家都要当，也不能拒绝推托，能走到哪一步算哪一步。”在评价体制不转变、激励机制不配套的前提下，要老师提高对学生学术辅导的热情存在困难。

基于以上学生和老师两方面的分析，不难看出，两方面都有现实约束和无能为力的难处，也就是双方的力量不能叠加在一起，彼此都有一种可有可无的应付被动心理，所以，学术导师的“名分”在学生和老师中间可有可无、不被重视，良好的“双导师”制度设计不能发挥理想作用也就不奇怪了。

三、发挥学术导师作用，不断完善“双导师制”

“双导师制”的有效实施涉及多个层面，在目前大的制度层面不能突破的前提下，本文建议先从以下几个方面做好完善深化工作：

（一）明确教育理念和功能定位

从教育学理论来说，导师制符合教学理论的三大原则，即因材施教的原则、启发诱导的原则和教学相长的原则，这三大原则体现怎样育人和育什么样人的教育核心问题。记得一位教育家曾说过：从教育的最高境界来说，当把教育的一切技巧和方法都撇开后，最核心的是人格和品质的挖掘和塑造。能力、专业、学识主要是帮助学生解决做事的问题，但是人做不好的话，往往事也做不好；即使暂时看上去做得不错，也很难持久。

如果从这种教育理念和功能定位来看，我们不必苛责双导师存在的一些缺陷，也不必为没有达到理想效果感到纠结。因为，只有想做，尽最大可能推动去做就足够了。教育活动的特点决定了急功近利要不得，不能抱有一种“一对一”式的现实投入产出心理，不是数量的简单加总，更多是质量的实现和提升。假设在此过程中，有一位导师曾经辅导点拨过某一个学生，而这个学生未来成长为栋梁之材，那也就说明“双导师制”有其成功的一面。

（二）注意研究关注当代大学生的思维特质

当今世界，科技迅猛发展给人类带来了全方位的巨大变化，其中对青少年的影响直接关系教育效果如何。从目前在校大学生来看，基本全是90后，可以说，他们是在屏幕下长大的孩子。其信息味浓，传统味淡，思维方式发散多元，能独立思考却又往往因脱离现实而容易走向偏颇，缺乏我国传统思维的一种深度、包容和圆融。

教育对象思维特质的变化需要学校教育模式、教育内容、教育手段的变化，需要深入思考，不断探究，勾兑合适的“营养配方”，对接好他们的“现代化”特质，激发学生的天性，培养他们的创新能力和创新精神，锻造他们的毅力和品格，完成一场教育上的突破和变革。

（三）实行学术导师和学生之间双向选择机制

不论老师和学生，每个人都有自己的特质和兴趣专长。在被动指定学术导师的情况下，不但学生显得被动，其实老师也有被动的一面，即有可能面临学生的特长和需求跟自己所能给予的不匹配，满足不了学生的需求。

面对上述情况，可以创设多种交流平台，把老师和学生的有关情况进行充分展示，增加双向的选择和交流机会，最后由双方见面确定是否选择彼此。这种情况需要注意的是：第一，有可能会出现选择某个老师的学生过多，而有些老师太少的现象，这可以通过设计备选方案，进行个别协调解决。第二，还有可能有的学生想选两个学术导师，比如他看上了一个老师的学术水平，同时，又仰慕另一个老师的人格魅力，那么就可以一个学生有两个学术导师。第三，还有的学生自我独立性比较强，或不想在学术方面发展，不选择学术导师，这也应该是可以的。

（四）借助于网络电子交流平台，发挥不同层次导师的作用

目前，网络交流平台日益多样，为学术导师和学生之间的交流提供了更多方便和及时，由此可以充分利用从学院到各系再到各层面导师的网络交流平台。比如，学术和思政总导师可以定期利用微博或微信把重大理论和现实问题进行剖析后分享，副总导师、导师组长以及每个导师定期把所思考关注的专业话题进行分享；当然，内容也可以是宽泛的，但重要的是把思路和想法提出来，对学生起到启发和引导作用。大家在平台上，可以唇枪舌剑，也可以诙谐幽默，在交流碰撞中，思想的火花和创新的思维就容易显现和产生，达到“授人以渔”，而不是仅仅“授人以鱼”。

（五）选拔优秀的高年级本科生和研究生充实到学术导师队伍

从调查来看，虽然目前学生每天接触大量信息，从来不缺乏关注点，但他们的内心其实缺乏方向感，渴望交流和指导。但是，有相当一部分学生又害怕面对老师，不愿意把心里话向老师说。在这方面，优秀的高年级本科生和研究生可以发挥中间纽带作用。第一，同龄人之间可以很容易打破生疏感和距离感，交流更容易心灵相通和深入；第二，优秀的学长可以用自己的切身经历现身说法和言传身教，更容易让学弟、学妹相信和佩服；第三，学弟、学妹遇到问题可以随时随地去请教学长，一般不用提前预约，方式灵活方便。实际上，现实调查也显示，学生遇到问题更愿意请教学长。所以，制定相应的机制，选拔一些优秀、有责任心的高年级本科生和研究生充实到学术导师队伍，应该也是弥补现行“双导师制”不足的有效办法。

（作者单位：经济学院）

规范学校房产资源管理，更好地为教学服务①

谭家健　李秋然

学校房产是指学校拥有产权（或使用权）的、用于承担学校教学、科研、办公、学生宿舍等功能的各类房屋及其附属配套建筑物的总称，它是保障学校办学的物质基础，直接影响到学校办学质量和科研水平的提高。

中央民族大学于 1951 年 6 月在北京正式成立（当时为中央民族学院）。党和国家历届领导集体始终关心和重视中央民族大学的建设和发展。2001 年 6 月，学校 50 周年校庆之际，时任国务院总理朱镕基同志到学校视察，并代表中央政府提出了“把中央民族大学建成世界一流的民族大学”的奋斗目标。学校于 1978 年被批准为国家重点大学，1999 年、2004 年先后进入“211 工程”和“985 工程”国家重点建设大学行列。

学校现有 23 个学院，有覆盖 10 个学科门类的 55 个本科专业。现有教职工总数为 1904 人，其中专任教师 1106 人，专任教师中教授、副教授 663 人，占专任教师总数的 60%（截至 2013 年 12 月）。在校学生约为 15700人（包括本科生、硕士生、博士生）。因教学区面积小（约为 363 亩），学校教学科研用房的紧张状况长期困扰着学校的发展，成为影响学校发展的“瓶颈”之一。经过半个多世纪的办学历程，现学校实施特色兴校、质量立校和人才强校三大战略，坚定不移地走质量第一、内涵为主、可持续发展的办学之路，朝着建成特色鲜明、国际知名的高水平研究型民族大学目标迈进。在这种情况下，如何做好房产管理，为学校的发展做好基础的保障工作就显得十分重要。

---

① 本文是中央民族大学科研处 2013 年课题“中央民族大学管理人员科研服务能力提升计划项目”阶段性成果。

一、学校房产现状及存在问题

长期以来，学校房产的管理延续了靠行政指令进行的房屋分配管理体制，严重制约学校房产资源的合理利用，造成资源的浪费。为了全面掌握学校房产的使用情况，为进一步使学校房产的管理更加科学，从 2013 年起，对全校的房产资源进行了全面的普查，对各类房屋认真核实，逐一核查，基本上全面掌握学校房产的信息，从中发现学校房产在管理中的存在的一些问题。

（一）管理制度缺失，造成房产多头管理

学校房产包括公共教室、图书馆、礼堂、教学辅助用房、科研用房、行政办公用房及各类基础配套用房等，也就是说，除家属住宅以外的所有在学校土地上建造的房产资源。学校房产的管理一直以来采取“粗放型”的管理方式，行政指令分配、多部门管理，资源无偿使用，无法有效克服和解决学校快速发展中房产资源使用效用不均衡，学院之间和学院内部资源竞争、学校和学院资源博弈严重等诸多矛盾。在管理上，没有成文的管理制度，依然沿用过去的做法，由职能部门提出意见，学校领导召开专门会议讨论研究决定。

学校房产的管理名义上由房产部门管理，但在实际的管理过程中就变成了多头管理。没有形成统一的管理体制，造成分配标准不一致，管理方式不一致，有些房产甚至出现管理空当，无人管理，各房产管理部门之间缺乏必要的协调和沟通，管理责任不清，出现问题就相互推诿。

由于种种原因，不再承担教学、科研、管理等工作或出国或调出学校或退休多年的教师也占用办公用房，不主动腾退，也没有相关部门进一步跟进落实退房，甚至有些在学校挂个名义，也在学校拥有办公用房，造成房屋闲置，形成了办公用房的“终身制”、“占有者所有制”。甚至以学校的房产资源对外出租或对外从事跟学校无关的活动；有些单位私下转让学校房产，把国有资产作为人情进行交换；有的把学校房产当成个人财产以此捞取好处，造成国有资产流失。

（二）分配机制缺乏合理监管，房产资源使用效率低下

学校的房产是教学、科研、生活必要的物质条件，是学校赖以发展的基础，其使用效率和完好程度的高低是衡量一个学校办学效益和管理水平

的重要标志之一。长期以来靠行政指令进行的房产分配管理体制，严重制约学校房产资源的合理使用。房产配置不是依据相关用房单位的性质、学生人数情况、教师人数情况、教学、科研情况以及其承担的不同教学任务和科研任务来进行合理科学配置。造成在房产管理方面，不同程度地存在资源短缺，同时又存在资源浪费的现象。

特别是由于对房产资源的优化配置的重视程度不够，或贯彻执行的力度得不到有效执行。有些单位，特别是行政单位的会议室、多媒体教室等附属用房，因为没有有效的资源共享机制，导致房产资源使用频率不高，利用率较低。

（三）管理不到位，造成房产资源调配困难

学校房产长期以来采用行政手段，实行无偿使用，导致各单位因为各种需要不断向学校申请用房，却从未将闲置或利用率不高的房屋主动退还给学校，学校房屋管理部门对房产资源不能有效地进行调配，有实际需求的用房单位却不能得到解决，从而影响教学、科研工作的开展。一方面，由于房屋资源短缺，影响学校的建设和学科发展速度；另一方面，由于房屋资源配置不合理，调整工作难度大，导致房产资源不能充分发挥其最优经济效益和使用效益，供求矛盾突出。

房产资源分配不科学、统一调配难度大。长期以来，只局限于运用行政手段进行一次性分配，形成分配给谁，谁就有永久支配权，不能动态管理，分配容易，回收困难。由于制度缺失，造成房产资源使用不均，使用效率不高。致使有些新兴学科，新的科研项目，新设立的机构等用房十分紧张，学校却很难调配。

（四）经营用房，没有纳入成本核算

学校后勤的改革发展，是为学校的发展提供安全的保障服务，一直以来，对后勤服务用房，基本上是采取划拨的方式无偿使用。过去，学校的房产只是为办学服务，用途单一，而随着后勤改革向社会化、市场化的方向发展，在市场经济体制下，后勤部门用于经营性房产逐渐增多。如超市和其他有偿服务的经济实体等都没有真正将学校的房产纳入成本核算；利用自筹资金在学校的土地上建造经营性用房，对外出租，收益归己。由于管理机制问题，造成国有资产流失，严重影响国有资产的保值增值。

二、解决学校房产管理的思路

学校在房产管理中存在的问题，严重制约了房产使用效益的发挥。如何完善学校房产管理体制，理顺关系，合理配置和使用房屋资源，充分发挥其在教学、科研、办公、服务和经营的作用，更好地为学校建设高水平大学服务，确保学校房产资源的保值与增值，为学校的发展提供保障，是亟待解决的问题。

（一）明确学校房产资源管理权限

改革原有房产的管理机制，强调房产资源所有权、分配权和管理权的一元化管理，实现房产管理明晰、权责分明、定额管理、分类核算、有偿使用、资源滚动、适当分流等新的管理模式，重视对房产资源配置的效率和使用效果。

针对过去房产管理，在实际的操作过程中，没有形成统一的管理体制，原多头管理变为归口管理，理顺关系，明确责任。学校应明确由某一部门代表学校作为房产统筹管理主体，任何单位在涉及房屋问题，必须同学校房屋管理部门进行协商解决。对配置的房产，由学校负责管理房屋的部门与使用单位签订房屋使用协议，核发房屋使用许可证，明确责权关系，使用单位优先保证学生的教学、实验用房。

各房屋使用单位，因需要对房屋进行装修改造等事宜，一律同学校管理房产的部门进行沟通、备案，以便学校房屋管理部门及时了解房屋的基本动态，没有房屋管理部门的同意，不得对房屋进行任何的改变。通过明确房屋管理权限，使得学校的房屋资源得以合理、充分利用。

（二）完善房产管理的相关制度

随着学校事业的不断发展，学科要发展，实验室要建设，科研要提升，各方面的用房条件要改善。同时，由于学生课程培养内容的扩展，教学实验、实习和科研学术活动对基础保障提出了更高的要求，新建教学科研用房的基础功能也要求相应提高。这些都对房产资源提出需求，存量房的不足与学校事业发展对房屋的需求矛盾突出，学校内涵建设要求我们构建节约型校园和建设和谐校园，在学校房产资源紧张的情况下，应建立房产管理机制，优化资源配置和提高资源利用率，为培养高质量人才、创新高水平科研成果等方面，营造良好的管理环境，把资源聚焦到打造学校的亮点与特色上去。

根据学校的自身情况，制定和完善符合本校实际的房产管理办法，建立分类管理，定额配置，对不同学科门类、不同实验室进行核算，制定不同的管理制度。

（三）成立房产资源协调管理小组

为了有效保障教学、科研顺利进行，对学校房屋资源的管理进行整合，做好房产的管理与配置工作。由于学科的多样性，各部门的用房性质和要求不完全相同，理工、人文、艺术、医学等学科门类，教学、科研、行政、后勤等用房的要求不同，任何一个部门都不能独立承担这样的配置任务。因此，必须成立由学校领导担任组长的，由教务处、研究生院、科研处、人事处、后勤集团、房产管理等部门组成的协调小组，对房产资源使用进行统一协调，并制定使用管理规则、收费办法等。形成有效的管理机制，使学校房产的管理更趋于规范化、科学化、更有利于监督违规使用等问题。

（四）对房产资源实行动态管理

房产资源优化配置的最终目的是通过对房产资源的有效配置和利用，保障并促进学校教学、科研等活动的协调发展。

对房产资源实行动态管理，做到调配有据，调动有序，收得上，放得下，调得动。行政办公用房面积应严格控制在学校确定的定额配置标准内，不得随意扩大。统一调配教学、科研、行政用房资源，实行动态管理，促进闲置的房产重新分配，盘活房产资源。协调好各学科间、各学院部门间以及不同时间段的用房矛盾，尽可能地提高房产资源整体有效利用，促进学校的可持续发展。

（五）树立定额有偿使用观念

传统的房产管理模式容易造成各单位、各部门无限制地争取房源，不利于提高房产资源的利用率，不利于新学科的发展和人才引进。房产管理必须打破无偿使用的陈规，树立定额有偿使用观念，改革房产管理体制，实行“分类管理、宏观调控、定额配置、有偿使用”。推行房产资源有偿使用制度，区别对待非经营性房产和经营性房产。有必要对房屋资源实行定额管理，实行成本核算，使房屋从“无偿”使用变为“有偿”使用，以经济手段约束对房产的需求，提高房产资源的使用率和经济效益。科学规范地管理房产资源，推广公共房产共享，减少房屋闲置现象，提高使用效率，降低房产资源的使用成本，有利房产的规划和建设，使管理、使用更加科学、合理，使房产资源的使用效益达到最优化。

房产资源管理是学校赖以生存和活动的基础，关系到学校的可持续发展，只有完善学校的房产管理体系，理顺关系，合理配置房产资源，在实践中不断总结经验，使房产管理走向健康发展、规范有序的轨道上来，充分发挥其在教学、科研、办公、服务的作用，才能确保房产资源的保值与增值，保证学校的可持续发展。

（作者单位：资产与后勤管理处、2012 级经济学院硕士研究生）

基于柔性管理的高校学生管理工作运行机制研究

何晓磊

在思想大解放、教育大发展环境下，高等学校已经成为一个以人为核心要素、以教育、服务、学术研究等综合任务为工作内容的复杂性系统，适应此系统发展要求，高校教育教学、教育管理工作进行改革创新，以突破传统教学模式、管理模式的限制，实现高校持续化发展。柔性管理是现代高校管理的新模式，其相对于刚性管理而言，是以人本管理为中心，以情感交流、言语互动、思想激发等方式，推动人心理情结、思维意识、价值观念的转变，从而将组织意志转变为人的自觉行为。柔性管理以独特的管理方式阐释了当下高等教育的"以学生为中心"的教育教学目标，表征了教育教学新理念，高校学生管理工作应在人本理念的基础上，积极践行此管理模式，以推动高校教育教学持续开展。

一、高校柔性管理综述

柔性管理是相对于刚性管理而言的，它不再借助强制性、约束性的管理制度，而是依靠人性解放、民主平等、权利共享等理念，从人本角度出发，以教育、交流、文化环境营造等非强制性手段，使学生从内心感受到爱与情的一种管理方式。与刚性管理方式相比，其更能调动学生的学习、行为积极性及自我管理能力。具体来看，其主要表现出以下特征：

第一，以人为本的管理理念。柔性管理以"人的管理"和"管理中的人"作为管理实施者和对象。也就是说，学校管理过程中既突出教师的管理主体作用，坚持以教师为本，确定教师在教育教学中的主导作用，以多元化的方式奖励、激励方式调动教师实施管理，刺激教师自我管理与自我完善；又突出学生的学习主体性，坚持以学生为本，从学生实际出发，尊重、关心、热爱、信任学生，对学生进行个性化与全面化管理，以实现学生个体全面化发展，提升学生的自我管控力。

第二，灵活多样的管理方式。相对于固定单一的制度化管理，柔性管理以人文关怀为核心手段，并可采用多种管理方式，如对表现优异的学生或教师进行表彰、物质帮助、精神奖励等，根据学生个性给予个性教育、人文教育、面谈、交流等，面向教师发展而提供学术研讨会、教育培训、对外学习等，强化校园、学院、专业、班级及办公室人文环境建设等。

第三，人际和谐的管理目标。管理的组织特征在于实现被管理者的服从、关系的协调、管理环境的优化。学校柔性管理尤为突出以生为本理念，这对学生树立正确价值观、人生观及世界观具有积极作用，利于在实现学生的自我规范前提下实现学生间、师生间的和谐共处；同时，学校柔性管理集中面向学生与教师，有助于提升教师的学术研究能力、组织交往能力、职业素质、个性品格等，这对于优化师生关系，改革教育教学环境具有积极作用。

第四，持久持续的心理影响。柔性管理作用于人的心理，是一种内驱动性的管理方式，其通过改变人的思想、观念、意识、认识等主观因素来改变人的行为，这对于人思想、人格、价值观念的形成具有持久性的影响，同时，在人形成一定价值理念、人文观念、道德认识的基础上，日后的行为必定受到影响，这对于优化社会环境、人的生命具有积极作用。

二、高校学生管理工作的柔性诉求

1. 高校环境的复杂性

随着素质教育、教育教学改革的推进，高校教育教学管理方式随之进行改革，但从实践中，众多高校仍沿袭刚性管理模式，以规章制度为中心，以惩罚、处分、开除等硬性手段对学生行为进行惩处，以“不准、禁止、严禁、不得”等命令性词语强行要求学生的行为。在素质教育影响下，高校扩招进程持续，我国高等教育大众化趋势加强，与此相对，后勤社会化、多校区办学等现象加重；在大学生自费上学、自主择业的环境下，高校必须为大学生提供更好的教育服务，以保障大学生知识、技能获得与就业。而实践证明，刚性管理模式往往导致教育教学质量下降、学生人均占有教育资源量减少、管理者对学生的影响力下降等，进而影响了高校教育的持续性，因此，要适应当下高校扩招、生源拓广、教育服务性增强等教育环境变化需求，高校必须实施柔性管理。

2. 高校组织的教育性

高校教育是一项文化性、人文性、人性化、创造性的教育活动，教育教学目的是向学生传授知识技能、推动学生身心健康成长；同时，高校教育也是教育者自身教育、自我提升的教育活动；因此，高校教育必须因材施教、尊重人性，注重师生兴趣、创造性的激发。此外，教育具有效果内隐性、显效周期长、效果模糊性等特征，不宜采用量化管理与评估方式，若以定量化的制度管理或刚性管理加以管理或衡量，则很难实现教育的教学、育人目标，因此，要实现高校教育教学目标，必须展开柔性管理。

3. 高校组织的学术性

高校尤其是一些研究型高校，学术研究任务所占比例较大，开展科研活动、学术交流活动等是教师责任之一，而在学术研究或交流过程中，必须秉行民主开放、自由互动的原则，以百家争鸣、百花齐放式的思想交锋、观点碰撞、精神砥砺，实现教育创新。而这一过程是人性化、个性化的典型表现，只有以宽松、开放、人性、个性的柔性管理方式才能驱动学术研究与交流的实现。

4. 学生价值取向的多元性

现代教育立足于学生教育，以适合大学生的教育方式来培养个性化、全面化的人才，高等教育的大众化对学生整体素质、价值观念及个性发展产生的重要影响。在信息网络、对外开放、全球化战略的推进下，当下“90 后”大学生的思想观念日益开放、自由、民主、个性化，并且竞争意识加强，但同时受到一些非主流、多元化、西方化、反中心思想的冲击，使得一些大学生形成了叛逆性思想、非主流价值观、崇洋媚外思想、功利化价值取向等，给大学生身心健康带来严重不良影响。在此情况下，管理者若套用采用制度化的强制性管理方式，不但违背了大学生的思想发展趋势，并且易激起学生的反抗情绪，不利于教育教学工作的有序开展，因此，要影响学生多元化的价值取向，必须以柔性管理来帮助学生树立正确的价值观念。

三、高校开展柔性管理的基本原则

1. 平等对话

相对于刚性管理中管理者与大学生的管理（主动、主宰）者与被管理（被动、承受）者关系，柔性管理中两者处于一种“平等对话”关系。这一关系中，管理者与学生通过言语对话、心灵沟通、交流环境营建等方式，展开以语言交流为基础的多元式沟通方式，以实现两者心灵的“敞开”与“接纳”，进而在形成高尚的心理品格、诚挚的精神态度、崇高的真理认可的基础上，形成一种互动、和谐的管理环境。

2. 明确主体

学校教育管理的主要对象是大学生，要实现教育管理预期效果，必须发挥大学生的能动作用。因此，柔性管理必须坚持以大学生为主体的管理原则，从大学生实际出发。一方面，管理者应充分意识到大学生所具有的自身资源优势，帮助大学生明确自我管理对教学开展、班风建设、学风养成的影响，并充分采用多种措施如班会、校园活动等，帮助学生形成主人翁观念；另一方面，在服务于大学生主人翁观念养成的同时，充分调动大学生的自我管理、自我教育及自我服务意识，以促使大学生由传统被管理者身份转向教育管理的参与者、管理者与被管理者。

3. 以身示范

管理者、教育者、教师等管理主体的言语行为、人格特征、职业素质等均会对学生产生示范、约束效应；教学管理中言教较多，身教较少，但身教效果较好；因此，柔性管理中应充分应用管理主体尤其是教师、班主任等的示范作用，帮助学生树立良好的思想意识，形成良好的行为品格。这就要求教育管理者必须通过各种途径提升自身的管理能力、业务水平、专业素质、科研水平、人格品质、自身修养等，以提升自身的外在形象与影响力，推动教育管理预期目标的实现。

4. 刚柔并济

刚性管理突出制度性约束，柔性管理以人本管理为基本思想，两者具有互补性；若管理中仅仅或偏重于刚性管理，缺乏柔性管理，则管理者与学生间难以产生思想交流、情感共鸣，难以实现管理的有效性与效果影响的持久性；若柔性管理一味进行情感互动，而未将高校办学理念、教育教学法律、学校班级法规、人文精神等融入管理中，则柔性管理实效不佳；因此，要实现管理预期效应，必须在柔性管理中融入制度性管理，坚持互补性原则，以刚柔相济的管理方式深化管理效应。

四、柔性管理在高校学生管理工作中的应用策略

1. 树立人本化管理理念

刚性管理是管理者对被管理者进行的强制性管理，被管理者处于被动、顺从地位，其行为能动性难以得以调动与发挥；柔性管理是一种人性

化管理模式，高校学生管理中应树立“以学生为本”的管理理念，实现管理者角色的转变。

其一，管理者角色由权威型向对话型转变。当下大学生的民主意识、自由主义观念、个性化意识逐渐增强，他们藐视权威，对命令式的管理虽能短期或即时顺从，但长期处于被动状态后，会出现逆反心理，引发管理者与学生间的矛盾。柔性管理中管理者要全面意识到学生的民主心理诉求，放下架子，甘做学生的朋友，与学生展开对话、交流，聆听学生的心声，关注学生的个性发展，平等待人、以情感人、以理服人，进而创建新型师生关系。

其二，管理者角色由主宰者向服务者转变。柔性管理环境下，管理者不但发挥组织、领导、管理作用，并且是教育教学的服务者，是学生的服务者。管理者应当从传统主宰者形象中走出，面向学生生活、学习实际，给予学生必要的心理辅导、物质帮助、精神奖励等，并以自身示范、文化环境创建等手段，帮助学生树立正确的价值观、人生观及世界观。

其三，管理者角色由限制型向发展型转变。管理者应用发展的眼光看学生，允许学生犯错，及时纠正学生错误，善待学生，理解学生，以理服人，宽怀待人，多鼓励、少指责，以激励性策略促进学生发展。另一方面，管理者要关注自身素质的提升，以教育培训、自我学习等方式提升自身修养、专业素质、人文水平，进而增强管理者的影响力、感召力。

2. 制定人性化管理制度

人性化管理制度是柔性管理的重要体现，其表现在对学生的人性化管理制度和对教师的人性化管理制度两方面。

其一，学生角度下的人性化管理制度。柔性管理环境下，学生担负着管理者、被管理者、参与者等多重角色。因此，柔性化制度管理必须符合学生的意愿、关注学生实际、满足学生发展需求、尊重学生个体差异性。在制定管理制度时，结合学生生活、学习实际，积极引导学生参与到制度制定中，以提升学生的管理主人翁意识，提升管理制度的可行性、可靠性。在制度执行过程中，一方面，充分尊重学生的个性化发展需求，从学生实际出发，调动学生积极参与到制度执行与落实中；另一方面，强化学生制度管理者的身份，让学生在行使权力的同时感受自身的责任性，强调学生自我调适、自我管理、自我实现，将外在制度转化为学生的内在行为驱动力，从而提升学生管理的主动性与能动性。

其二，教师角度下的人性化管理制度。学生管理预期效果的实现深受教师影响，尤其是教师的身教作用。因此，柔性管理还应面向教师制定人性化的管理制度，以保证学生管理效果的实现。如以激励、启发、诱导等策略提升教师的教育教学水平，以教育培训、对外学习等方式提升教师的学术研究力、专业水平，以物质奖励与精神奖励的结合，刺激教师更新教学方式，以校园文化、办公室文化建设潜移默化教师人格等，在提升教师队伍整体素质的条件下，提升学生管理工作质量，进而培养高素质的大学生。

3. 构建扁平化管理模式

传统金字塔、直线式的管理组织结构突出集权管理，其结构层次过多、信息渠道过长、各部门交流受阻、上下级信息准确性不高。柔性组织结构以网络型扁平化管理结构为主，强调分权管理，简化管理层次，突出民主化管理，摒弃了金字塔式管理模式下的众多问题，可使组织更为灵活、柔性、富有创造性。高校教育的对象是大学生，当代大学生思想活跃、思维发散、易接受新事物，表现出较强的民主性、自主性、竞争性及创造性；高校教育在对学生进行智力教育的同时，对学生展开德育、美育等教育，引导学生追求完美、表现自我及实现价值。因此，要适应高校教育特征，学生管理中必须转变金字塔式的管理结构，以扁平化管理组织来刺激学生能动性、创造性的发挥。

4. 推动自主化管理过程

学生的发展过程是动态变化的，充满众多不确定因素，学生管理效果的实现根本在于学生管理主体性的发挥。因此，柔性管理中要将学生看作一个发展中的主体，以学生自我管理为重要管理方式，实现学生自主化管理。

其一，顺势引导，实现管理内化。管理中关注学生管理主体作用的发挥，顺应学生身心发展规律，关注学生心理发展趋向，重德行、重激励、重内在，适时、顺势对学生进行思想引导，帮助学生将外在性的道德观念、社会伦理、人文思想、法律规范等内化为自身的律己思想。

其二，培养自主管理意识与能力。管理中应充分相信学生、尊重学生，以民主管理、开放化管理方式影响学生民主、自主管理意识的形成；同时，以激励性评价、绩效管理方式、检查总结等管理方式，刺激学生进行自我激励、自我监督、自我教育、自我评价、自我反思、自我发展等，在提升学生自我管控力的同时，增强学生的综合素质。

5. 开拓新媒体管理平台

网络媒体具有信息海量性、交流互动性、服务个性化等特征，其发展为大学生柔性管理提供了有力支持，高校管理者应充分借助网络媒体资源，构建互动性的信息服务平台，以进一步提升大学生管理质量。

其一，借助媒体资源信息海量优势，构建大学生教育管理网络平台，收集、发布发展性、多元化的规章制度，为柔性管理实践提供支持；借助典型性柔性管理案例，结合学生实际，展开典型化教育，以提升柔性管理的实际性。

其二，借助媒体网络互动性优势，构建大学生管理工作互动平台，强化管理者与被管理者、师生、学生与学生、管理者之间等多元主体的相互交流，以获得柔性管理反馈性信息，从而进一步优化柔性管理措施。

其三，充分发挥媒体资源个性化服务特征，面向大学生，构建大学生心理诉求、思想诉求、权利诉求平台，促使大学生自由表达合理性的诉求，并借助合理诉求优化大学生管理工作，寻找管理新突破口，为大学生提供个性化的服务。

五、结　语

柔性管理是现代高校大学生管理的重要方式，其坚持人本理念，突出人文、人性管理，适应了当下高校管理工作及教育教学工作的需求。要在大学生教育管理中践行柔性管理，高校管理者必须在全面认识到学生主体性基础上，运用人本化、人性化、民主化、自主化管理方式，进行组织结构形式调整，并且要积极借助媒体资源，拓展柔性管理新平台，而只有如此，才能推动大学生教育管理工作持续进行，实现高校教育教学目标。

参考文献

[1] 龚学锋：《新时期我国高校学生工作柔性管理创新研究》，载《东北师大学报》（哲学社会科学版）2012 年第 5 期。
[2] 冯刚：《高校思想政治教育创新发展研究》，中国人民大学出版社 2009 年版。
[3] 管巍、周玫：《在大学生教育管理工作中运用柔性管理理论的实践与思考》，载《教育与职业》2014 年第 3 期。
[4] 罗军伟：《人本主义视角下大学班级的柔性管理及路径抉择》，载《教育与职业》2013 年第 36 期。
[5] 周炳群：《高效管理中的刚与柔》，载《学术论坛》2010 年第 1 期。
[6] 叶晓勤：《高校学生工作柔性管理浅议》，载《中国高等教育》2011 年第 7 期。
[7] 林樟杰：《高校学生思想政治工作新认知》，上海教育出版社 2009 年版。
[8] 崔海今：《浅谈对高校学生的柔性管理》，载《教育探索》2010 年第 9 期。

（作者单位：外国语学院）

关于高校网络教学平台使用的建议与思考

——以中央民族大学为例

邹龙妹　王　楠

网络教学平台是指运用网络为教师和学生提供教授、学习、答疑、讨论以及作业处理等施教和学习的网上虚拟环境。始于20世纪90年代的网络教学平台发展飞速，已经从最初的简单的课程展示和资源共享发展为通过学生进行自主学习，教师及时进行反馈来实现师生互动交流共同进步的有力工具，其充当师生间沟通交流桥梁的作用日益凸显。网络教学平台以提高教学质量和效率为目标，通过网络教学创造数字化教学环境，加速了教育观念、教学内容和教育方法的改革①。网络教学平台也是我国教育信息化的产物。我国早已提出了“以教育信息化引领教育改革，以信息化带动教育现代化”的口号，并相继出台了一系列旨在推进我国教育信息化的政策和措施，中共中央办公厅、国务院办公厅印发的《2006—2020年国家信息化发展战略》中就指出：“加快教育科研信息化步伐，必须实现优质教育资源共享，促进教育均衡发展。”目前网络教学平台在高校已经基本普及，并呈现出逐步升级换代的趋势。本文通过对中央民族大学的网络教学平台的运行现状以及运行中遇到的问题进行研究，提出有针对性的完善建议，希望能够为高校的网络教学平台的设计和使用提供一定的经验，并为网络教学平台进一步的完善以及新一轮的改革提供更多的现实参考。

一、中央民族大学网络教学平台应用现状

网络教学是高校信息化建设的重要一环，是建设高水平研究型大学的必要条件。2006年，中央民族大学（以下简称民大）就开始尝试采用网络教学平台辅助日常教学。2007年，为了满足课程建设需求，网络教学平台

① 胡建芳、徐继红：《我国网络教学实施与发展现状研究》，载《中国教育技术装备》2013年第20期。

增加了课程建设与管理功能，升级为网络教学综合平台，为网络教学和课程资源建设创造了有利的条件。截止到 2007 年 11 月，平台访问量已经达到 60 多万人次，平台中已有 1600 多门在建课程，其中 800 多门课程已经具备了一定数量的课程资源，为我校课程资源建设和共享奠定了良好的基础。这些课程中的大部分都积极利用平台开展教学互动，取得了非常良好的效果。2013 年，民大初步搭建了新版网络教学综合平台，并于 2014 年上半年基本完成了升级工作。与旧版平台相比，新版有着以下几个显著优点：

1. 功能更加齐全

例如，应广大用户的要求，增设了题库和试卷系统，伴随着这两个功能，作业也与题库进行了对接，并改版更新。[①] 此外，后台管理中新增加了添加外部精品课程的功能。[②] 使得学校已获评精品课程称号的、非本系统中创建的课程网站也可以在平台中展示。管理员可从后台将学校已获评的“精品课程资源共享网站”，通过添加外部精品课程的方式添加到精品课程管理目录中来，那么这些网站与通过本系统创建的精品课程一样，可通过门户首页的精品课程频道统一展示。

2. 赋予了教师课程创建权

课程网站的创建有了一个新的设置项：任意教师创建或仅课程管理员。[③] 这样一来，改变了旧版平台只有管理员能够创建课程，赋予了教师课程创建权。

3. 用户体验更优

新版平台操作更为简便，界面更为美观大气，图片资料更为丰富，用户手册更为详细。

综上所述，笔者认为，网络教学平台在以下两个方面有力地推进了民大的教学改革，提高了教学质量。

第一，网络教学综合平台为民大师生提供了资源共享的机会。网络教学综合平台为民大师生提供了管理工具、平台建设和共享窗口，为实现资源共享提供了更多的机会。比如，民大各个专业的必修课程建设了大批优

---

① 中央民族大学网络教学平台：《作业改版上线并新增题库、试卷库功能》，http：//muc. benke. chaoxing. com/portal/news/info？id =78，2014 年 9 月 28 日访问。

② 中央民族大学网络教学平台：《添加外部精品课程功能》，http：//muc. benke. chaoxing. com/portal/news/info？id =77，2014 年 9 月 28 日访问。

③ 中央民族大学网络教学平台：《课程创建新设置》，http：//muc. benke. chaoxing. com/portal/news/info？id =79，2014 年 9 月 26 日访问。

秀的数字化课程资源，包括课程简介、教学大纲、授课教案、教学课件、习题集、参考文献等，网络教学综合平台将这些原本由各个教师分散保存的课程资源进行统一建设和管理，以课程为单位将资源集合起来，允许师生自主进行浏览、下载、上传、评价，便于师生查询和使用，不仅为广大师生提供了丰富的资源（尤其是精品课程和优秀课程），而且为提高建设和管理课程资源的效率和共享优质的课程资源提供了有效的便捷途径。

第二，网络教学综合平台实现了民大师生跨越时间和空间的交流互动。网络教学综合平台提供了包括答疑讨论、课程作业等多种师生互动方式，答疑讨论模块包括“课程论坛”、“常见问题”、“自动答疑”和“邮件答疑”等方式，可以及时解决学生学习过程中遇到的各种问题，为师生沟通提供便捷途径。课程作业模块可以实现教师网上布置作业、学生网上提交作业、教师网上批改作业，为课程作业的布置、批改和保存创造了非常便捷的条件。通过这些方式教师可以充分利用网络优势，在了解学生学习动态的基础上，及时总结学习内容中的重点、难点和易错点，有针对性地给予学生指导、答疑、批改、反馈等教学帮助，促进师生沟通交流，增进了解，从而为实现提高教学质量和效率这一长久目标奠定坚实的基础。

由上述可见，网络教学平台确实给民大师生带来了难以想象的便利，在促进民大师生的共同进步方面起着不可小觑的作用。然而，尽管网络教学平台投入了大量的人力、物力和财力，也广泛应用开来，但就其应用效果来说并不是非常的理想，并没有全面发挥出其应有的效能，这就要求我们对网络教学平台不断进行改革，在改革中发现改革难点，尽早提出解决方法和相应的建议和意见，从而保证网络教学平台在真正意义上实现质量与效率并重的合理均衡运用。

二、网络教学平台使用中遇到的问题

（一）高校平台建设和推广层面的问题

虽然网络教学平台在高校已经基本普及，但应用情况并不如预期的理想，很多高校虽然存在这样的平台，但是从来没有真正投入使用。造成这种现象的原因有很多：首先，高校对网络教学平台宣传和推广的力度很小，使师生并未意识到其运用的重要性；其次，由于对教师缺乏相应的管理和激励机制，对教师使用平台没有相应的制度规范和硬性要求，使教师对平台建设并未严肃对待，往往敷衍了事。抑或有些教师对使用网络教学平台很感兴趣却因软硬件功能模块设置与学生的需求不匹配，不能满足学生的实际需要，网络教学平台的访问有障碍等客观原因，都很大程度地影响了师生的使用感受，降低了部分功能模块的实用性，从而进一步导致了网络教学平台应用情况不理想，使用频率偏低。[①] 以中央民族大学为例，民大网络教学平台自2006 年投入使用以来，经过了多次升级，在完善已有功能的基础上，陆续增加了很多新型功能，比如视频公开课等，但是相对于理想中的网络教学平台，民大网络教学平台建设仍存在许多问题：其一，网络教学平台所应用的功能模块数量很少，许多基本需要的应用功能尚不具备，整合度准确度更高的功能更无涉及。目前民大网络教学平台功能模块中设置了任课教师、优秀教师、课程论坛开展、课程资源提供以及视频公开课等几个板块，但与国内一些先进高校相比，功能仍需要进一步完善。其二，由于技术不够成熟，平台的稳定性较差，经常会出现难以登录、无法点击查看等技术问题，打击了师生使用平台的积极性。其三，在平台推广层面，仍存在推广宣传不足之问题。尽管平台建设投入了大量的财力和人力，但就目前情况来看，平台使用率仍需要提高，对很多师生而言，平台基本处于闲置状态，得不到师生应有的重视，使投入和回报不成正比。总之，网络教学平台的应用功能虽然具备，但仍不甚完善，其在内容的充实性，运行的高效性，宣传的广泛性，资料的完整性等方面仍有待提高。

（二）高校教师平台使用层面的问题

“师者，传道授业解惑也。”教师在网络教学平台的使用方面应起到带头示范的作用，况且网络教学平台设置的很多功能模块（如优秀名师、资料中心、课堂论坛、精品课程等）需要以教师为主导带动学生学习，教师及时反馈学生的问题，无疑会在很大程度上提高学生对使用网络教学平台的好感度，同时增进师生学术和情感交流，从而达到提高学生学习效果的目的。但是我们不得不承认，受平台功能和教师的个人时间所限，教师所提供的网络学习活动的相关说明与要求仅仅限于课程学业的目标要求，没有提供相应的网络学习和网络活动要求[②]；提供的资料多以课件为主，新颖性欠缺，资源的更新得不到保障；对学生的答疑反馈和指导不够及时，

---

① 洪颖：《浅谈高校网络教学平台的应用推广和改进》，载《中国教育信息化》2010 年第 11 期。

② 吴维宁：《高校网络教学平台的现状和发展对策》，载《价值工程》2010 年第 31 期。

对与学生在论坛中的交流不够重视，引导力度不够，都有可能影响共享资料的效果，影响学生对教师的信任度和好感度以及学生对网络教学平台的认可程度，而达不到全面广泛有效地使用网络教学平台的效果。因此，教师对网络教学平台使用的态度和示范作用对学生是否认可网络教学平台，并能否从中获益有着举足轻重的意义。民大的教师基本能够正确引导学生高效使用网络教学平台（包括课堂作业批改，平时小测，期中考试等在线考试），上传课件以及其他参考资料以求共享，及时反馈学生遇到的疑难问题，积极参与课堂论坛的互动交流，但仍需继续保持并有所突破，更好地对自己负责，对学生负责，对学校负责，从而达到与学生共同进步的优质效果。

三、对完善网络教学平台建设和使用的建议

（一）高校平台建设推广层面

高校对如何快速高效的使用网络教学平台的技术培训应定期开展，在方便教师使用的同时，也可使教师更好地发挥示范作用带动学生实现高效使用；同时要加大宣传和推广的力度，引导师生广泛使用网络教学平台，增加交流互动，促进共同进步，从而高质高效地完成教学与学习任务；也有必要根据需要设置使用网络教学平台的硬性规定，保障师生在有效的时间内达到真正运用网络教学平台的效果，并设置激励机制，在提高教师积极性的同时，有助于增加学生对网络教学平台的认可程度。

整合校内资源是实现网络教学平台资料整合共享功能的一大亮点，将本校的图书馆资源和平台资源进行整合，在每个课程学习内容下方提供与之相匹配的资料链接（比如法学专业的教学内容可附相关法律法规，相关案例及分析，相关论文和司法考试真题等图书馆资源链接），不仅可以为学生预习、复习和学术研究等学习活动提供便利，节省查找资料的时间，而且也可以实现图书馆资源的有效使用。另外，高校应重点建立科目题库并设置自动评分系统，这样教师能够及时获得并了解检测结果，不仅能够检验教师的教学效果和学生的学习效果，也可使教师发现重点、难点和易错点来对学生进行有针对性的辅导从而提高学习质量和效率。

网络教学平台应设置重点模块专区，比如建立英语四、六级考试，计算机二级考试，司法考试，普通话考试等模块进行专业性辅导，建立历年真题和模拟题、复习策略、疑难问题交流、师生资料共享（师生均可以上

传自己所享有的复习资料，下载他人提供的资源）专区，充分利用网络教学平台的广泛性、高效性、便利性和共享性，真正展现网络学习的优势。

（二）校际合作层面

网络教学的优势在于打破了地域限制，使学习者足不出户即可享用天下名课。因此，在网络教学平台建设中，有必要通过扩大校际合作，建立高校之间的课程与资料共享，使得学生不仅能够通过平台学习本校优秀课程，也可以学习其他学校的精品课程，实现更大范围的资源共享。以北京高校圈为例，其教学资源就相当丰富，如民大附近有人大、北外、北理工等，每个高校都特色鲜明，在相关领域都有着杰出的成就和宝贵的课程资源，如果能够进一步打破校际藩篱，实现高校之间的课程和资源共享，各校网络平台的资源将实现爆炸性的扩充。具体而言，民大可以利用其民族特色和其他院校进行联谊合作，取长补短，互帮互助，共同进步；通过和相关高校签订合作协议，互相提供资源，使学生可以直接进入其他高校的网络教学平台链接，接受具有不同特色的课程资源；各高校师生可以利用这个平台进行经验交流，可以开设讨论群组或以留言（设置@某教师功能，可以实现有针对性地与特定教师进行交流）等方式互动沟通，更大范围地体现各高校网络教学平台的运用价值，实现真正意义上的学术大融合。

（三）教师平台利用层面

教师应该将网络教学平台与课堂教学有机结合起来，努力提高教学质量和效率。[①] 教师自身要改变传统的教学观念，加强技术学习，充分理解网络教学，在实践中总结经验，改革教学模式。教师在学生的学习过程中要以引导者的角色注重学生的学习过程，利用学习准则带动学生积极并有效地进行网络学习，例如设置在线时间、作业完成情况、提问次数等指导学生学习，规范学生行为，更好地为学生提供服务。此外，教师应注重学生学习情绪和状态的变化，及时反馈学生提出的疑难问题，提高教师与学生的交互时效性（比如设置固定时间段实现小范围集中交流互动），对学生取得的好的学习效果给予肯定评价，在教授学生知识的同时帮助其形成积极乐观的学习态度，获取学生的信任，使学生在网络教学平台的使用过

---

① 汪曼：《高校网络教学平台学习支持服务的现状调查与研究》，首都师范大学硕士学位论文，2014 年。

程中真正获益。

四、结　语

当前，高校的网络教学平台建设还在持续进行，我们应该以信息技术为基础，以实现教育信息化为发展方向，以建立开放式教育体系为目标，把握住现代教育技术高速发展的有利时机，积极探索和建立与网络时代社会发展相适应的教育教学模式，推进网络教学平台的建设，从而更加充分地利用教学资源，优化教学方式，提高教学质量和效率。

（作者单位：法学院）